国家级职业教育规划教材

全国职业院校城市轨道交通专业教材

城市轨道交通车站设备基础

人力资源社会保障部教材办公室组织编写

余伟斌　主编

中国劳动社会保障出版社

简介

本书紧扣职业教育的特点和要求，结合职业院校城市轨道交通专业的教学实际进行编写，内容选取以“适度够用”为原则，主要包括城市轨道交通车站设备概述、自动售检票系统、给排水和环控系统、电梯及自动扶梯系统、低压配电及照明系统、站台门系统、消防系统、城市轨道交通车站其他设备等，由浅入深，形式丰富。本书配有电子课件，可通过中国技工教育网（http://jg.class.com.cn）下载。

本书由余伟斌任主编，杨力、刘睿任副主编，罗韫璇、凌春梅、钟伟良参加编写。

图书在版编目（CIP）数据

城市轨道交通车站设备基础 / 余伟斌主编．-- 北京：中国劳动社会保障出版社，2021
全国职业院校城市轨道交通专业教材
ISBN 978-7-5167-3674-6

Ⅰ.①城…　Ⅱ.①余…　Ⅲ.①城市铁路－车站设备－职业教育－教材　Ⅳ.①U239.5

中国版本图书馆 CIP 数据核字（2021）第 084352 号

中国劳动社会保障出版社出版发行
（北京市惠新东街 1 号　邮政编码：100029）
*
三河市华骏印务包装有限公司印刷装订　　新华书店经销
787 毫米 ×1092 毫米　16 开本　12.25 印张　236 千字
2021 年 6 月第 1 版　　2024 年 7 月第 5 次印刷
定价：27.00 元
营销中心电话：400-606-6496
出版社网址：http://www.class.com.cn
http://jg.class.com.cn

前　言

我国城市轨道交通自1965年北京地铁一期工程建设开始，经过了50余年的建设和发展，取得了显著成就。近年来，城市轨道交通正处于大规模高速发展时期，以北京、上海、广州为代表的特大城市已进入网格化建设阶段，尚有几十个城市正在建设或规划中。实践证明，发展城市轨道交通是解决城市交通问题的有效途径，对促进城市经济持续发展也起到了重要作用。

随着城市轨道交通行业的高速发展，城市轨道交通企业对从业人员的知识水平和职业能力提出了更高的要求。为了培养更加符合城市轨道交通企业需求的技能人才，我们组织了一批教学经验丰富、实践能力强的一线教师和行业、企业专家，在充分调研的基础上，编写了这套全国职业院校城市轨道交通专业教材。

这套教材包括《城市轨道交通概论》《城市轨道交通车辆基础》《城市轨道交通车站设备基础》《城市轨道交通行车组织》《城市轨道交通客运组织》《城市轨道交通车辆驾驶》《城市轨道交通乘客服务》《城市轨道交通车辆维护与检修》和《城市轨道交通安全管理》。

本次教材编写工作的重点主要体现在以下几个方面：

第一，突出教材的实用性。本着“学以致用”的原则，根据城市轨道交通企业的工作实际安排教材的结构和内容，对操作性较强的课程，教材在编写中安排了技能训练，突出对学生实际操作能力的培养。

第二，突出教材的先进性。根据城市轨道交通行业的现状和发展趋势，教材在编写过程中尽可能多地体现了新知识、新技术、新方法、新设备，以期缩短学校教育与企业岗位需求的距离，同时，严格执行国家最新技术标准。

第三，突出教材的易用性。新版教材充分考虑学生的认知规律，注重利用图表、实物照片和案例辅助讲解知识点和技能点，为学生营造生动、直观的学习环境，激发学生的学习兴趣。同时，教材还配有电子课件和习题册，便于教师开展教学和学生课后复习。

本套教材的编写得到了有关省市教育部门、人力资源社会保障部门和一批职业院校的大力支持，教材编审人员做了大量的工作，在此，我们表示诚挚的谢意！同时，恳切希望广大读者对教材提出宝贵的意见和建议。

人力资源社会保障部教材办公室

目　录

第一章　城市轨道交通车站设备概述

学习目标：

- 掌握城市轨道交通车站的概念。
- 掌握城市轨道交通车站的分类和功能。
- 了解城市轨道交通车站内的主要设备及其功能。

城市轨道交通车站（以下或简称“车站”）是城市轨道交通运输生产的基地，乘客乘降、候车和换乘，列车到发及折返等都在车站办理，车站集中了与客运和行车有关的技术设备。

第一节　城市轨道交通车站

城市轨道交通车站是城市轨道交通路网中一种重要的建筑物，它是供乘客乘降、候车和换乘的场所，应保证乘客方便、安全、迅速地进出，并有良好的通风、照明、卫生、防火等设备，为乘客提供舒适、清洁的环境。车站又是城市建筑艺术整体的有机组成部分，一条线路上各车站在结构和建筑艺术方面，应既有共性又有个性。

一、城市轨道交通车站的概念

城市轨道交通车站是城市轨道交通客流的节点，是乘客出行的基地，乘客上下车以及相关的作业都是在车站进行的。城市轨道交通车站是列车到发、通过、折返、临时停车的地点，是城市轨道交通线路电气设备、信号设备、控制设备等集中的场所，也是运营、管理人员工作的场所。

二、城市轨道交通车站的分类

1. 按车站与地面的相对位置分类

按车站与地面的相对位置不同，城市轨道交通车站一般可分为地下车站、地面车站和高架车站。

（1）地下车站

地下车站一般由地面出入口、中间站厅、站台三个主要部分组成，如图 1–1 所示。地面出入口是地下车站的门户，也是客流集疏的第一通道。为了不占用地面空间，地下车站的中间站厅一般设在地下一层，其主要功能是集散客流、售检票、服务、设置管理与设备用房。地下车站的站台一般设在地下二层，也是供列车停靠、乘客乘降的功能层，由站台与线路（股道）、乘降设备等组成。

图 1–1　地下车站

地下车站按位于地下的深度不同，可分为浅埋车站和深埋车站。浅埋车站采用明挖法或盖挖法施工，线路轨道面至地表距离在 20 m 以内；深埋车站采用暗挖法施工，线路轨道面至地表距离在 20 m 以上。

采用何种埋深与地质、水文、地面建筑、管线铺设、施工方法等有关。浅埋车站造价低，在地质条件好、街面宽阔地段可采用明挖施工，但如果施工组织不善会影响地面交通，同时大量地下管线需要搬迁。深埋式车站施工时对地面影响较小，但成本较高。目前，城市轨道交通车站通常采用两种方法相结合的方式进行施工，市区车站宜深埋，郊区车站宜浅埋。

（2）地面车站

站台及钢轨都建于地面上的车站称为地面车站，如图 1–2 所示。

大部分地面车站的站厅、站台和设备设于地面。不过，也有部分地面车站的设施建于高架建筑物上，跨过下方的地面站台。乘客到站后，要先利用自动扶梯或电梯到达架空的车站站厅，入闸后再利用另外的自动扶梯或电梯到达地面站台。这类车站可统称为“跨线式车站”，也是地面车站的一种。

同样，也有少部分车站，其站厅及设备均设在地下，但站台仍然在地面上，这样的车站广义上也属于地面车站。

地面车站最大的好处是能在地面上直接铺设路轨及兴建站台，施工时间短而投入的资金较少，相比于地下车站或高架车站的成本更低。地面车站多应用在人口密度较低的路线上，这样更容易提供充裕的土地进行建设。

图 1–2 地面车站

（3）高架车站

高架车站是站台和设备设施等都架设于高架构造物之上，离地面有一定高空落差的车站。高架车站是与高架化的线路轨道配套建设或是为了消除山丘地带的标高差而在地形较高处架设的，单轨系统或轻轨系统所采用的车站大部分为高架车站。高架车站按结构不同，可分为站桥合一车站（高架车站的结构和站内轨道结构是一体的）和站桥分离车站（站内轨道结构和线路高架桥的结构是连通的）。与仅有地面设施的地面车站比较，高架车站建设费用虽然相对高昂，但可有效消除平交道，使轨道运输高速化。

高架车站建筑要和城市的风格、周围的环境相协调。高架线路一般建于城市道路的中心线，也可设置在绿化隔离带，从人行道进入高架车站的楼梯、天桥兼作过街人行天桥之用。由于道路上面面积有限，高架车站可考虑将设备用房放在路边，不需要考虑环控系统。高架车站如图 1–3 所示。

图 1–3 高架车站

2. 按运营性质分类

按运营性质不同，城市轨道交通车站可分为中间站、区域站、换乘站、枢纽站、联运站和终点站，如图 1–4 所示。

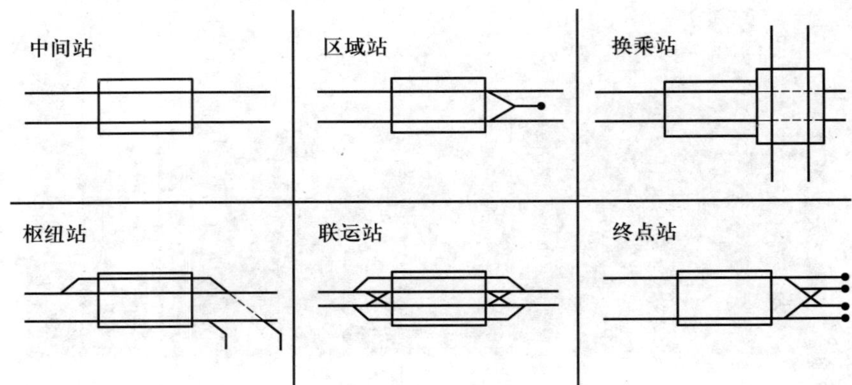

图 1–4 轨道交通车站按运营性质分类

（1）中间站

中间站仅供乘客上、下车之用，功能单一，是城市轨道交通路网中数量最多的车站。

（2）区域站

区域站是指设在两种不同行车密度交界处的车站，设有折返线和相关设备，兼有中间站的功能。

（3）换乘站

换乘站是位于两条及两条以上线路交叉点上的车站。它除了具有中间站的功能外，还可以实现换乘。利用换乘站的换乘设施，可以从一条线路转换到另一条线路。

（4）枢纽站

枢纽站是指由此站分出另一条线路的车站，该站可接送两条线路上的乘客。

（5）联运站

联运站是指单向具有一条以上停车线的中间站，各站台之间可通过天桥或隧道相连，因此也可以起到换乘站的作用。一般在线路上每隔几个中间站便会设置一个联运站，同时具有中间站及换乘站的双重功能。

（6）终点站

终点站是指设在线路两端的车站，就列车上下行而言，终点站也是起点站（或称始发站）。终点站设有可供列车全部折返的折返线和设备，也可供列车临时停留检修。

3. 按站台形式分类

城市轨道交通车站按站台形式不同，可分为岛式站台车站、侧式站台车站和岛侧混合式站台车站。

（1）岛式站台车站

岛式站台位于上、下行行车线路之间，如图 1–5 所示。具有岛式站台的车站称为岛式站台车站，如图 1–6 所示。

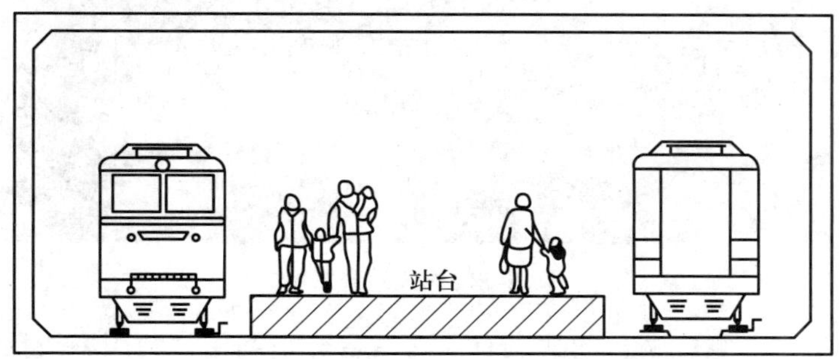

图 1–5　岛式站台

岛式站台的优点有：利用率较高，可起到分散人流的作用；当相反方向列车不同时到达时，可相互调节；管理集中方便，便于乘客中途折返；与站台相关的设备（如电梯、自动扶梯等）只需购置一组，可降低投资及营运成本。岛式站台的缺点有：当列车同时到达时，容易导致人流交错混乱甚至乘客乘错列车；站台面积受到限制，导致乘客换乘复杂及扩建不易等问题。岛式站台是最普遍的一种站台形式。

图 1–6　岛式站台车站

（2）侧式站台车站

侧式站台位于上、下行行车线路的两侧，如图 1–7 所示。具有侧式站台的车站称为侧式站台车站，如图 1–8 所示。

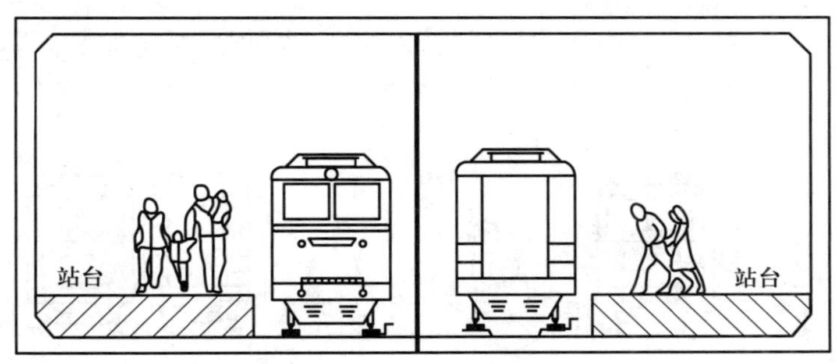

图 1–7　侧式站台

图 1-8　侧式站台车站

与岛式站台相比，侧式站台的缺点有：两站台分别利用，利用率较低；工作人员数量增加，管理比较分散；乘客中途折返不方便，需经天桥、地下通道或者站厅才能到另外一侧站台。侧式站台的优点有：相对方向的人流不会交叉，不容易乘错车；可不设中间站厅，结构较简单，建筑成本较低，建筑工程改造也较容易。侧式站台多用于客流不大的车站或高架车站。

（3）岛侧混合式站台车站

将岛式站台及侧式站台同设在一个车站内，就构成岛侧混合式站台，如图 1-9 所示。具有这种站台形式的车站称为岛侧混合式站台车站，如图 1-10 所示。岛侧混合式站台可同时在两侧的站台上、下车，也可适应列车中途折返的要求。岛侧混合式站台可布置成一岛一侧式或一岛两侧式。现在的大型车站站台一般都为岛侧混合式站台。

岛式站台、侧式站台和岛侧混合式站台的简图如图 1-11 所示。

4. 按结构横断面类型分类

车站按结构横断面类型不同，可分为矩形断面车站、拱形断面车站、圆形断面车站和其他类型断面车站。

图 1-9　岛侧混合式站台

图 1–10　岛侧混合式站台车站

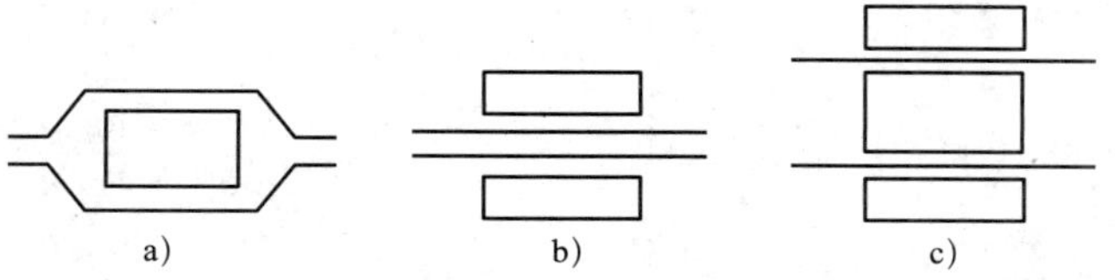

图 1–11　岛式站台、侧式站台和岛侧混合式站台的简图

a）岛式站台　b）侧式站台　c）岛侧混合式站台

5. 按是否具备联锁功能分类

车站按是否具备联锁功能，可分为联锁车站和非联锁车站。通过技术方法，使信号、道岔和进路必须按照一定程序并满足一定条件，才能动作或建立起来的相互关系称为联锁关系，简称联锁。实现联锁需要具备一定的技术设备，具有这些设备的车站称为联锁车站。联锁车站与其所管辖的车站组成联锁区。

三、城市轨道交通车站设计的原则

1. 进出站客流线路和换乘客流线路要分开，尽量避免交叉和相互干扰。乘客购票、问询及使用公用设施时，均不应妨碍客流通行。当城市轨道交通系统与城市建筑物合建时，客流应自成体系。

2. 车站公用区应划分为付费区与非付费区，由进出站检票口进行分隔。换乘区一般设在付费区内。

3. 车站的站厅、站台、出入口楼梯和通道、升降设备、售票口、检票口等部位的通过能力应相互适应，并按远期超高峰客流量确定。

4. 有噪声源的房间应远离有隔声要求的房间及乘客使用区，必要时均采取隔、吸声措施。

5. 车站应考虑防灾设计和无障碍设计。

四、城市轨道交通车站的平面分布

城市轨道交通车站由车站主体、出入口和通道组成，地下车站还包含通风道和地面风亭。车站主体分为乘客使用空间和车站用房，其中乘客使用空间由付费区和非付费区组成，车站用房又包含运营管理用房、设备用房和生活用房。按车站的使用功能可分为站厅层、站台层和设备区。图 1–12 为某城市轨道交通车站站厅层 A 端平面图，图 1–13 是某城市轨道交通车站设备区房间分布。

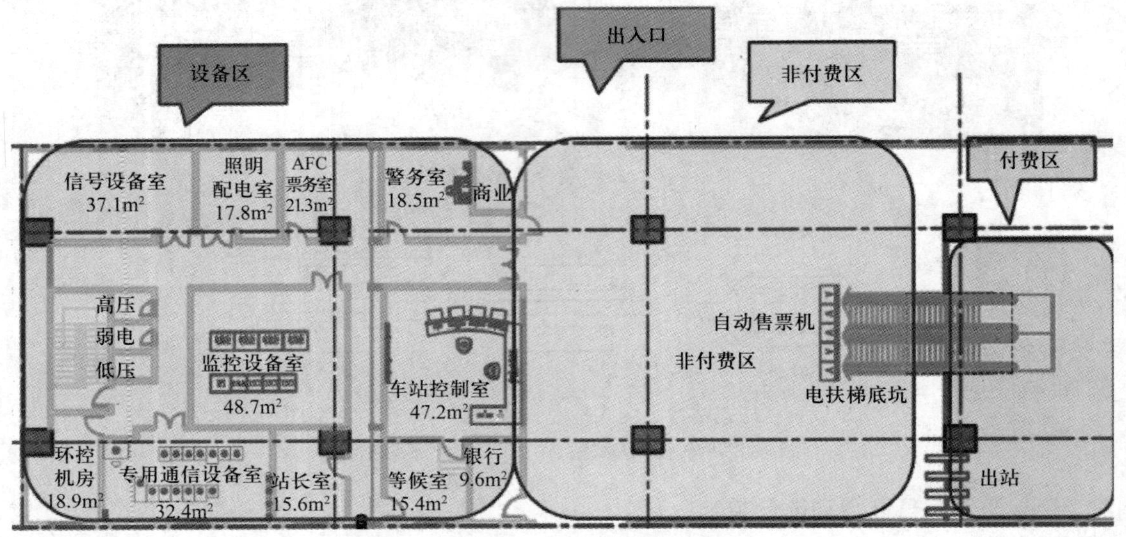

图 1–12　某城市轨道交通车站站厅层 A 端平面图

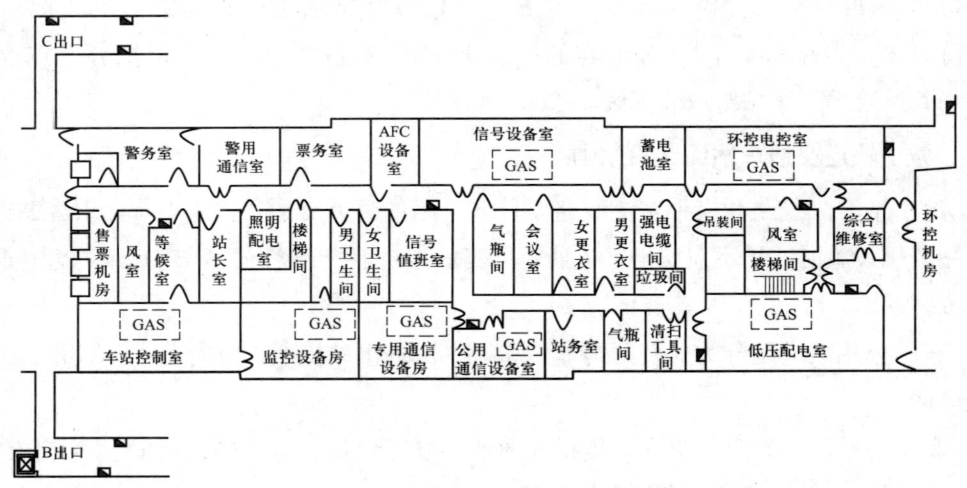

图 1–13　某城市轨道交通车站设备区房间分布

1. 车站主体

车站主体既是列车在线路上的停车点，又是城市轨道交通运营设备设置的中心和办理运营业务的场所，其作用是供乘客集散、候车、换乘及上、下车。它由站台、站厅、设备用房、管理用房和生活用房等组成。

（1）站台

车站站台由升降平台、楼梯（自动扶梯）、站台门、管理用房、轨行区等组成，是供乘客上、下车及候车的场所。站台的大小取决于远期预测的高峰小时客流量。站台的有效长度为列车编组的有效长度加上停车误差，误差值约为 1 ~ 2 m，6 节编组列车停靠的站台有效长度约为 140 m。

（2）站厅

车站站厅是换乘列车的中转层，其主要作用是集散客流，为乘客提供售检票服务。因此，站厅内需要设置售检票、问询等为乘客提供服务的设备设施，一般分为付费区和非付费区。站厅层内设有城市轨道交通运营的设备用房、管理用房、生活用房等，根据客流的大小，在不影响客流集散的同时还可以设置商业用房。

城市轨道交通车站站厅的作用是将由出入口进入的乘客快速、安全、方便地引导到站台候车，或将下车的乘客快速引导至车站出入口，所以车站内设置的设备要尽量避开主通道，以免影响客流通行。

（3）设备用房

设备用房是放置各类设备、进行设备日常维修及保养的场所，主要包括环控电控室、高压（低压）控制室、通信设备室、信号设备室、低压配电室、照明配电室、环控机房、站台门控制室等。

（4）管理用房

管理用房是车站工作人员的办公用房，主要包括车站控制室、站长室、票务室、会议室、警务室等。

（5）生活用房

生活用房是车站工作人员的日常生活用房，包括更衣室、休息室、厕所等，一般仅供内部人员使用，不对外开放。

2. 出入口及通道

车站出入口及通道是车站的门户，其主要作用是集散客流，供乘客换乘其他交通工具，也有些出入口及通道还兼有行人过街通道的作用。为方便乘客及集散客流，一个车站应设多个出入口，一般不少于两个。

出入口通道可分为地道式和天桥式，通道的宽度尺寸根据客流量计算确定，净高一般为 2.6 m。地下车站宜采用地道式出入口通道，高架车站多采用天桥式出入口通道。

（1）出入口的位置一般在城市道路的两侧、交叉路口及有大量客流的广场、大型商场附近。出入口宜分散均匀布置，间距应尽可能大，使其能够最大限度地吸引客流，方便乘客进出车站。

（2）出入口的位置宜设在火车站、汽车站、大中型企业、文体中心、居民区等附近，便于乘客换乘，要设置特征明显的统一标志，以便乘客识别。

（3）出入口的位置设置要符合有关部门的规划要求、消防要求及其他各种要求。在人流拥挤的地方（如火车站），为避免与其他方向的人流相互交叉与干扰，减少拥堵，出入口应设在集散处适当远处，不宜设在客流主要集散出口。

3. 通风道及地面风亭

地下车站必须设置环控系统，地面车站和高架车站都修建在地面以上，原则上采用自然通风。地下车站一般设 1 ~ 2 个通风道，区间隧道中部设置隧道通风道。

地面风亭是隧道、车站通风及设备维修的地面出口。通常通风口高于地面 2 m，进风口与排风口水平距离大于 5 m，合建时排风口高于进风口 5 m。地面风亭在设计时可与地面建筑合建，淡化风井；独立建造时，可结合地面绿化及城市建筑塑造城市景观。

第二节 城市轨道交通车站主要设备

城市轨道交通车站主要设备包括自动售检票系统、给排水和环控系统、电梯和自动扶梯系统、低压配电及照明系统、站台门系统、消防系统、城市轨道交通车站其他设备等。选用系统和设备时要考虑其可靠性、安全性、稳定性、先进性、可扩展性、交互性、经济性和易维护性等主要性能指标，同时，选择的主要产品要有在城市轨道交通环控工程中成功应用的实例。

一、自动售检票系统

自动售检票系统简称 AFC 系统，能实现城市轨道交通售票、检票、计费、收费、统计、清分、管理等全过程的自动处理，如图 1-14 和图 1-15 所示。

图 1-14 自动售检票系统检票机

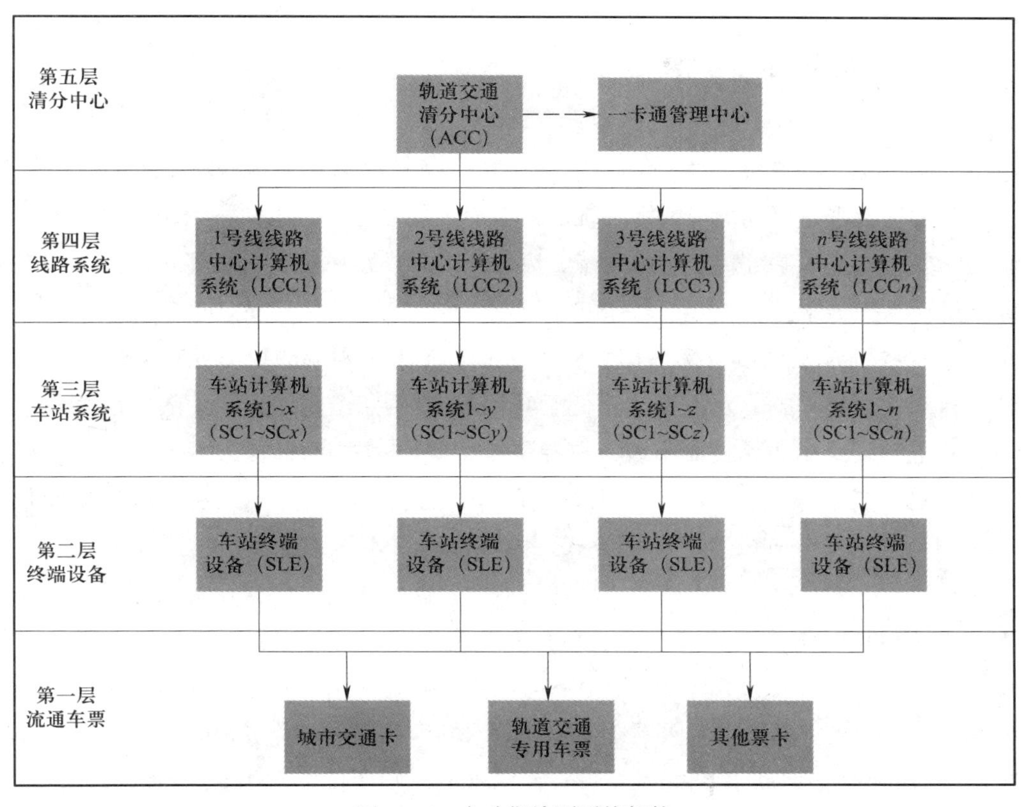

图 1–15　自动售检票系统架构

自动售检票系统主要特点如下：

1. 通过计算机网络，实现计算机售票和自动检票，管理者随时可以了解售票和进出站人数等经营情况。

2. 每张票具有一个唯一票号，经加密后存储到票卡中，供检票系统自动识别，同时还存有车票种类、使用人数、售票时间、有效期、售票机号等信息，供工作人员人工查验。

3. 各通道的检票控制器以总线（1 ~ 8 台）形式与本地服务器联通，延长了通信距离，降低了线路成本，检票口可以不用计算机。

4. 在票务管理中心可设定车票的票种、编码、名称、单价、有效日期（失效日期）、有效时间等。票种包括有价票、员工卡、放行卡、团体票、无价票、年票、成人票、学生票、贵宾票等；编码即车票的系统识别码；单价即单张车票的价格；有效日期（失效日期）即车票自售出之日起的有效期，例如 1 天、1 月或 1 年，分别表示当天有效、1 月内有效或 1 年内有效；有效时间即车票每天允许使用的时间段，其他时间无效。

5. 具有独特的培训练习功能，新售票员工可以登录练习库进行售票模拟练习，掌握系统的使用方法且不会影响系统数据的准确性。

二、给排水和环控系统

1. 给排水系统

城市轨道交通车站给排水系统由给水系统和排水系统两部分组成。给水系统包括生活给水系统、生产给水系统和消防给水系统，其功能是满足生产、生活和消防用水对水量、水质和水压的要求。排水系统包括污水系统、废水系统和雨水系统，其功能是保证车站排水畅通，为安全运营提供服务。

车站给水系统采用城市自来水作为供水水源，在车站两端的风亭处，分别用两条进水管将城市自来水引进车站，水压要求不低于 0.2 MPa。两条给水引入管上的电动蝶阀及隧道两端的消防电动蝶阀由车站控制室设备监控系统（EMCS）实时监控，两条给水引入管互为备用，进站前设置水表和水表井，每条进水管水表前设置有室外消火栓和水泵接合器。生产、生活和消防采用分开的直接给水方式，由城市自来水引入管接出生产、生活及消防水管。生活和生产给水在站内采用枝状或环状管网，消防给水在站内采用环状管网。

排水系统包括污水系统、废水系统和雨水系统。雨水来自隧道入口处过渡段；雨水泵房设在隧道入口处，直径为 6 m，深为 10.5 m，泵房内设雨水泵若干台，雨水经抽升至压力排水检查井后再排入排洪渠。污水系统主要由集水井、压力井和化粪池等组成。大部分地下车站在站台层都设有污水泵房，污水泵房下设污水池，厕所位于站厅层。污水池容积不大于 6 h 的水泵排水量，内设污水泵两台，互为备用。用排水管道将车站内厕所、盥洗室、茶水间冲洗水等生活污水汇集到集水井，经潜水泵提升到压力井消能、地面化粪池简单处理后，排入城市污水管网。压力井是排水进入市政排水管网前的消能设施，其构造要求进出水管不得在同一高程上且侧壁要有防冲洗措施。废水系统包括公共区及设备房间废水系统，废水泵房，出入口、风道等局部废水泵房。

2. 环控系统

环控系统是为改善地下车站空气湿度、温度、流通速度，以及噪声等相关问题而设置的系统。

（1）主要功能

城市轨道交通车站环控系统通过控制影响环境的空气温度、湿度、流速和品质等主要因素，创造一个适于车站设备正常运转、保障人员安全舒适的人工环境。

1）在列车正常运行时，排出余热余湿，提供人员所需的新风量，为乘客和工作人员提供适宜的人工环境，满足站内各种设备正常运转所需的温湿度条件。

2）列车阻塞在区间隧道时，向阻塞区间提供一定的通风量，保证列车空调等设备正常工作，维持车厢内乘客在短时间内能接受的环境条件。

3）在发生火灾事故时，提供迅速有效的排烟手段，给乘客和消防人员提供足够的新鲜空气，并形成一定的迎面风速，引导乘客安全迅速地撤离。

（2）组成部分

城市轨道交通环控系统主要由隧道通风系统、车站大系统、车站小系统和车站水系统组成。

1）隧道通风系统。隧道通风系统主要由分别设置在车站两端站厅、站台层的四台隧道风机、两台推力风机及组合式风阀等组成，其作用是通过机械送、排风或列车活塞风作用排出区间隧道内余热余湿，保证列车和隧道内设备的正常运行。另外，在每天清晨运营前半小时打开隧道风机进行冷却通风，既可以利用早晨外界清新的冷空气对城市轨道交通系统进行换气和冷却，又能检查设备并及时维修，确保运营时能投入使用。在列车由于各种原因停留在区间隧道内而乘客不下车时，隧道通风系统可顺列车运行方向进行送 / 排机械通风、冷却列车空调冷凝器等，使车内乘客仍有舒适的乘车环境。当列车发生火灾时，司机应尽一切努力使列车运行到车站站台范围内，利于人员疏散和灭火排烟。当发生火灾的列车无法行驶到车站而被迫停在隧道内时，隧道通风系统可立即启动风机进行排烟降温：隧道一端的隧道风机向火灾地点输送新鲜空气，另一端的隧道风机从隧道排烟，引导乘客迎着气流方向撤离事故现场，消防人员顺着气流方向进行灭火和抢救工作。

2）车站大系统。车站大系统主要由分设于车站两端的两台站厅全新风机、四台站台全新风机、两台站厅空调新风机、两台站台空调新风机、四台站厅回 / 排风机、四台站台回 / 排风机、两台站厅组合式空调机组、四台站台组合式空调机组及相应的各种风阀、防火阀等设备组成，其作用是通过空调或机械通风排出车站公共区的余热余湿，为乘客创造一个舒适的乘车环境，并在发生火灾时通过机械排风方式进行排烟，使车站内形成负压区，新鲜空气由外界通过人行通道或楼梯口进入车站站厅、站台，便于乘客撤离和消防人员灭火。

在正常运行工况条件下，车站大系统有小新风空调、全新风空调、全新风通风三种运行模式。站厅层空调采用上送上回形式，站台层空调采用上送上回与下回相结合的形式（在列车顶部设置轨顶回 / 排风管，列车空调冷凝器的散热直接由回风带走；同时在站台下设置站台下回 / 排风道，直接将列车下面的电器、制动等发热和尘埃用回风带走）。

列车阻塞在区间隧道时，车站空调、通风系统按正常运行。当推力风机需运转时，车站按全新风空调通风运行。在运行推力风机端的站台，回 / 排风机停止运行，使车站的冷风经推力风机送至列车阻塞的隧道内。

车站站台（包括列车）发生火灾时，除车站的站台回 / 排风机运转向地面排烟外，其他车站大系统的设备均停止运行，使站台到站厅的上、下通道间形成一个速度不低于 1.5 m/s

的向下气流，便于乘客迎着气流撤向站厅和地面；车站站厅发生火灾时，站厅回 / 排风机全部启动排烟，大系统的其他设备均停止运行，使得出、入口通道形成由地面至车站的向下气流，便于乘客迎着气流撤向地面。

3）车站小系统。车站小系统主要包括为车站的设备及管理用房服务的轴流风机，柜式、吊挂式空调机组及各种风阀，其作用是通过对各用房的温、湿度等环境条件的控制，为工作人员提供舒适的工作环境，为各种设备提供正常的运行环境。在火灾发生时，车站小系统通过机械排风方式进行排烟，有利于工作人员撤离和消防人员灭火，在气体灭火的环境下可关闭送、排风管进行密闭灭火。

4）车站水系统。车站水系统的作用是为车站内空调系统制造冷源并将其供给车站大、小系统，同时将热量通过冷却水系统送出车站。

三、电梯及自动扶梯系统

在城市轨道交通车站中，电梯及自动扶梯的用途主要是快速疏解乘客。车站站厅一般离开地面 5 ~ 7 m（浅埋式）甚至 7 ~ 10 m（深埋式），电梯及自动扶梯具有自动输送乘客的能力，满足了乘客对乘降舒适度的要求。

电梯是垂直运行的运载工具，由曳引绳牵引上下运动。电梯靠液压传动，采用柱塞侧置式，其油缸柱塞设置在轿厢侧面，借助曳引绳通过滑轮组与轿厢连接，利用液压泵驱动液体流动，由柱塞使轿厢升降。

自动扶梯是由一台链式输送机和两台带式输送机组合而成的升降传送系统，用于在建筑物的不同楼层间连续运载人员上下。自动扶梯结构特殊，无论造型还是工作特性都与单一的链式或带式输送机有很大的区别，如图 1–16 所示。

图 1–16　自动扶梯

自动扶梯一般可分成四大部分，分别是供乘客站立并能连续提升的梯路（包括梯级、牵引构件和梯路导轨系统）、动力驱动装置（完成梯路的提升和连续循环运转）、框架结构

（用于自动扶梯各零件的组合和定位，以及在现场的定位安置）、控制与安全装置。

与一般电梯不同的是，自动扶梯具有连续输送功能，能够在较短时间内输送大量乘客，其主要特点如下：

1. 输送能力大，生产效率高，能连续运送乘客，特别适合于有大量人流汇集与疏解的场所，如商店、车站、机场、码头等，对地下车站尤是如此。

2. 能逆转，上下行都能运转，近年又出现了旋转式和平行式等新型自动扶梯，可以满足不同场所的需要，甚至可以实现在车站从候车站台到地面出入口的连续输送。

3. 当停电或重要零件损坏时，自动扶梯可作为普通扶梯使用。

4. 自动扶梯构成中有水平区段，会产生额外的能量损失，提升高度较大时，乘客在自动扶梯上停留时间较长。

5. 造价较高。

四、低压配电及照明系统

城市轨道交通车站低压配电及照明系统也称为动力和照明供电系统，“动力”是指风机、水泵等使用 380 V/220 V 交流电源的设备，“照明”是指为站台、站厅、设备用房、通道、区间等提供照明的设备。根据国家标准《地铁设计规范》（GB 50157—2013），低压系统用电负荷可分为一级负荷、二级负荷和三级负荷。

动力供电系统主要采用放射式供电方式。车站动力及区间动力设备分别从变电所、低压配电室和环控电控室的低压柜引出电源供电。

照明供电系统采用树干式供电和放射式供电相结合的方式，以放射式供电为主，按照负荷等级的不同进行配电。

车站内部与低压配电及照明系统有关的设备房有降压变电所、低压配电室、环控电控室、照明配电室和蓄电池室，设备房的数量和布置方式要根据车站形式（地下车站、高架车站、地面车站等）和用电负荷大小来定，一般的做法是在标准站的基础上增加或减少。例如，在面积超过 20 000 m^2 或用电量较大的换乘站等车站，在降压变电所的另一端车站站台处还会设置一座跟随变电所（从环网引入两路中压电源，功能与降压变电所相同，与降压变电所共同承担车站的全部负荷）；在地面段高架车站，由于用电负荷相对较少，可适当减少低压配电室和环控电控室的数量。

五、站台门系统

站台门设置于城市轨道交通车站站台的边缘，如图 1–17 所示。站台门系统在整个站台长度上将站台区域与轨道区域分隔开来，列车进出站时，站台门系统随着列车车门的开闭而自动同步开闭。站台门主要有屏蔽式、全高式和半高式三种。

图 1–17　站台门系统

1．屏蔽式站台门系统

屏蔽式站台门系统是一道自上而下的全封闭玻璃隔断墙，沿着车站全站台边缘设置，把站台区域与列车区域分隔开来。其主要功能和特点如下：

（1）可防止乘客因拥挤或意外掉下站台，保证乘客的安全。

（2）提供良好的空气密封效果，减少空调的能量消耗，降低运营成本。

（3）提供站台声音阻隔，降低车辆噪声和站台上的活塞风效应，为乘客创造一个舒适、安全、美观的候车环境。

（4）运动动能的设计及防挤压模式能够保证乘客不被夹伤。

（5）采用直流无刷电动机驱动，实现无级调速，传动方式采用丝杆或齿形带形式，门运动平稳。

（6）防滑门槛可以防止乘客跌倒。

（7）门体采用钢化玻璃和发纹不锈钢包边框架（或铝合金框架），门扇刚度好。

2．全高式站台门系统

与屏蔽式站台门系统相比较，两者的结构基本相同，只是全高式站台门系统的上部不封闭，门体的下部可以根据需要设置通风口。除不能实现站台与轨道区间的密封隔离以外，全高式站台门系统和屏蔽式站台门系统具有相同的优点，而且比较容易升级为屏蔽式站台门系统。

3．半高式站台门系统

半高式站台门的高度一般为 1.2 ~ 1.7 m，安装在站台边缘，将站台区域与轨道区域分隔开来，主要目的就是提高安全性。与前两种站台门相比，其主要功能和特点如下：

（1）可防止乘客因拥挤或意外掉下站台，保证乘客的安全。

（2）安装简单快捷，与土建工程的接口较少。

（3）造价低。

（4）建设周期短。

六、消防系统

1. 消火栓给水系统

在一些大城市，消防灭火时可直接从城市管网抽水，不设消防水池。如果当地城市管网不能满足消防要求，必须设消防泵和消防水池。确定消防水池容积时，自动喷水灭火系统火灾延续时间按 1 h 计，消火栓系统火灾延续时间按 2 h 计，但应减去火灾延续时间内连续补充的水量。消火栓给水系统经增压后在车站内形成环网，区间隧道消防供水由相邻车站消火栓管网引入，双向区间形成环路。消火栓给水系统用水量按同一时间内发生一次火灾考虑。消火栓的水压应保证水枪充实水柱不小于 10 m，栓口处的静水压力不大于 80 MPa。消火栓给水系统服务范围除车站本身外，还包括两城市轨道交通车站之间隧道和车站附属的各种连通通道。两车站之间隧道和车站附属的各种连通通道（长度大于 25 m）内均需布置消火栓。

（1）根据城市轨道交通车站的建筑特点，不同的设置部位应选用不同形式的消火栓箱。一般站厅层和连通通道选用单阀单出口消火栓箱，站台层选用双阀双出口消火栓箱，弯曲隧道内消火栓箱宜设在与轨道距离较远的内侧，隧道内消火栓箱上应有电话插孔。车站及折返线消火栓箱内应设火灾报警按钮和消防泵启动按钮。

（2）消火栓箱间距按 2 箱水柱同时到达其间任一着火点布置。车站内消火栓箱最大间距和折返线内消火栓箱最大间距为 50 m，区间内消火栓箱最大间距为 100 m。

（3）城市轨道交通车站出入口或通风亭的口部应设水泵接合器，并在 40 m 范围内设置室外消火栓。

（4）因为消防泵平时很少运行，为加强给水的可靠性，消防泵应具有自动巡检功能。在设定的时间周期内，消防泵可以自动启动。同时，还应定期对消防泵的运行进行检查，及时了解消防泵的实际性能，解决消防泵的锈蚀问题，保持消防泵的良好工况。

2. 自动喷水灭火系统

城市轨道交通车站设置自动喷水灭火系统时，火灾危险等级按中危险级Ⅱ级考虑。自动喷水灭火系统干管坡度宜与站厅层、站台层顶板坡度一致，便于降低吊顶高度和系统排水。

3. 气体灭火系统

地下变电所的重要设备间、车站通信及信号机房、车站控制室、运营控制中心的重要设备间和发电机房等，不仅设备昂贵，而且一旦发生火灾，将影响整个城市轨道交通系统的安全运营，所以这些部位必须设置气体灭火系统。目前，国内新建的几条城市轨道交通线路均选用了 IG541（INERGEN，中文名为烟烙尽）气体灭火系统。IG541 是氮气、氩气、二氧化碳以 52∶8∶40 的体积比例混合而成的一种灭火剂，3 种组分均为不活泼气体。气体灭火系统的灭火原理为稀释氧气，窒息灭火。气体喷放时环境温度变化小，且不影响能见度。气体灭火系统的缺点是：喷射时噪声大；以气态方式贮存，贮存瓶组较多；贮存压力大，常温下为 15 MPa，高压增加了危险性，也相对容易泄漏，对管道材料以及安装、维护水平要求较高；主要设备元件目前为进口产品，造价较高。

七、城市轨道交通车站其他设备

除了上述设备以外，为了便于运营管理，城市轨道交通车站还必须设置其他设备，如用于列车控制及监控的信号设备，用于通信联络的通信设备和用于乘客服务的乘客信息系统等。

思考与练习

1. 什么叫联锁车站？联锁车站有什么功能？
2. 站台门有什么功能？为什么要设置站台门？
3. 自动扶梯的主要特点是什么？

第二章　自动售检票系统

学习目标：

- ◆ 了解自动售检票系统的概念和功能。
- ◆ 了解自动售检票系统的结构。
- ◆ 能够熟练操作自动售检票系统。
- ◆ 掌握自动售检票系统常见的故障处理方法。

自动售检票系统是建立在计算机局域网基础上的实时控制处理系统，集计算机网络技术、数据库管理技术、自动控制技术于一体，利用计算机对售票、检票过程进行管理，为财务管理和决策管理提供依据。自动售检票系统已有三十多年的历史，实现了在运营的条件下售票、进站检票、出站检票、票务数据统计和处理等环节的自动化，对城市轨道交通系统运营和管理的智能化和现代化都起到了举足轻重的作用，不仅减少了人力劳动，还大大提高了数据可靠性和员工工作效率，在各国城市轨道交通系统都有广泛应用。

第一节　自动售检票系统概述

一、自动售检票系统的组成

自动售检票（AFC）系统是由自动售票、自动检票、自动统计与结算等一系列设备共同构成的系统，是基于计算机通信、网络、自动控制等技术，实现售票、检票、计费、收费、统计、清分、管理等全自动化的系统，是城市轨道交通系统中的运营核心子系统。

目前，自动售检票系统主要有磁卡系统、接触式 IC 卡系统和非接触式 IC 卡系统三大类型。其中，非接触式 IC 卡为媒介的自动售检票系统的应用范围最广，技术和设备的发展越来越成熟，在交通行业的收费系统中具有一定的代表性。

一般的城市轨道交通自动售检票系统包括五个层次，各层关系类似金字塔。第一层是车票系统，第二层是车站终端设备（SLE），第三层是车站计算机系统（SC），第四层是线路中央计算机系统（LC），第五层是清分结算系统（ACC），如图 2–1 所示。

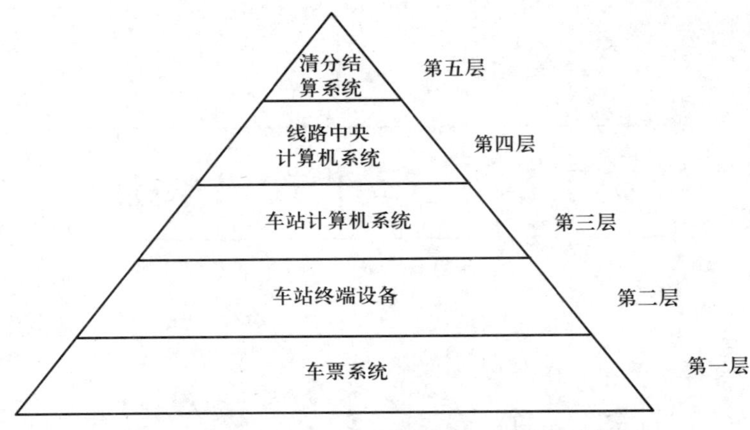

图 2–1　城市轨道交通自动售检票系统层次图

1. 清分结算系统

城市轨道交通清分结算系统负责不同收费系统之间的账务清分、结算。在票卡管理方面具有“一卡通”车票类型定义、初始化编码、发行、分拣、调配管理等功能；在票务管理方面具有车票交易数据处理、车票发售收益统计、运营收益统计、运营报表处理、运营交易数据清分、票务对账结算、车票发售现金收入管理、运营收益转账、完成同交通卡中心数据的交互等功能；在运营管理方面具有运营参数管理、客流统计与分析、系统运营模式管理、系统运营信息发布、车票使用信息查询等功能；在系统维护方面具有系统用户管理、权限管理、数据归档和备份、系统数据恢复、系统日志管理等功能。

2. 线路中央计算机系统

线路中央计算机系统是城市轨道交通线路自动售检票系统的管理与控制中心，负责本线路中的票务管理、交易与设备状态的采集、运行管理、客流管理、黑名单管理、软件版本管理、收益管理、统计报表等。

3. 车站计算机系统

车站计算机系统是车站自动售检票系统的管理中心，负责车站级的票务管理、运行管理、客流管理、交易数据采集、车站终端设备管理。

4. 车站终端设备

车站终端设备安装在各城市轨道交通线路车站，是进行车票发售、进站检票、充值、验票分析等读写交易处理的终端设备。

5. 车票系统

城市轨道交通系统通常使用的车票有单程票、储值票、计次票、出站票、纪念票、员工票等。车票是记录乘客乘车信息的媒介和载体，能记录车票的系统编号、安全信息、种类、个人信息、进 / 出站信息、金额、有效期、历史交易记录等信息，与车站售检票终端设

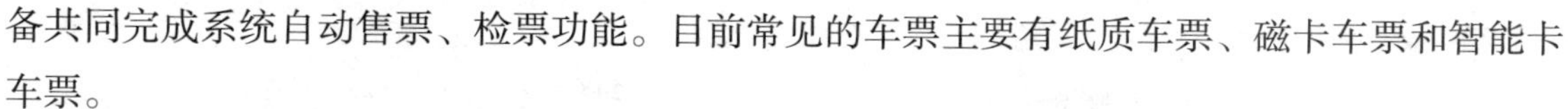

备共同完成系统自动售票、检票功能。目前常见的车票主要有纸质车票、磁卡车票和智能卡车票。

（1）纸质车票

常见的纸质车票有普通纸票和条形码纸票。普通纸票的所有信息都直接印刷在车票上，由票务人员视读确认。条形码纸票的相关信息通过条形码编码存储，由条形码扫描仪完成信息识别，标识的信息只供读取而不能改写。

（2）磁卡车票

磁卡车票的基质上设有磁记录区域，通过磁性载体记录有关信息，通过磁卡读写设备获取相关信息，信息是可修改的。常见的磁卡车票有单程磁卡和储值磁卡。

（3）智能卡车票

智能卡车票的所有信息储存在车票的集成电路中，由智能卡读写设备获取相关信息，信息存储量大，且可修改。智能卡按其与外界交换数据的方式不同，分为接触式 IC 卡和非接触式 IC 卡。

整个自动售检票系统可以说是一个计算机通信网络。线路中央计算机系统和车站计算机系统通过城市轨道交通系统内部的专用通信网络、同步数字体系以点对点的方式连接；车站计算机系统与现场自动售检票设备之间通过以太网连接。

二、自动售检票设备配置的原则

城市轨道交通车站的自动售检票设备配置首先要满足面向乘客服务的要求，其次要强调设备配置的能力匹配与经济性，最后要体现城市轨道交通服务方式在各类城市公共交通中的先进性。在充分考虑这三方面的基础上，围绕以下原则配置相应的设备设施。

1. 实用性原则

车站的设备配置要符合车站服务的特点，即服务的短暂性和高频率。城市轨道交通车站对乘客的服务有很强的时效性，乘客的基本要求是在短暂的过程中充分享受车站提供的舒适服务。因此，设备的实用性是车站首先考虑的问题。

2. 经济性原则

由于城市轨道交通系统投资巨大，城市轨道交通车站的设备配置要满足乘客所需的服务要求，同时也要防止出现设备能力闲置，降低设备的使用效率和系统运营的经济效益（不包括正常的设备能力储备），即车站设备服务能力应与服务容量匹配。在满足乘客乘降需求的前提下，本着提高设备利用率的原则，自动售检票系统设置相关设备必须符合经济性要求，即设备的等级、规模、先进程度等方面体现“够用”的原则，从而使自动售检票系统的建设投资恰到好处。

3. 先进性原则

城市轨道交通系统作为先进的大容量、快捷交通工具，同时也是一个复杂的运营系统。高技术、高智能化是其基本特征，而要体现这一特征，构成这一系统的设备必须有相当的先进性，就目前而言，应以计算机技术、信息技术和控制技术为主要应用对象，提高车站设备的技术和应用层次。

4. 安全性原则

与其他各类交通系统一样，城市轨道交通系统的运营也十分强调安全性，它是所有被考虑因素中的第一要素。安全运营的实现除了依靠严格而科学的运营管理以外，设备运行的可靠程度也是决定性因素。对于自动售检票系统设备的配置而言，要从所配置设备的安全可靠性上严格把关，同时还要配备必要的应急设备，以防万一。

三、自动售检票系统设备布置要求

自动售检票系统设备一般不设置在出入口、通道内，并尽量保持与出入口、楼梯有一定距离，从而保证出入口和楼梯的畅通。

自动售检票系统设备一般设置在站厅内宽敞位置，保持该设备通道宽敞，便于疏导客流。自动售检票系统设备之间应保持一定距离，避免排队时拥挤。

自动售检票系统设备的位置根据出入口数量相对集中布置，并满足客流流向要求。因轨道交通车站一般有多个出入口，为了减少乘客进入车站后的行走距离，一般设置多处自动售检票系统设备，但设置过多设备容易造成设备使用的不平衡，降低设备使用效率，并且不利于管理。因此，自动售检票系统设备位置应根据车站客流的大小集中布置。

四、自动售检票系统运行管理模式

自动售检票系统的运行模式主要包括正常运行模式、降级运行模式和紧急运行模式。

1. 正常运行模式

正常运行模式是系统默认模式，包括正常服务模式和关闭服务模式。

（1）正常服务模式

在正常服务模式下对车票进行全部的有效性检验。乘客持票进站或出站，进站检票机或出站检票机检验车票有效后放行乘客，无效时阻挡乘客，并显示相关信息，引导乘客进行下一步操作。

（2）关闭服务模式

在关闭服务模式下，所有设备不处理车票，检票机关闭，乘客不能使用系统。

2. 降级运行模式

降级运行模式一般在设备故障或大客流时使用，主要包括列车故障模式、进站免检模

式、出站免检模式、时间免检模式、日期免检模式和车费免检模式。

（1）列车故障模式

在列车故障模式下，该车站正常发售车票，乘客正常进站。付费区乘客检票出站，不收取任何费用，除福利票、出站票以外的回收类车票不回收。持回收类车票以及本站已售出的进站车票的乘客，在规定日期内可凭原票免费乘坐一次。根据运营相关规定，在特殊情况下，可以原额退票。

（2）进站免检模式

在进站免检模式下，乘客不检票直接进站，其他车站对无进站信息车票视为正常进站，乘客可持车票正常检票出站，出站时出站检票机自动补全车票信息，回收回收类车票。

（3）出站免检模式

在出站免检模式下，乘客出站时不必检票，直接出站。持非回收类车票的乘客在规定日期内再次进站时，进站检票机依据车票内进站信息扣除上次乘车费用后，按照正常方式检票进站。回收类车票作废，不可再次使用。

（4）时间免检模式

在时间免检模式下，不检验乘车时间，但仍检查车票的票值等其他内容，车票按正常方式扣款。

（5）日期免检模式

日期免检模式进出站同时有效。在日期免检模式下，不检验车票日期信息，允许过期车票在一段时间（由设置参数决定）内正常使用，但仍检查车票的票值等其他内容，车票按正常方式扣款。

（6）车费免检模式

车站被设置为车费免检模式后，出站检票机将不检查车费相关信息（包括车费是否满足乘车里程，或者付费区停留时间是否超时），但检查车票日期，并且回收所有的回收类车票。

3. 紧急运行模式

紧急运行模式是在车站发生火灾、爆炸等危及乘客和工作人员安全的紧急情况下使用的运行模式，具有最高的优先权。

在紧急运行模式下，检票机处于全开状态，乘客不检票直接出站。在履历日期内，回收类票凭原票免费乘坐一次；或者在特殊情况下，根据运营相关规定，原额退票。非回收类车票在履历日期内再次进站时检票机不收取上次乘车费用，补齐出站记录后按照正常检票进站。

第二节　自动售检票系统终端操作

城市轨道交通车站自动售检票系统设备主要包括自动售票机、半自动售票机、自动检票机、自助查询机等。各设备均设置在车站的站厅层，其中，自动售票机设置在车站的出入口处，满足乘客进站购票和充值的需要，自动检票机布置在付费区和非付费区之间。

一、自动售票机

1. 自动售票机的功能

自动售票机（TVM）设于车站非付费区，用于乘客自助式购买单程票和对储值票进行充值。

自动售票机的基本功能是通过乘客的自助式操作完成自助售票。自助购票的基本过程包括购票选择、接收购票资金、自动出票及找零等，在必要时还可以打印充值凭证。自动售票机可接收硬币和纸币购买单程票，也有对“一卡通”卡和城市轨道交通专用储值票进行充值的功能。同时，自动售票机预留银行卡的数据接口和电气接口及物理空间，方便扩展支付方式。

自动售票机主要实现以下功能：

（1）接受乘客的购票选择，并在购票过程中给出提示信息及操作指导。

（2）可以接受乘客投入的现金（或储值票、信用卡等其他支付介质）并自动完成识别，对无法识别的现金（或储值票、信用卡等）予以退还。

（3）自动计算乘客投入的现金数量及购票金额，自动找零。

（4）自动完成车票赋值及出票。

（5）对各部件的工作状态进行自动监测，并向车站计算机系统上报工作状态。

（6）接受车站计算机系统下发的参数和控制命令，并执行相应的操作。

（7）存储并上传交易数据和状态信息。

（8）对本机接收的现金及维护操作进行管理。

2. 自动售票机的组成

自动售票机以主控单元为核心，辅以现金处理装置、车票处理装置、乘客显示器、打印机、电源等模块，根据需要配置触摸屏、运营状态显示器及密码键盘等部件。自动售票机外观如图 2–2 所示，内部结构如图 2–3 所示。

自动售票机结构说明如下：

（1）电源模块：直流开关电源，为内部各模块提供直流电。

（2）不间断电源（UPS）：外部供电异常时保证最后一笔交易的完整性。

（3）硬币模块：接收乘客投入的购票硬币及实现硬币找零。

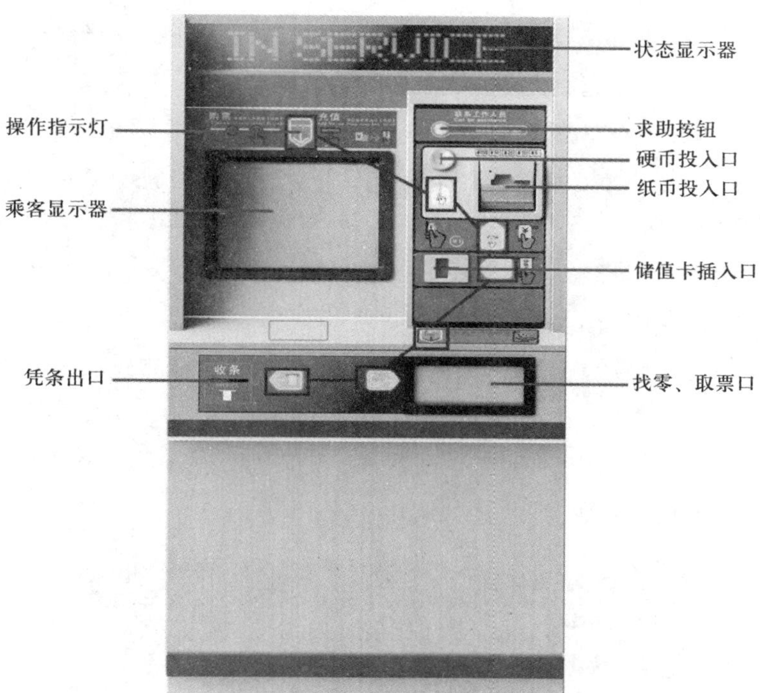

图 2-2　自动售票机外观

图 2-3　自动售票机内部结构

（4）纸币模块：识别并接收购票或充值的纸币及找零，逐张插入，一起返还。

（5）维护面板：操作员登录接口，通过其实现设备检测维修及运营结账。

（6）凭条打印机：打印充值交易凭证及运营维护信息。

（7）票卡发售单元：对单程票进行赋值、发放。

（8）工控机：负责运行控制软件，完成车票处理、现金处理显示、数据通信、状态监控等功能。

3. 自动售票机的主界面和操作

（1）自动售票机的主界面

自动售票机是自助型系统设备，城市轨道交通车站内会有部分乘客对该系统的操作不熟练，站务人员应主动、热情地提供操作指引服务。因此，站务人员应熟练掌握自动售票机的购票操作方法。指引乘客使用自动售票机购票、充值时，站务员可通过乘客操作界面实现点选操作。自动售票机乘客操作主界面如图 2–4 所示。

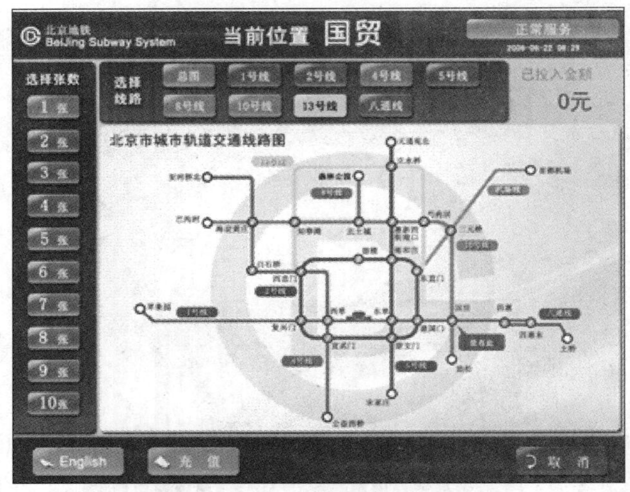

图 2–4　自动售票机乘客操作主界面

地图区域能清晰显示线网地图，能实现地图的缩小、放大及水平移动，当乘客点击某车站时，以该车站为中心的附近几个车站会被放大显示，便于乘客正确选择目的地车站购票。

运营及票卡选择区域可以实现按票价直接购票，为熟悉票价的乘客提供了便利。

时间区域能实时显示当前的日期与时间。功能选择区域提供了供乘客选择或确认的按钮，如中英文切换按钮和充值操作按钮等，实现相应的功能选择。

（2）自动售票机购票操作

在自动售票机上购买单程票的步骤如下：

1）选择线路。站在自动售票机前，可以看到网络化运营的城市轨道交通线路图，用手指轻触要乘坐的线路，就会出现这条线路的界面。

2）选择目的地车站。用手指轻触目的地车站的站名，就会出现购票的界面。

3）选择购票数量。屏幕左方显示目的地车站、车票单价和应付金额等信息，在右方可选择所要购买的车票数量。操作过程中如有错误，可以按屏幕下方的“取消”按钮取消正在进行的操作。

4）付款。根据屏幕中显示的应付金额，将纸币或硬币投入自动售票机右上方的车费投币口。屏幕上方将提示可以投入的人民币或硬币面值，投入纸币时要确保纸币平整。

5）取走车票和找零。待车票及找零全部落入托盘后再取出，以免车票及找零散落到地面上。

自动售票机购票步骤如图 2–5 所示。

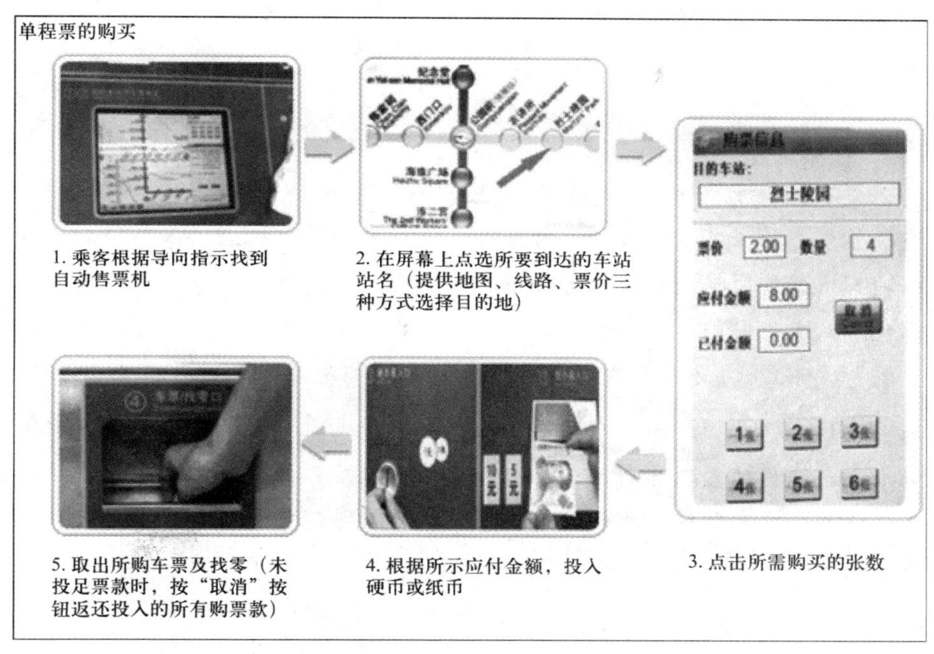

图 2–5　自动售票机购票步骤

（3）自动售票机充值操作

乘客使用现金在自动售票机上进行储值卡充值时，自动售票机通常可接受第五版 10 元、20 元、50 元和 100 元人民币币种充值。具体操作流程大致分为在主界面选择充值按钮、插入储值卡、支付储值卡充值金额、设备对储值卡充值、返还储值卡等几个步骤。乘客从开始充值后至支付充值金额之前都可以取消交易，点击“取消”按钮或者一定时间内没有任何操作时，自动售票机返还投入的储值卡并返回初始界面。

自动售票机充值步骤如图 2–6 所示。

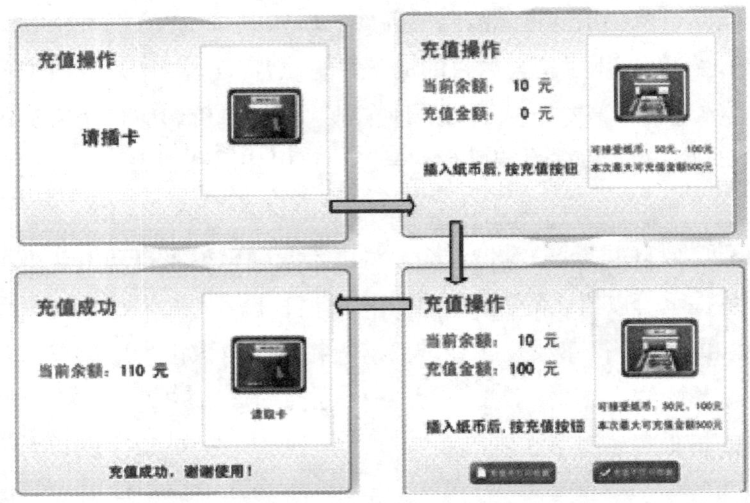

图 2–6　自动售票机充值步骤

案例分析

某日，票务员张某当班期间，有乘客反映在自动售票机上投入纸币后机器没有找零也没有出票，自动进入了“暂停服务”状态。张某收到信息后到现场查看该自动售票机，发现机器确实处于“暂停服务”状态，但是查看操作界面没有发现故障代码。张某随即与当班客运值班员联系，客运值班员到场后打开自动售票机维护门，没有发现异常，随即通知维护人员到场检查。维护人员从自动售票机内找出被卡住的纸币一张，经确认为乘客所有，维护人员将钱交给客运值班员，客运值班员查看了交易记录并与乘客确认后将钱归还乘客。维修人员称可能是投入的纸币太旧，导致运送过程出错，发生卡币，建议乘客使用较新的纸币购票。

分析：此案例是典型的自动售票机卡币问题，在遇到乘客反映出现自动售票机卡币时，票务员应到现场查看，检查是否有故障代码，并将故障代码及乘客反映的情况一起报告当班客运值班员，由客运值班员打开自动售票机查看，问题无法排除时，交由专业维护人员处理。

在故障排除期间，如果乘客愿意等待，故障排除后，客运值班员查看交易记录并与乘客确认后可将卡住的钱交还给乘客；如果乘客不愿等待，经客运值班员同意，可从票务员处取出相应金额的现金重新购票，票务员需填写乘客事务处理单并请乘客签名确认，待被卡钱币取出后由客运值班员带回点钞室。

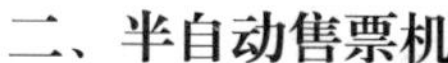

二、半自动售票机

半自动售票机（BOM）又称人工售 / 补票机或票房售 / 补票机，通常安装在售 / 补票房或车站服务中心内，采用人工方式完成票务处理、车票发售、充值、车票分析（验票）、退票及其他票务服务。

根据应用需求，半自动售票机可按功能分离设置成单独的半自动票务机或半自动补票机，也可设置成半自动售票和补票功能结合的设备。功能单一的半自动售票机应部署于非付费区，而半自动补票机则用于付费区内服务。功能结合的半自动售票机可以同时为非付费区与付费区服务，兼顾售票及补票功能。

1. 半自动售票机的功能

半自动售票机是在车站中以人工方式为乘客提供服务的售 / 补票设备，放置于车站售票亭内，其主要功能是售票、补票、充值、更新、替换、退款、记名车票申请、车票挂失、车票分析、车票处理、车票查询、收益管理和审核、报表生成和打印、操作员操作等。半自动售票机通过网络与车站计算机连接，可以接收车站计算机下达的各种参数和指令，也可以向车站计算机及线路中心计算机上传各种数据，而且具备离线 / 在线状态自动检测切换的能力。

2. 半自动售票机的组成

半自动售票机以主控单元为核心，由主机、IC 票卡发售模块、操作员触摸屏显示器、乘客显示器、桌面 IC 卡读写器、票据打印机等组成，还可以根据需要配置触摸屏、车票处理装置、钱箱等部件。主控单元一般选用高可靠性工业级计算机设备，也可以选用高档的商用计算机，需要具有丰富的外部接口支持外部设备的连接，并保留部分接口支持未来设备的扩展。

半自动售票机可以使用键盘、鼠标等通用输入设备，也可以配置触摸屏，还可以配置支持自动发售车票的车票处理装置，实现车票自动发售功能。自动发售车票的车票处理装置与自动售票机中的车票处理装置类似，在接收到主控单元的命令后，可以自动完成供票、车票读写及出票功能。

（1）主机

主机由主控单元和电源模块组成，结构如图 2–7 所示。主控单元负责运行半自动售票机的控制软件，实现车票处理、数据通信、状态检控及故障检测等功能。主控单元采用模块化设计，以满足物理上和功能上的互换性要求，便于维护。

（2）IC 票卡发售模块

IC 票卡发售模块由进行读写的票卡读写器和用于发售 IC 车票的车票处理模块组成。

图 2-7　半自动售票机

IC 票卡发售模块可完成单程车票的自动发售工作，提高人工发售车票的速度和效率。在以自动售票机自助式售票为主的车站，IC 票卡发售模块可以作为应急发售车票装置，主要部件包括车票发卡装置、读写器、出票控制板等，这与自动售票机中的模块类似。IC 票卡发售模块与主控单元通过串口连接，接收主控单元发出的指令，对单程票进行各种处理，如读取车票内存信息、判断车票的有效性，以及对车票内储值清零、赋值、校检、出票和废票回收等。IC 票卡发售模块能一次发售多张同一票值的车票。

（3）操作员触摸屏显示器

操作员触摸屏显示器为操作员提供人机对话界面显示，带有触摸屏，如图 2-8 所示。

（4）乘客显示器

每套半自动售票机配置 1 ~ 2 台乘客显示器，分别安放在付费区、非付费区靠近窗口、方便乘客阅读的地方，为乘客提供相关信息的显示（显示中文或英文信息，可以通过操作员选择来实现），并且带有一定的语音提示，如图 2-9 所示。

图 2–8 操作员触摸屏显示器

图 2–9 乘客显示器

（5）桌面 IC 卡读卡器

桌面 IC 卡读卡器提供高级应用程序编程接口，有 4 个读卡器与安全认证模块（SAM）卡座，支持对 ISO 14443 A/B 标准卡片的读写操作，支持多密匙应用，提供读卡器与安全认证模块之间的接口和数据传输。扩展读卡器与安全认证模块不会降低读卡器性能。

针对不同的设备应用，相应的桌面 IC 卡读卡器执行充值和消费操作。读卡器有效读写距离为 10 cm，交易时间为 200 ~ 1 000 ms。读卡器对票卡的操作满足一卡通对 IC 卡的应用流程标准要求，满足读卡器与安全认证模块的安全保密处理要求和交易数据处理要求。

（6）票据打印机

票据打印机用于车票发售和充值单据打印，也用于打印班次报表或其他有关信息。可以设定每完成一次交易，打印机即打印一次，并打印运行号、系列号、截止日期等。

半自动售票机多采用小型针式打印机，也采用小型热敏打印机。热敏打印机具有使用寿命长、故障率低的优点，但打印后的单据不能长期保留。打印机有自检功能，操作人员或技术人员使用前，必须启动自检。自检提供有关硬件及其他参数的信息，如果自检失败，打印机将不会工作，也不会有任何打印输出。

3. 半自动售票机的基本操作

半自动售票机的工作原理是利用票务系统软件，实现售票、补票、充值、更新、替换、退票、车票挂失、车票分析、车票处理、车票查询、收益管理、设备操作等功能。

一般乘客可以通过车站的自动售票机自助购买普通单程票，有特殊需要的乘客（如需要购买储值票、一卡通、优惠票、月票或日票等情况）需要前往客户服务中心（票务处）寻求人工售票服务。票务工作人员根据乘客情况判断是否发售车票。

购买储值票、一卡通、月票或日票等车票时，由于车票内已经赋有一定价值，票务工作人员需要收取相应的押金和车票金额，按照人工售票程序发售即可。

下面以票务系统实训软件为例，介绍单程票发售及储值票充值操作。

(1) 单程票发售操作

1) 登录票务系统软件，如图 2-10 所示。

2) 首先点击“系统维护”，出现如图 2-11 所示页面。

图 2-10 票务系统软件登录首页

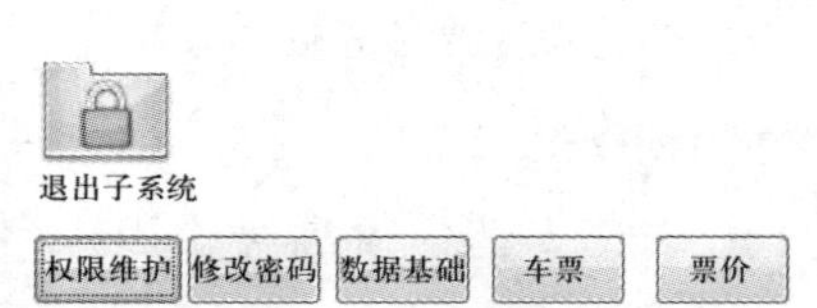

图 2-11 “系统维护”操作页面

3) 点击“车票”，进入系统车票数据库，如图 2-12 所示，注意 ID、逻辑卡号、车票物理 ID 必须保持一致，否则无法定义有效车票。

车票

新增

id	逻辑卡号	主卡类型	子卡类型	有效期开始	有效期结束	上次地点	上次日期	上次设备	上次类型	车票物理id	物理有效期
0011	0011187964	单程票	普通成人单程	2000/10/20	2020/01/01	0303汉溪	2010/07/03 0			0011187964	2020/02/02
0011	0011172237	单程票	普通成人单程	2000/01/01	2020/01/01		/ / :	Gate 1010	Gate	0011172237	2020/02/02
0003	0003410900	储值票	成人普通储值	2000/01/01	2020/01/01	0303汉溪	2004/06/17 0			0003410900	2020/01/01
0003	0003428295	储值票	成人普通储值	2000/01/01	2020/01/01	0303汉溪	2004/06/17 0	Gate 1010	Gate	0003428295	2020/01/01
0011	0011210440	单程票	普通成人单程	2000/01/01	2020/01/01		/ / :	Gate 1010	Gate	0011210440	2020/01/01
0011	0011198606	单程票	普通成人单程	2000/01/01	2020/01/01		/ / :	Gate 1010	Gate	0011198606	2020/01/01
0011	0011210037	单程票	普通成人单程	2000/01/01	2020/01/01		/ / :	Gate 1010	Gate	0011210037	2020/10/10
0003	0003431722	储值票	成人普通储值	2000/01/01	2020/01/01		/ / :	Gate 1010	Gate	0003431722	2020/01/01
0003	0003428901	储值票	成人普通储值	2000/01/01	2020/01/01		/ / :			0003428901	2020/01/01
0003	0003434911	储值票	成人普通储值	2001/01/01	2020/01/01		/ / :			0003434911	2020/01/01
0010	0010306582	员工票	EPO 普通员工	2000/01/01	2020/01/01		/ / :	Gate 1010	Gate	0010306582	2020/01/01
0010	0010292665	员工票	EPO 普通员工	2000/01/01	2020/01/01		/ / :			0010292665	2020/01/01
0010	0010303098	员工票	EPO 普通员工	2000/01/01	2020/01/01		/ / :			0010303098	2020/01/01
0010	0010296326	员工票	EPO 普通员工	2000/01/01	2020/01/01		/ / :			0010296326	2020/01/01
0010	0010317809	员工票	EPO 普通员工	2000/01/01	2020/01/01		/ / :			0010317809	2020/01/01
001	001	储值票	老人免费单程	2010/01/01	2012/01/01	0303汉溪	2010/11/04 0			001	2010/01/01
0001	0001245678	单程票	学生普通储值	2010/10/10	2030/10/10	0303汉溪	2012/12/19 0			0001245678	/ /

图 2-12 车票数据库页面

4) 点击“票务系统”，返回 BOM 操作页面，点击“票亭售票 BOM”，如图 2-13 和图 2-14 所示。

图 2-13 “票务系统”操作页面

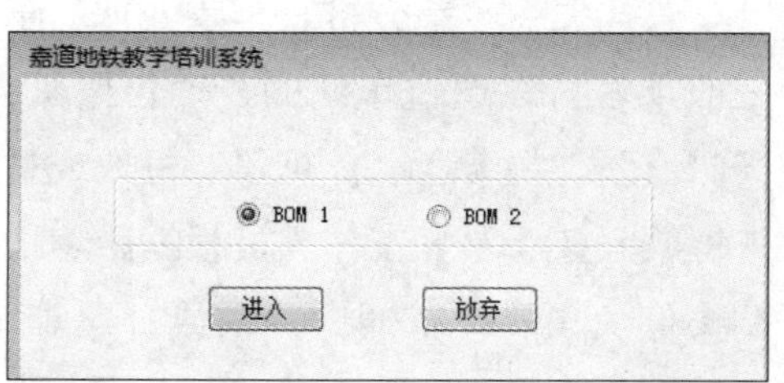

图 2-14 “票亭售票”页面

5）进入“BOM1”之后，首先进行签到，然后点击操作员区域（橙色区域），单击切换到非付费区，点击“单程票发售”，如图 2–15 和图 2–16 所示。

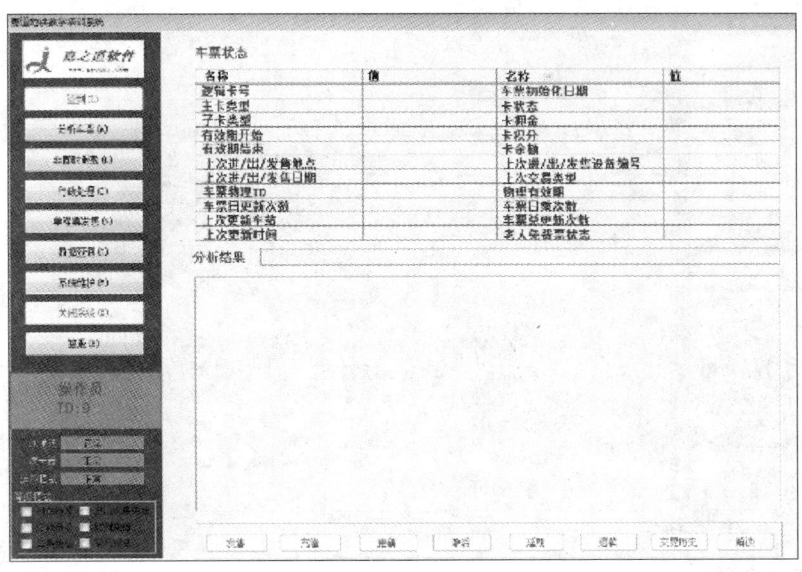

图 2–15　“BOM1”操作页面

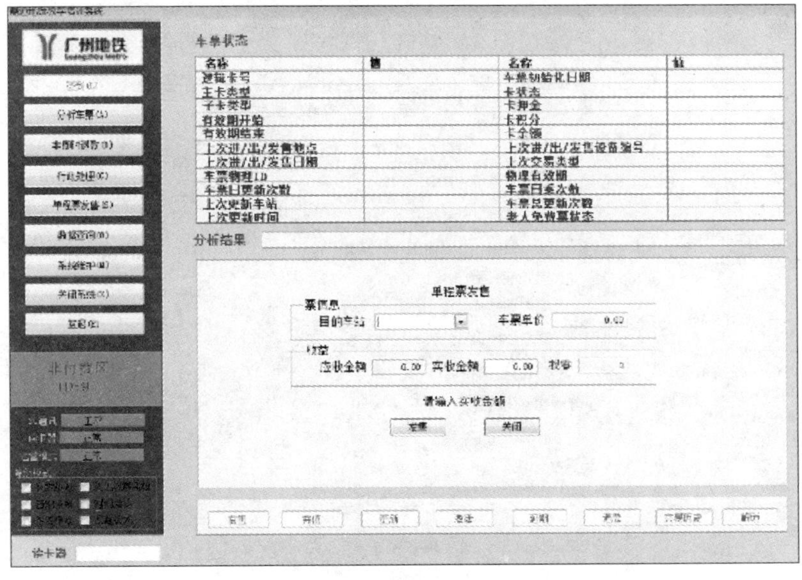

图 2–16　“单程票发售”页面

6）在界面左下角位置“读写器”区域手动输入车票逻辑卡号，如图 2–17 所示。然后返回到系统维护页面，找到上一步输入读卡器的车票，就能得到车票的完整属性，如图 2–18 所示。请注意此时页面显示的卡状态（发售）。

广州地铁
车票状态
名称
值
逻辑卡号
主卡类型
子卡类型
有效期开始
有效期结束
上次进/出/发售地点
上次进/出/发售日期
车票物理ID
车票日更新次数
上次更新车站
上次更新时间
车票初始化日期
卡状态
卡押金
卡积分
卡余额
上次进/出/发售设备编号
上次交易类型
物理有效期
车票日乘次数
车票总更新次数
老人免费票状态
分析结果
已经发售完毕!
单程票发售
请输入实收金额
关闭
非付费区
读卡器

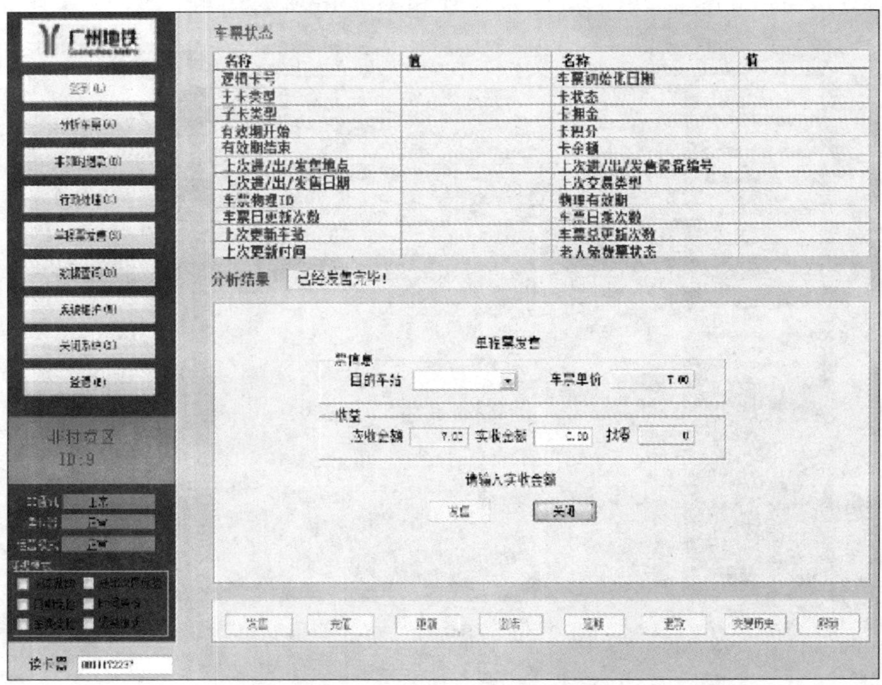

图 2-17　输入车票逻辑卡号

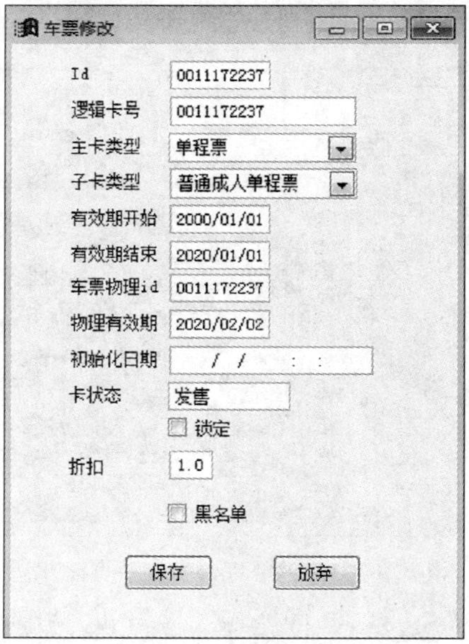

车票修改
Id
0011172237
逻辑卡号
0011172237
主卡类型
单程票
子卡类型
普通成人单程票
有效期开始
2000/01/01
有效期结束
2020/01/01
车票物理id
0011172237
物理有效期
2020/02/02
初始化日期
卡状态
发售
锁定
折扣
1.0
黑名单
保存
放弃

图 2-18　车票的完整属性

（2）储值票充值操作

用本票务系统软件可以实现储值票的发售，过程与单程票发售类似，不再赘述。

以下为储值票的充值操作：

1）点击“系统维护”，然后点击“车票”，进入系统车票数据库，找到车票类型为储值票的票卡，如图 2–19 所示。

id	逻辑卡号	主卡类型	子卡类型	有效期开始	有效期结束	上次地点	上次日期	上次设备	上次类型	车票物理id
0011187964	0011187964	单程票	普通成人单程	2000/10/20	2020/01/01	0303汉溪	2010/07/03 0			0011187964
0011172237	0011172237	单程票	普通成人单程	2000/01/01	2020/01/01		/ / :	Gate 1010	Gate	0011172237
0003410900	0003410900	储值票	成人普通储值	2000/01/01	2020/01/01	0303汉溪	2004/06/17 0			0003410900

图 2–19　车票显示页面

2）记录下这张储值票的 ID（0003410900），再进入“BOM1”，点击“分析车票”，在非付费区的右边单击左键切换到付费区，此时页面切换到橙色付费区，同时左下角出现了读条区域，并有“分析”两字，如图 2–20 所示。

3）将之前记录的 ID 输入，点击“分析”按钮，显示为正常车票，并且页面中出现了该车票的相关信息，如图 2–21 所示。

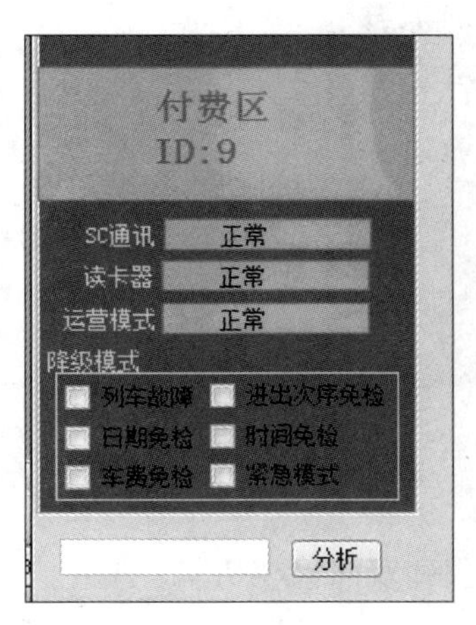

图 2–20　付费区下分析页面

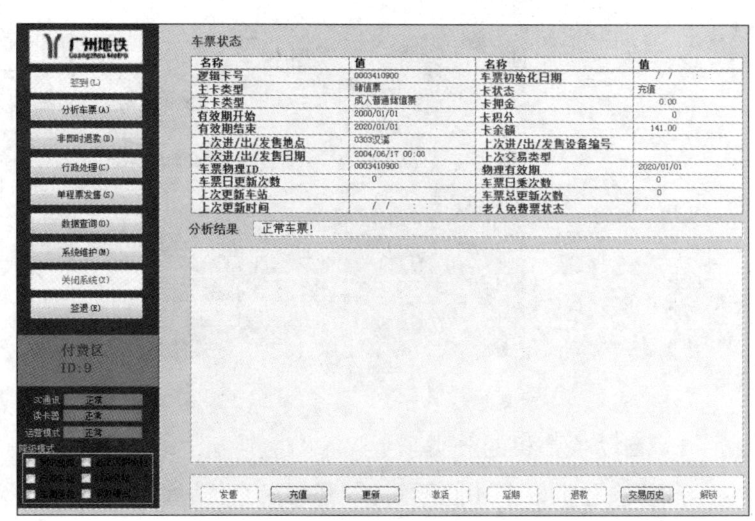

图 2–21　储值票信息

4）点击下方“充值”按钮，对该车票进行充值操作，如图 2–22 所示。点击保存后，显示“已充值”，如图 2–23 所示。

三、自动检票机

自动检票机（AG）也称闸机，如图 2–24 所示，安装于车站付费区与非付费区的交界处，是实现乘客自助进出站检票（在非付费区和付费区间通行）的设备，对有效车票，自动检票机通道阻挡解除（门扇开启或释放转杆），允许乘客进出站。自动检票机应能适应城市轨道交通车站的强磁干扰、尘土、高温、振动等恶劣工作环境，具有防潮、放火、防酸的功能。

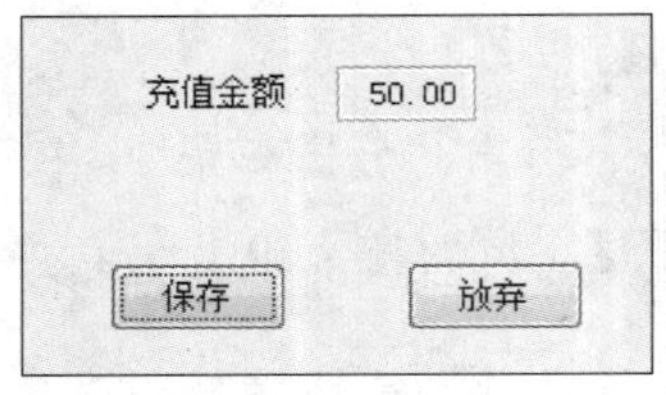

图 2–22　充值页面

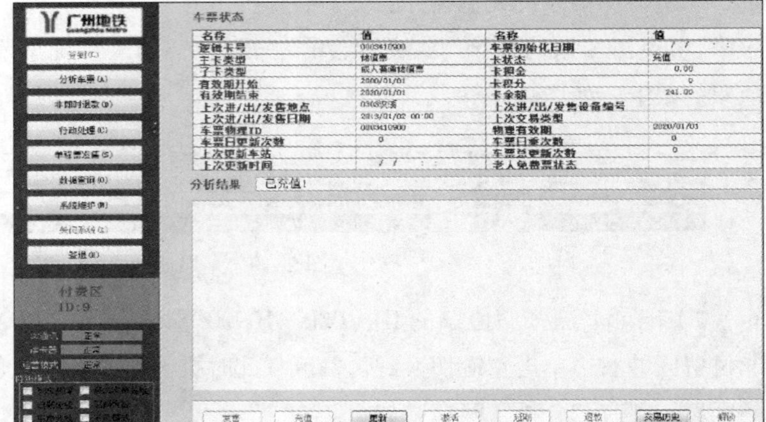

图 2–23　充值成功页面

图 2–24　自动检票机

1. 自动检票机的分类

自动检票机根据功能不同，可以分为进站检票机、出站检票机和双向检票机。

（1）进站检票机

乘客按照指示将车票（非接触式 IC 卡）放在进站检票机的非接触式 IC 卡读写器 / 天线上，进站检票机将对车票进行有效性检查。如果车票有效，进站检票机将放行乘客进入付费区；如果车票无效，进站检票机将给出相应的声音和文字（图形）提示，拒绝放行乘客进入付费区，并且引导乘客到票务处。

（2）出站检票机

1）单程票乘客。单程票乘客在完成旅程离开付费区时，必须将单程票塞入出站检票机，出站检票机对车票进行有效性检查。如果车票有效，出站检票机将回收单程票，并放行乘客离开付费区；如果车票无效，出站检票机将给出相应的声音和文字（图形）提示，拒绝放行乘客离开付费区，并且引导乘客到票务处。

2）持其他票种乘客。持其他票种乘客在完成旅程离开付费区时，必须将车票放在出站检票机的读卡器上，出站检票机对车票进行有效性检查。如果车票有效，出站检票机将放行乘客离开付费区；如果车票无效，出站检票机将给出相应的声音和文字（图形）提示，拒绝放行乘客离开付费区，并且引导乘客到票务处。

（3）双向检票机

双向检票机既可以完成进站检票，也可以完成出站检票，在非付费区和付费区可分别按照进站和出站的处理规则完成检票功能。

自动检票机还可以按照其他标准进行分类。例如，根据阻挡装置不同，可以分为三杆式检票机、扇门式检票机和拍打门式检票机；根据通道宽度不同，可以分为普通检票机和宽通道检票机。

2. 自动检票机的功能

自动检票机的基本功能是对乘客所持的车票进行检验，并完成进站或者出站的交易处理。在计时计程的收费规则下，乘客在进入付费区及离开付费区时都需要进行车票检验。进入付费区时，检查车票的合法性并记录进入时的地点和时间；离开付费区时，检查车票的合法性、进站信息的合法性和在付费区内停留的时间，并根据进入位置和离开位置计算本次旅程的费用，完成车票扣款操作。

自动检票机的主要功能如下：

（1）自动对车票进行有效性检验，对有效车票进行相应处理后放行乘客。

（2）对无效车票拒绝放行。

（3）对车票处理结果给出明确的提示信息。

（4）对通道的通行状态给出明确指示。

（5）对特殊车票的使用给出明确的提示。

（6）对需要回收的车票执行回收操作。

（7）对各部件工作状态进行自动监测，并向车站计算机系统上传工作状态。

（8）接收车站计算机系统下发的参数和控制命令，并执行相应的操作。

（9）存储并上传交易信息。

（10）接收紧急按钮信号并控制设备的操作。

3. 自动检票机的组成

自动检票机以主控单元为核心，辅以阻挡装置、车票处理装置、声光提示装置等模块。

主控单元一般选用高可靠性、低功耗的通用型嵌入式计算机设备或工业级计算机设备，需要具有丰富的外部接口支持外部设备的连接，并保留部分接口支持未来设备的扩展。自动检票机的总体布局和外观结构如图 2–25、图 2–26 所示。

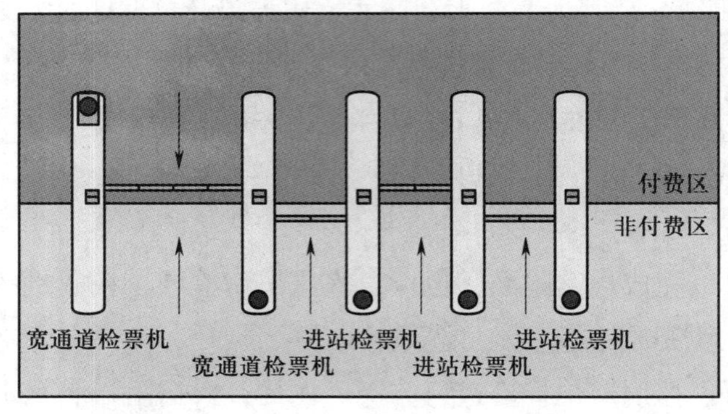

图 2–25　自动检票机总体布局

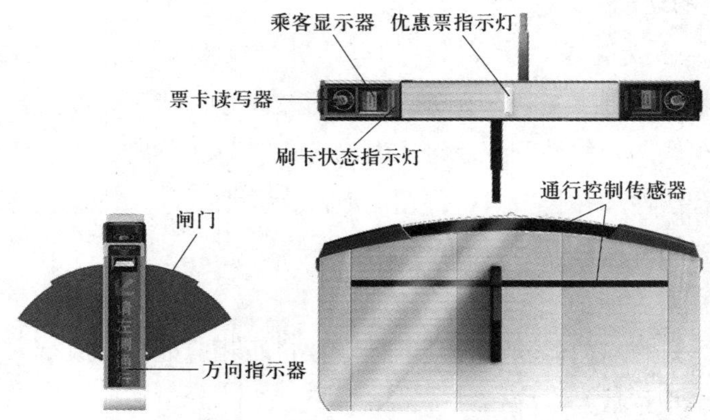

图 2–26　自动检票机外观结构（以扇门式为例）

（1）自动检票机上部结构

自动检票机上部外观结构如图 2–27 所示，包括票卡读写器和乘客显示器等。

1）票卡读写器。票卡读写器的安装位置应符合乘客右手持票习惯，并有醒目的标识指示乘客刷卡位置。票卡读写器可分为储值票读写器和单程票读写器，两种读写器可以互换。

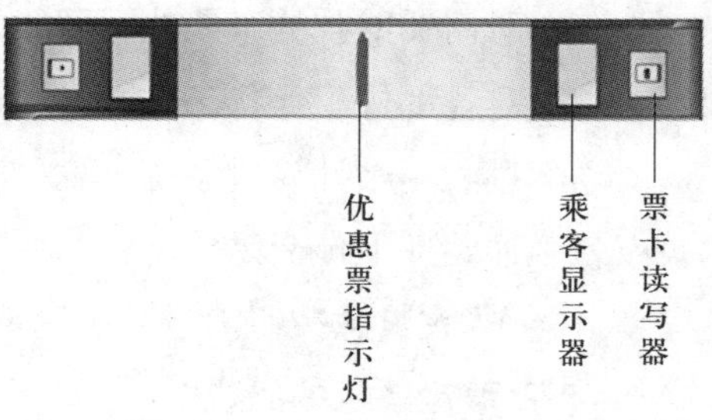

图 2–27　自动检票机上部外观结构

进站检票机及出站检票机都装有一个储值票读写器及天线。另外，出站检票机传输装置中还装有一个带小天线的单程票读写器，用以完成单程票回收时的读写操作。双向检票机具有进站和出站的读写器。

读写器天线负责储值票和单程票的数据通信和能量传输，将车票中的数据通过读写器上传到工控机（读卡过程），由工控机对车票中的数据进行判断，再将判断结果下发给读写器，由读写器通过天线对车票中的数据信息进行修改（写卡过程）。

在规定的数据格式下，单程票与读写器之间完成一次交易所需时间小于 200 ms，储值票与读写器之间完成一次交易所需时间小于 300 ms。同一时刻内，在读写器感应区内同时出现两张（或以上）单程票时，读写器对所有单程票均不做处理。外部电源失电时，读写器的内存数据不破坏或改变；复电时，读写器能恢复到断电前的状态及内存数据。

2）乘客显示器。乘客显示器能够显示中文、英文、数字及图形，引导乘客正确使用检票机，如图 2–28 所示。

（2）自动检票机侧向结构

自动检票机侧向外观结构如图 2–29 所示。

图 2–28　乘客显示器

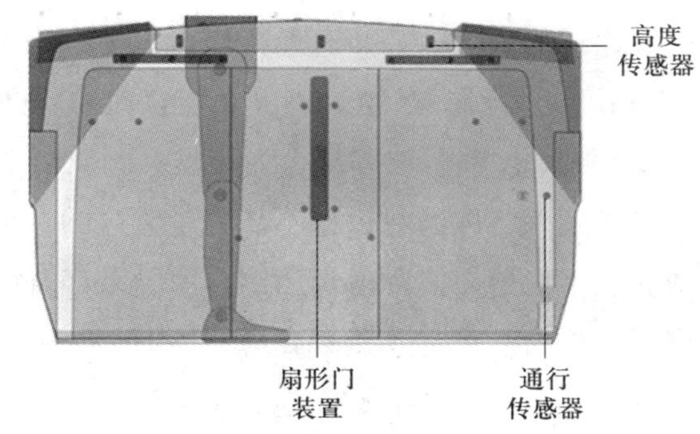

图 2–29　自动检票机侧向外观结构

1）通行传感器。通行传感器能够监控乘客通过自动检票机的整个过程，并监测通过自动检票机的人数。自动检票机一般采用透过型传感器和反射型传感器。

每对（个）传感器都不是单独使用的，通行控制单元对一组或者所有传感器的检测反馈信息进行分析处理，保证通行控制的准确性和安全性。自动检票机通行传感器分布如图 2–30 所示。

进站区域 1 的传感器采用透过型传感器，主要监测是否有乘客进入通道。进站区域 2 的传感器采用透过型传感器和反射型传感器，判断无票乘客的通行行为。安全区的传感器采用透过型传感器，安装于不同的高度，监测通行情况，反馈信号控制闸门，保护已进入通道的乘客，防止闸门夹住乘客。出站区域 1 的传感器采用透过型传感器，检测乘客是否已经通过闸门，如果发现乘客已经通过闸门，反馈信号控制闸门关闭，防止第二个乘客通过。出

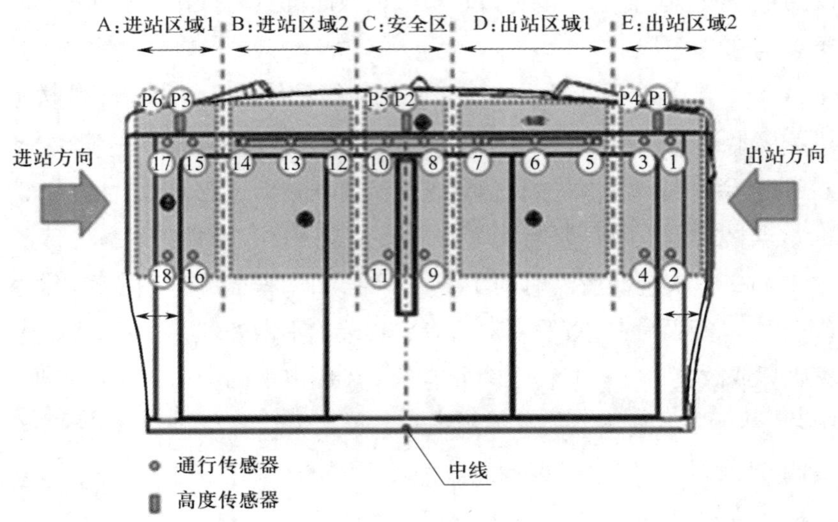

图 2-30　自动检票机通行传感器分布

站区域 2 的传感器采用透过型传感器和反射型传感器的组合，检测从自动检票机设定方向反方向进入通道的乘客，如果有逆行通行行为，检票机将关闭闸门并报警。

2）高度传感器。自动检票机上装有检测身高的反射型传感器，用于检测通过乘客的身高（高度可调），判断乘客是否为儿童。当反射型传感器未检测到任何物体时，即使其他的传感器检测到有物体通过，也不认为是通过的乘客。因此，身高在一定范围内的儿童即可以安全地通行。但是在实际通行当中，由于乘客身高范围较大，所以高度传感器不能精确地以身高识别是否为儿童。儿童身高检测如图 2-31 所示。

3）扇形门装置。扇形门装置是得到广泛应用的检票机阻挡装置，由扇形门、机械控制结构和控制板组成，如图 2-32 所示。

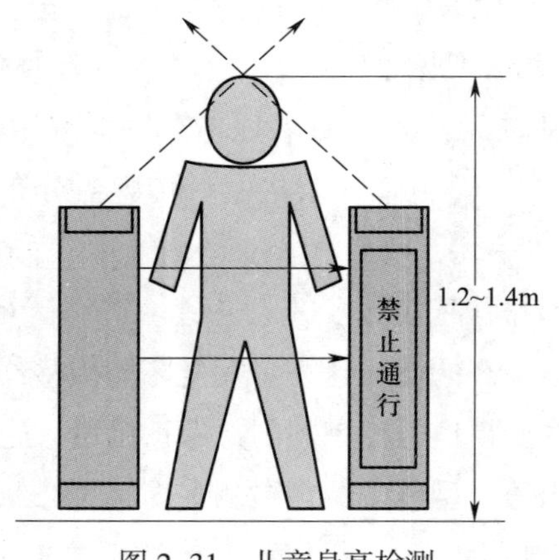

图 2-31　儿童身高检测

图 2-32　扇形门装置

扇形门由软性塑胶和内置钢板组成。门的边缘部分采用软性塑胶材料生产，能最大限度地减少强行通过时对人体的损害。其内部的钢板可保证扇形门有效地快速关闭和阻止强行推动扇形门。

当扇形门需要动作时，控制板驱动电动机，通过减速齿轮提供动力给转换器，在操作杆连接处产生力矩，通过电磁铁传递运动，带动扇形门运动。

（3）自动检票机立面结构

自动检票机立面结构如图 2–33 所示，包括方向指示器和车票处理装置。

1）方向指示器。方向指示器位于自动检票机面向乘客的前面板上，显示通道的通行方向，远距离指示乘客通道的通行状态。方向指示器的设计应确保乘客在 30 m 外可以明辨标志的内容和含义。

方向指示器及乘客显示器关于“通行”与“禁行”的标志采用国际通用的标志，且配有中文说明文字，以图形加文字的形式提示乘客，如图 2–34 所示。

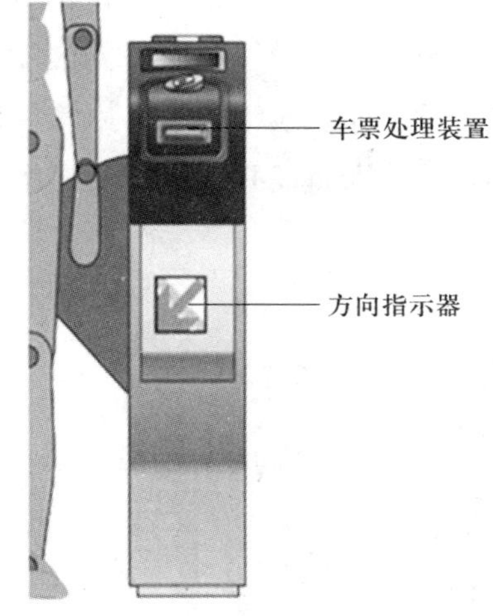

图 2–33　自动检票机立面结构

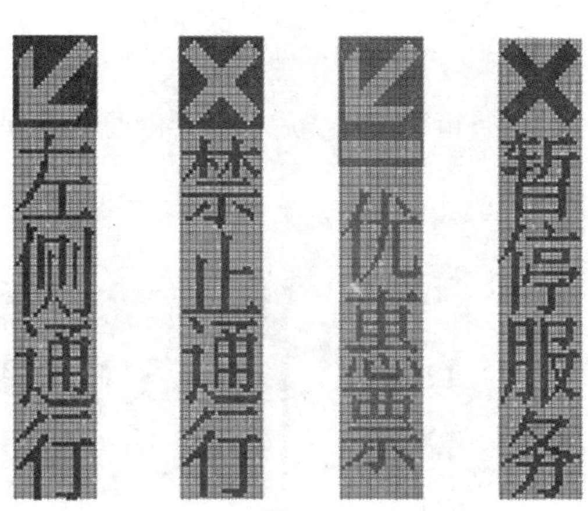

图 2–34　方向指示标志

所有车票在处理后，方向指示器会根据处理结果显示相应图标，特殊类型车票有对应的报警灯及显示方式。

2）车票处理装置。车票处理装置是自动检票机的另一个关键部件，负责完成车票读写、传送及回收处理，由车票读写设备和车票传送装置组成。

对于 IC 车票，目前使用的基本上都是非接触式 IC 芯片车票，只要车票停留在天线感应的范围内都可以对其进行读写。因此，对于进站而言，只需要使用车票读写设备就可以完成进站处理，不需要配置车票传送装置。出站时，单程使用的 IC 车票都需要回收，因此当使用单程 IC 车票出站时，必须将 IC 车票投入（筹码型）或插入（方卡型）车票处理装置中，通过车票传送装置（通道）到达天线感应区并在此完成车票读写，交易成功的车票继续经车票传送装置回收到票箱中，非法车票或交易失败的车票将返回给乘客，由乘客到车站服务中心完成票务更新后再次使用。对于不需要回收的IC车票，与进站类似，仅使用车票读写设备就可以完成出站处理。

带有票箱的车票处理装置通常需要配置两个票箱，并实时监控票箱的状态，在票箱未安装、票箱将满或票箱已满时，需要向主控单元发送相关信息，主控单元将相关信息上传到车站计算机系统。票箱通常还需要具有计数功能，或由主控单元进行计数。车票处理装置应可以根据主控单元的命令将车票回收到指定的票箱中。

4. 自动检票机的基本操作

（1）安装票箱操作

安装票箱的操作过程如图2-35所示，要按顺序进行，在完成当前动作之前不能进入到下一个动作。安装过程如下：利用票箱前面的把手，以水平方向把票箱小心地安装在ID Connector上，检测票箱安装到位；向上拨动“拨动开关”到“ON”位，托槽移动机构带动托盘向上移动；检测车票最高位置，当检测到车票最高位置到达指定的位置时，托槽停止移动；将票箱顶部工作锁打至“开”位，固定托槽的机构松开，打开票箱盖板，回收模块初始化；票箱安装完毕后，在维修面板中选择安装票箱，推出维修面板并注销，关好维修门。

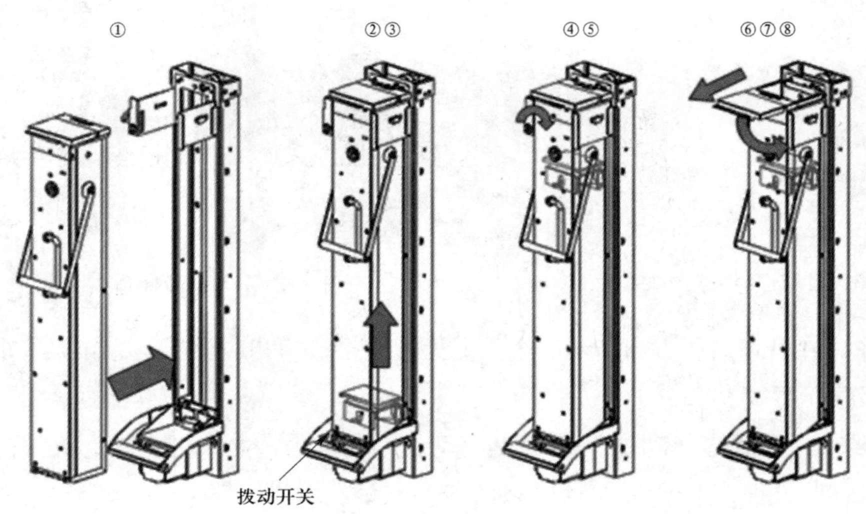

图2-35　自动检票机安装票箱操作过程

（2）拆卸票箱操作

拆卸票箱的操作过程如图2-36所示，与安装一样要按顺序进行，在完成当前动作之前不能进入到下一个动作。拆卸过程如下：开启维修门，操作维修面板；退回对应票箱盖板

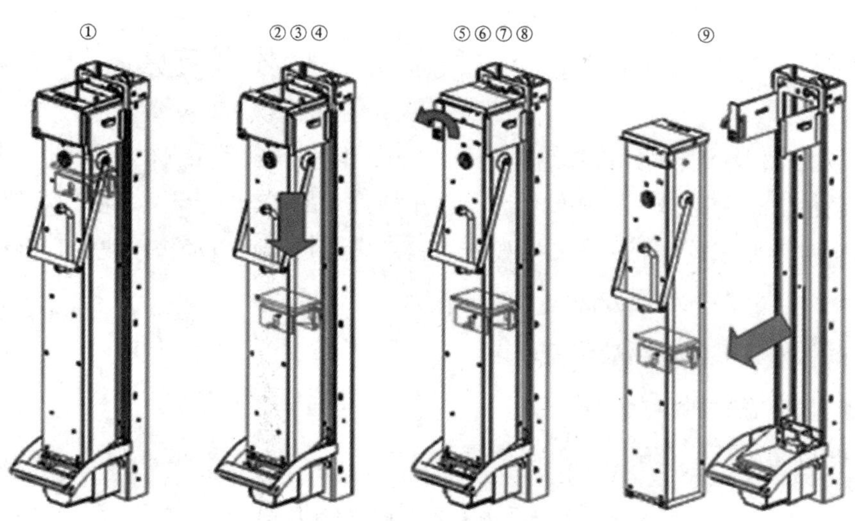

图 2-36　自动检票机拆卸票箱操作过程

并将锁打至“关”的位置，插入钥匙顺时针扳动至“开”，逆时针扳动至“关”；向下拨动“拨动开关”，使托槽下降；逆时针拨回推杆，双手取下票箱。

四、自助查询机

自助查询机（TCM）如图 2-37 所示，它安装在非付费区，供乘客自助查看车票的信息及有效性，读取过程不修改车票上的任何数据。自动查询机的操作方式采用触摸屏，应可显示乘客服务信息。

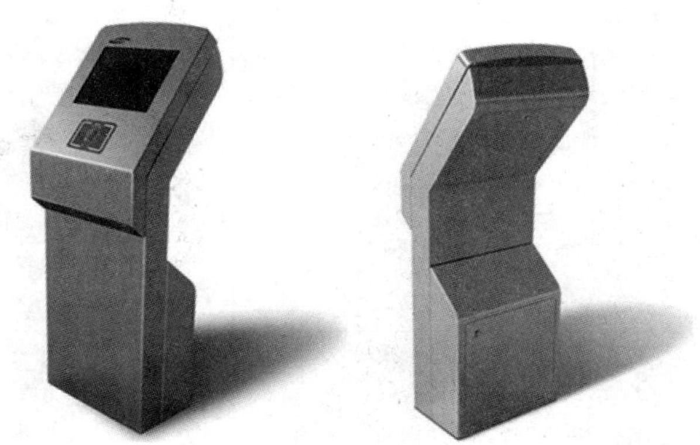

图 2-37　自助查询机

自助查询机由主机、电源、读卡器和触摸显示器等组成，具有车票查询和乘客服务信息查询等功能，不具备写票功能。工作人员将车票在阅读器 / 天线处出示后 1 s 内，能显示车票的逻辑卡号、类型、余额 / 使用次数、有效期、无效原因（安全性检查、出入顺序检查、黑名单检查、超乘、超时等）、交易历史等。

第三节 自动售检票系统简单故障处理及票务处理

车站自动售检票设备是自动售检票系统的核心部分，乘客在自动售票机上进行自助购票，通过自动检票机验票进入车站付费区。在车站日常的运营过程中，保证自动售检票系统终端设备的正常工作极其重要，本节主要介绍自动售票机、半自动售票机及自动检票机出现故障时的简单处理和票务处理方法。

一、自动售检票系统简单故障处理

1. 自动售票机简单故障处理

自动售票机简单故障及解决办法见表 2–1。

表 2–1　自动售票机简单故障及解决办法

故障现象	故障原因	解决办法
系统无法启动	1. 系统损坏 2. 主板相关连接线或硬件故障，如屏幕信号线、电源线松动或屏幕故障 3. 主板松动 4. 工控机电源电压不稳定	1. 重装系统 2. 拆除单个硬件，定位故障点，插拔屏幕信号线和电源线 3. 重新安装主板 4. 更换工控机的供电模块
提示暂停服务	单程票处理异常，硬币处理单元、纸币处理单元异常，维修门在打开状态或维护门状态监测传感器异常	检查部件电源及通信连接，检查并关闭维修门，若无异常，联系专业维修人员
不接受硬币	1. 硬币接收器故障或卡币 2. 暂存器位置偏移 3. 硬币钱箱满或无硬币钱箱 4. 投币口卡币 5. 硬币传送通道故障 6. 硬币闸门故障	1. 更换硬币接收器或清理卡币 2. 重新调整暂存器位置 3. 更换新钱箱或放入硬币钱箱 4. 手动清除投币口硬币 5. 检查硬币传送通道是否异常 6. 检查硬币闸门是否异常
屏幕显示“网络连接失败”	网络出现故障	检查自动售票机和服务器之间的网络连接是否正常，系统服务器软件是否正常运行
少找零或找零失败	1. 主找零器或缓存找零器卡币 2. 设备记录的硬币数量跟实际不一致 3. 硬币模块没有推到位	1. 清理卡币并检查各找零器出币是否异常（如卡币在通道传感器故障） 2. 建议结账，重新补充数据及硬币 3. 把硬币模块推到位。
不接收纸币	1. 纸币模块卡币 2. 纸币钱箱已满 3. 无硬币找零 4. 纸币机芯故障	1. 取出卡住的纸币（如进钞口、暂存器、退钞口等处） 2. 更换新钱箱 3. 补充硬币 4. 初始化纸币机芯，检查出具体故障位置并维修

续表

故障现象	故障原因	解决办法
找零纸钞未能找到找零口	纸钞找零机芯出钞口处静电毛刷变形或位置过低，造成出钞时摩擦过大而无法自动落到找零口	将静电毛刷片左右两头两个螺钉拧松，用一张较新纸钞从出钞口转入一半，将毛刷片调到毛刷末端刚好与纸钞面接触时，拧紧毛刷两端的固定螺钉
屏幕显示“只充值”	1. 单程票发售模块内没有放入车票 2. 票箱没有正确安装	1. 放入发售用车票 2. 正确安装票箱
屏幕显示“只发售”	1. 储值票读卡器有故障 2. 连接错误	1. 联系厂家更换储值票读卡器 2. 检查连接线缆
启动后乘客显示器没有显示	1. 自动售票机内部工控机没有开机 2. 显示器处于关闭状态	1. 打开工控机电源 2. 打开显示器电源

2. 半自动售票机简单故障处理

半自动售票机简单故障及解决办法见表 2–2。

表 2–2　　半自动售票机简单故障及解决办法

故障现象	故障原因	解决办法
无法正常充值	储值卡读卡器没有正确连接	正确连接储值卡读卡器
屏幕显示“网络连接失败”	网络出现问题	检查半自动售票机和服务器之间的网络连接是否正常，系统服务器软件是否正常运行
乘客显示器没有显示	乘客显示器电源没有打开或者连接错误	打开乘客显示器电源或者检查线缆连接
不能打印凭条	打印机电源没有打开或者打印纸已经用尽	打开打印机电源或者放入打印纸
无法发售单程票	单程票发售模块内没有放入车票或者票箱没有正确安装	放入发售用车票或正确安装票箱
半自动售票机启动后显示“暂停服务”，不能进入工作状态	维修门没有关上	检查维修门并将维修门全部关紧上锁
打印的凭条没有内容	打印机色带没有安装或者已经用尽	正确安装色带或者更换色带
启动后操作员显示器没有显示	工控机没有开机或者显示器处于关闭状态	打开工控机电源或打开显示器电源

3. 自动检票机简单故障处理

（1）机械故障

卡票是机械故障中最常见的，车票在读取中被卡在自动检票机内，没有被识别出来，

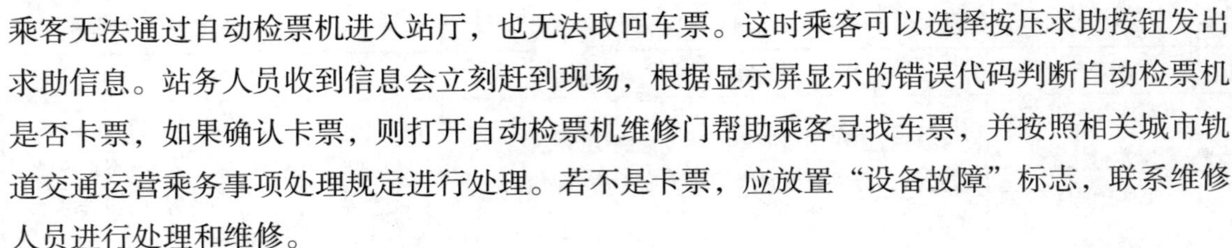

乘客无法通过自动检票机进入站厅，也无法取回车票。这时乘客可以选择按压求助按钮发出求助信息。站务人员收到信息会立刻赶到现场，根据显示屏显示的错误代码判断自动检票机是否卡票，如果确认卡票，则打开自动检票机维修门帮助乘客寻找车票，并按照相关城市轨道交通运营乘务事项处理规定进行处理。若不是卡票，应放置“设备故障”标志，联系维修人员进行处理和维修。

（2）车票误用

车票误用包括进出次序错误、无法读取票卡、超时超程乘车和无效票等。这时，站务人员要确定自动检票机本身有没有出现机械故障，根据自动检票机显示的错误代码确定是否是乘客误用车票，引导乘客到票亭，由售票员进行处理。

（3）票箱已满

票箱已满时，会自动提示车站计算机，在车站计算机上会弹出相应警示窗口。更换自动检票机票箱时，打开维修门后，按维修面板显示要求输入正确的操作员号和密码，选择运营服务中的“更换票箱”操作，在“更换票箱”操作中选择“取下票箱”，当票箱电动机完全降下后，双手取出票箱并更换新票箱。

（4）单程票读写器通信故障（有故障代码）

当自动检票机单程票读写器发生故障时，乘客显示屏提醒乘客单程票无法使用，并会在车站计算机上报警提示维修人员。

解决办法：重新启动自动检票机，观察自动检票机单程票读写器是否能正常工作；检查单程票读写器与单程票读写天线间的连线和射频线连接是否松动；检查单程票读写器与电子控制单元（ECU）的连线是否松动；更换单程票读写器。

（5）设备未初始化（有故障代码）

自动检票机每次开机启动后，首先进行设备自检，此时会在乘客显示屏右下角显示“04”，表示设备自检。自检通过后，乘客显示屏上显示“请使用车票”，设备正常运营。若自检过程中发现有故障，则会在自检结束后在乘客显示屏上显示相应故障码。若自动检票机一直处于自检状态，乘客显示屏上始终显示“04”，则表明设备发生故障。

解决办法：检查电子控制单元中所有接插件是否松动；检查网络通信插头、自动检票机与车站计算机之间通信电缆连接是否完好，自动检票机与车站计算机之间通信是否正常；将电子控制单元的数据清空，重新下载参数。

（6）转向器失效

自动检票机传输机构转向器发生故障时，会发生“86”转向器出错故障，即转向器该吸合时没吸合，不该吸合时却吸合。

解决办法：用测试诊断码“18”对传输机构转向器进行诊断，检查其工作是否正常，

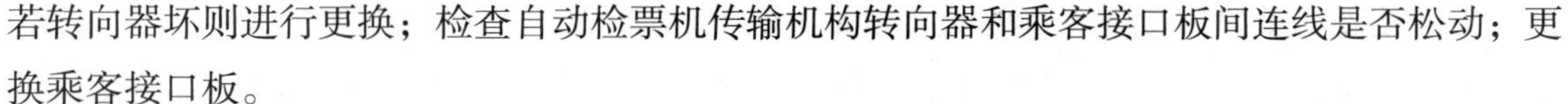

若转向器坏则进行更换；检查自动检票机传输机构转向器和乘客接口板间连线是否松动；更换乘客接口板。

（7）智能卡（一卡通）读写器通信错误（有故障代码）

当自动检票机智能卡（一卡通）读写器发生故障时，智能卡（一卡通）读写器天线上红色“×”灯点亮，提醒乘客票卡无法使用，乘客显示屏上显示“请插入车票”并会在车站计算机上报警提醒维修人员。

解决办法：重新启动自动检票机，观察票卡读写器是否能正常工作；检查票卡读写器与票卡读写器天线间的连线和射频线是否松动；检查票卡读写器与电子控制单元的连线是否松动；更换票卡读写器。

二、自动售检票系统故障下的票务处理

1. 自动售票设备故障下的票务处理

（1）部分自动售票设备故障

车站部分自动售票设备故障，导致车站售票能力不足，无法满足乘客购票需要时，客运值班员应及时对设备进行报修，同时安排站务人员对乘客做好宣传引导工作。向值班站长报告，值班站长视客流情况，可采用加开半自动售票机的方式进行半自动售票，缓解压力。

（2）全部自动售票设备故障

车站全部自动售票机故障时，客运值班员应及时通知值班站长，同时报修设备，作好记录，与站务员一起进行乘客疏导宣传工作。

值班站长应安排半自动售票机售票，如果半自动售票机售票能力无法满足乘客需要，值班站长需请示站长是否出售预制票或纸票，并按照出售纸票流程处理。

2. 半自动售票机故障下的票务处理

车站半自动售票机主要用于分析、更新乘客非正常车票情况，当半自动售票机出现故障时，乘客非正常车票无法正常进出站，需要采取相应措施处理。

（1）部分半自动售票机故障

车站部分半自动售票机出现故障，票务员应及时通知客运值班员，窗口“暂停服务”，客运值班员应安排人员引导乘客到其他正常的半自动售票机处办理票务业务，同时对出现故障的半自动售票机进行故障处理，如果无法处理则应报修。

如果有其他空闲的半自动售票机，票务员可在故障半自动售票机上退出登录后，再登录空闲的半自动售票机进行票务作业，此过程需要客运值班员批准和监督。

（2）全部半自动售票机故障

车站全部半自动售票机出现故障时，票务员应及时通知客运值班员，客运值班员通知值班站长，如果对售票能力造成影响，则需采取措施申请出售预制票或纸票，如果对售票影

响不大，主要影响其他票务处理，则按以下方式处理：

1）乘客在非付费区。乘客所持车票在非付费区无法进站或需办理进站票务事务，票务人员可引导其从边门进站，并告知其将由出站车站进行处理，如果需办理其他非进站票务事务且不使用半自动售票机，可根据情况进行处理。

2）乘客在付费区。乘客在付费区，持单程票时，由票务员回收单程票并引导其从边门出站；持储值票的乘客，可由票务员根据车票情况进行处理后刷卡或从边门出站；无票乘客需补交费用后从边门出站。

3. 全部售票类设备故障下的票务处理

当车站全部售票类设备故障，将无法发售普通单程票和分析、更新车票，除按照上面提到的方法处理票务问题外，还要发售预制单程票。

车站发售预制单程票需要得到行车调度员的许可，并报告其发售时间和站点，由行车调度员告知其他车站做好准备；预制单程票由客运值班员配发给各票务员，并记录在台账报表内；票务员按照票价表人工发售预制单程票，收取现金，做好报表记录；车站通过广播、提示牌和人工宣传方式疏导乘客。

其他车站在收到发售预制票的通知后，应通知票务人员：如果发现无进站信息且无购票信息的预制票，按从发售预制票车站进站办理票务业务；如果不是当日使用，回收票卡，按票卡过期处理。

车站设备恢复正常后，值班站长应根据客流情况停止售卖预制票，并上报行车调度员。

4. 自动检票设备故障下的票务处理

（1）部分自动检票设备故障

站务员或客运值班员发现出站自动检票设备发生故障，应及时放置“暂停使用”提示牌，并及时处理故障，如果故障无法处理，应及时报修，并加开空闲自动检票机以缓解压力。如果发生故障的为进站检票设备，对乘客进站造成影响的，可由值班站长视情况减缓售票速度，如关闭部分自动售票机，以减缓进站压力；如果发生故障的为出站检票设备，可引导持单程票乘客通过人工回收单程票出站，如果对乘客出站影响较大，可按大客流情况处理，减缓出站检票压力。

（2）全部检票类设备故障

如果车站全部进站检票类设备故障，乘客无法进站，车站值班站长应及时将情况上报行车调度员，采用人工检票、边门放行等方法安排乘客进站，行车调度员通知其他车站做好出站检票准备。如果故障排除，应及时通知行车调度员做好通知。

其他车站接到通知后，应通知票务员做好车票更新处理工作。

如果车站全部出站检票设备故障，乘客无法正常出站，值班站长将情况上报行车调度员后，通知票务员对单程票进行人工回收，并引导乘客从边门出站；储值票乘客下次乘车再行到票务处扣除，并从边门出站。设备恢复正常后，车站值班站长应及时上报行车调度员。

思考与练习

1. 简述自动售检票系统的架构层次。
2. 简述自动售票机的结构组成及其功能。
3. 简述自动售票机、半自动售票机、自动检票机的操作方法和简单故障处理方法。

第三章　给排水和环控系统

学习目标：

◆ 了解给排水系统的基本构成和功能。

◆ 掌握给排水系统的操作和应急处置。

◆ 了解环控系统的基本构成和功能。

◆ 掌握环控系统的操作和应急处置。

城市轨道交通系统存在大量的地下车站，由于地下条件复杂多变，地面降雨会通过地表下渗到轨道，地下本身也有丰富的地下水。同时，车站又是人员密集的场所，乘客和工作人员需要大量的新鲜空气。因此，车站必须具备功能完善的给排水和环控系统，既保障车站安全，又保障乘客高质量出行。

第一节　给排水系统概述

一、给排水系统的基本构成

城市轨道交通车站给排水系统包括生产生活给水系统、排水系统和消防水系统。典型车站供水情况如图 3–1 所示。生产生活给水系统和消防系统构成了给水系统。在满足车站生产、生活和消防对水量、水质及水压要求的前提下，给水系统应尽可能利用城市供水管网确保供水的稳定性。污水系统、废水系统和雨水系统组成了排水系统，主要排放消防废水、结构渗漏废水、车站冲洗废水、雨水和卫生间粪便污水等。

为保证给水的水量、水质和水压满足要求，给水系统应尽量使用城市供水管网进行供水。城市供水管主要包括引入管、水表、止回阀、电动蝶阀、给水管道、用水设备。消防管网是环状的供水管网，而生活供水管网直接从市政管网中引出，主要采用枝状管网形式。地下站主要生产用水，如空调冷水机组及冷却塔用水等，也是采用从生活供水管网接至用水点的方式。管材方面存在较大差异，生活给水管材主要采用复合塑料管，而为增加管材的耐腐蚀性能，消防给水管材则主要采用镀锌钢管或球墨铸铁管。

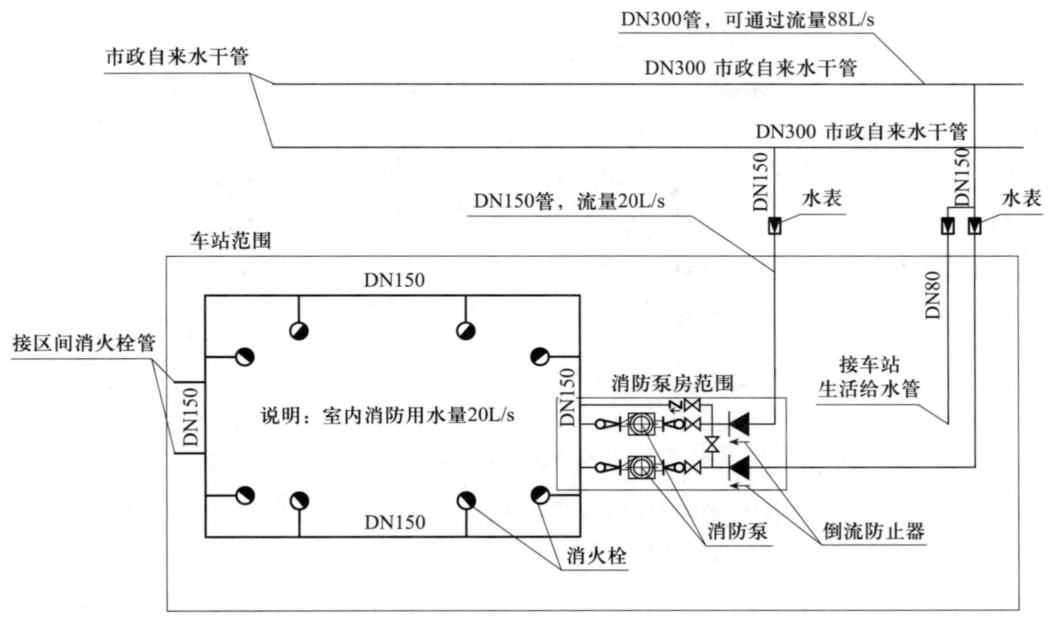

图 3–1　典型车站供水情况

城市轨道交通车站大部分为地下建筑，为了排出车站、区间隧道冲洗废水、渗漏水、车站卫生间污水、开口部位的雨水等而设计了排水系统。排水泵在卫生间集水泵房、车站内主排水泵站、隧道区间主排水泵站、车站扶梯底坑排水泵站、风亭及洞口处雨水排水泵站等均有设置。

1. 生产生活给水系统

车站采用生产生活给水与消防用水分开的给水系统，水源一般均取自城市自来水管网，当沿线无城市自来水时，采用其他可靠的水源，一般自备井供水水压要求不小于 0.14 MPa。在车站两端接驳市政给水系统的水表井内分别设置生产生活给水用表及消防给水用表，其中生产生活给水系统从引入管上接出 DN80 给水管后在车站呈枝状布置（见图 3–1）。

2. 排水系统

排水系统分为废水系统、污水系统和雨水系统。

废水系统主要为结构渗漏水、冲洗和消防废水。地下区间在线路最低点设废水泵站，部分车站的废水通过废水泵房提升排入道路雨水管道。车辆段内废水收集到废水集水井，由潜水排污泵提升至地面排水压力井减压后，排入城市雨水管网。

污水系统主要为卫生间粪便污水及卫生间冲洗水。地下站设有污水泵房，将污水提升至地面排水压力井，经化粪池处理后排入市政污水管网系统。车辆段、停车场一般设置污水处理系统对洗车机房排出水进行调节隔油处理，处理合格后排入城市污水管网。

雨水系统的雨水主要来自露天敞口的出入口、风井、U 形槽等处，经收集汇总后，由废水泵提升至地面排水压力井后排入城市雨水管网。

3. 消防水系统

消防水系统包括消火栓给水系统、临时高压消防给水系统和稳高压消防给水系统。

消火栓给水系统由消火栓、水龙带、启泵按钮、消防卷盘、管道及供水设施等组成，火灾时供消防员或工作人员实施灭火，分为室内及室外消火栓给水系统。

临时高压消防给水系统是消防给水系统管网压力平时不能满足最不利点消火栓的压力要求，消防时必须开启消防泵以满足系统灭火所需水压的系统。

稳高压消防给水系统是消防给水系统管网压力平时由消防稳压给水设备维持，且能满足最不利点消火栓的压力要求，火灾时，消防泵可根据管网系统压力变化自动开启的系统。

消防水系统一般均采用两路进水，从车站两端引入管上各接出一根 DN150 给水管（见图 3–1）后在站厅、站台层连通，使车站消防水管形成环状供水管网。在站台层两端各引两条消防水管进入隧道与相邻车站的水管相连。

高架车站泵房内一般设置两台消防泵，一用一备，火灾时消防泵直接从城市自来水管网抽水。泵房内另设两台稳压泵及一台稳压罐，消防管网平时由稳压罐维持稳压。地下车站消防管网平时由市政自来水管网的压力稳压，不再单独设置稳压装置。

二、给排水系统的功能

1. 水量保障

给排水系统可以向人们指定的用水地点及时、可靠地提供满足用户需求的用水量，将用户排出的废水和雨水及时可靠地收集并排放到指定地点。

2. 水质保障

给排水系统可以向指定用水地点和用户供给符合质量要求的水并按有关标准将废水排入受纳水体。

3. 水压保障

给排水系统可以为用户提供符合标准的用水压力，使用户在任何时间都能取得充足的水量；同时，可以使排水系统具有足够的高程和压力，使之能够顺利排入受纳水体。

第二节　给排水系统操作与应急处置

一、给排水系统的设计与管理要求

1. 给排水系统设计要求

车站给水系统设计应符合国家标准《地铁设计规范》（GB 50157—2013）要求，满足生产、生活和消防用水对水量、水压和水质的要求，并应坚持综合利用、节约用水的原则。车站给水水源应采用城市自来水，当沿线无城市自来水时，应采用其他可靠的给水水源。车站工程各类污水、废水及雨水的排放应符合现行有关标准的规定。给水与排水设计应按国家现行标准的有关规定采取节水、节能措施，给水设计也应按国家现行标准的有关规定采取防水质污染措施。给水与排水系统宜按自动化管理设计。给水与排水金属管道应采取防止杂散电流腐蚀的措施。管道穿越地下结构外墙、屋面或钢筋混凝土水池（箱）的壁板或底板时，应设防水套管。给水与排水系统管道保温材料应采用 A 级不燃材料，个别部位采用 A 级不燃材料有困难时，可采用 B1 级难燃材料。管材及保温材料应防潮、防腐、防蛀、耐老化和无毒。

（1）给水

给水系统的水源优先采用城市自来水，当无城市自来水时，应和当地相关部门协商，采用其他可靠的供水方式，保证城市轨道交通工程的各项用水要求。生产用水主要为车辆基地的洗车用水和清扫用水、寒冷地区采暖锅炉房的补水；生活用水为生活饮用水和生活杂用水。生活饮用水为饮用、淋浴和洗涤用水。生活杂用水一般包括冲洗便器用水、洗车用水、浇洒道路用水、浇灌绿化用水、补充空调循环冷却用水等。消防用水为消火栓系统和自动喷水灭火系统的用水。习惯上把城市轨道交通车站及区间隧道的冲洗用水和空调冷却系统的补充用水作为生产用水。

给水系统的选择应根据生产生活和消防等各项用水对水质、水压和流量的要求，结合给水水源等因素确定，并应结合下列原则：

1）车站室内生产生活给水系统应与消防给水系统分开设置，并根据当地自来水公司的要求设置计量设施。

2）当车站周围有城市杂用水系统且水质满足冷却水或冲厕用水的使用要求时，宜采用分质给水系统，车站杂用水系统应与其他给水系统分设，并应采取措施防止误饮误用。

3）车站内不同使用性质和计费标准的给水系统应采用各自独立的给水系统并单独计量。

4）换乘车站生产生活给水系统宜采用一套系统。

5）车站生产生活给水系统应利用市政水源直接供水，当水压或流量不满足要求时，应设置加压装置或贮水调节。

此外，要特别注意给水管不应穿过变电所、通信信号机房、控制室、配电室等电气房间。严寒和寒冷地区的给排水管道、消火栓及消防水池有可能结冰时，应采取防冻保护措施。

（2）排水

地面车站、高架车站屋面排水管道的排水设计应按当地 10 年一遇的暴雨强度计算，设计降雨时长应按 5 min 计算；屋面雨水工程与溢流设施的总排水能力不应小于 50 年一遇的雨水量；高架区间、敞开出入口、敞开风井及隧道洞口的雨水泵站、排水沟及排水管渠的排水能力应按当地 50 年一遇的暴雨强度计算，设计降雨时长应按计算确定。城市轨道交通车站除生活及粪便污水应单独排放外，生产废水、结构渗漏水、冲洗及消防废水和进出口雨水可集中并就近排放。

地下车站及地下区间隧道排水泵站（房）的设置应符合下列规定：

1）区间隧道线路实际坡度最低点应设排水泵站。

2）当出入线洞口的雨水不能通过重力排至洞外地面时，应在洞口内适当位置设排雨水泵站。

3）露天出入口及敞开风口应设排雨水泵房。

4）为降低工程造价，区间排水泵房应和区间防灾联络通道、区间风井或施工竖井合建。

5）有的城市轨道交通线路穿过山区，洞口位于山脚下，洞口线路的雨水可以通过重力排到洞外，这时就不需要在洞口设排雨水泵站。建在平原地区车辆基地出入洞口的线路坡度一般均坡向洞口内部（洞内地势低，洞口地势高），这时就应在洞口内适当位置设置排雨水泵站，泵站的排雨水量计算及排水泵数量应按相关国家标准的规定执行。

6）根据城市规划的需要，有的地下车站的出入口是露天的，有的风道竖井地面是敞开的，这时就应在出入口通道及风道内适当位置设置排雨水泵房。为降低工程造价，有条件时，露天出入口排水泵房应和地面进入站厅的自动扶梯底坑的局部排水泵房合建。排水泵站（房）的排水量计算、排水泵台数，集水坑容积等参数按现行国家标准《地铁设计规范》（GB 50157—2013）的规定执行。

（3）给排水设备监控

车站给排水设备应得到有效监控。生产生活给水设备应在车站控制室显示设备运行、手 / 自动及故障等状态信息。排水泵应采用液位自动控制或就地控制方式，车站和区间主排水泵、洞口雨水泵应在车站控制室远程控制。排水设备应在车站控制室显示设备运行、手 / 自动、故障等状态及液位信息。

2. 给排水系统管理要求

（1）给水系统的配置应保证任何情况下不间断进行安全供水，给水系统的流量、水压和水质均应满足城市轨道交通系统生产生活和消防用水的要求。运营单位应定期对给水系统水质进行化验，水质不符合要求时，应及时上报主管部门，并应做好记录及存档。

（2）地下车站及地下区间隧道的消防给水系统应引接城市两路供水系统。当其中一路供水系统发生事故时，另一路供水系统应能满足全部消防用水量。

（3）给水系统应按设计规定的方式运行，未经运营单位主管部门批准，不得任意改变给水管网上阀门的工作状态。给水系统应建立完善的节能、节水管理机制，管网内的自来水未经批准不得向外单位供水，应避免长流水及跑、冒、滴、漏等现象。

（4）消防设施不得擅自停运或挪作他用，消防水泵应具有手动、自动和远动控制方式。

每次消防灭火后，应及时对消防系统和加压泵进行全面检修，恢复正常运行状态。

（5）排水系统及其设施的配置应满足城市轨道交通系统污水、废水和雨水分流排放的要求，运营期间应保持高效运行。排水管道应保持畅通，各集水池、化粪池应定期清除沉积物，并应定期对排放的各种污水和废水进行监测。隧道口应设置排雨水泵站，雨水超过设计排水能力时，应及时采取相应的防洪措施。空调冷却水应循环使用，不应直接排放。站外地面给水排水系统及消防水设施应确保完好，并有明显标识。

（6）运营单位应建立包括系统维修与保养手册、设备台账、日常维修记录、设备故障记录和统计分析等的消防及给排水系统基础资料管理制度。

二、给排水系统操作

给排水系统的就地级操作主要是对电动蝶阀、废水泵和密闭式污水提升装置的操作。

1. 电动蝶阀操作规程

（1）电动蝶阀操作前准备及注意事项

电动蝶阀的控制方式有运营控制中心控制、车站远程 / 现场控制、手动操作三种。其中，运营控制中心控制、车站远程 / 现场控制通过线路综合监控系统进行操作。FAS/EMCS 系统对全部电动蝶阀进行开关监控。手动操作时应先通知环控调度员，再将电动执行机构的电源切断后进行操作。

内六角式电动蝶阀手动操作方法：切断电动蝶阀电源，插入 8 mm 内六角扳手，顺时针方向转动为关阀，逆时针方向转动为开阀（见图 3–2）。手摇式电动蝶阀手动操作方法：切断电动蝶阀电源，将手 / 自动转换开关切换到手动位（正常情况处于自动位），然后摇动手柄，顺时针方向为关阀，逆时针方向为开阀（见图 3–3）。

电动蝶阀在平时处于开阀状态，进行灭火时，该阀必须处于开阀状态。

（2）电动蝶阀操作要点

在车站控制室 FAS/EMCS 系统人机界面上，通过点击人机对话框就可以远程开、关对应的

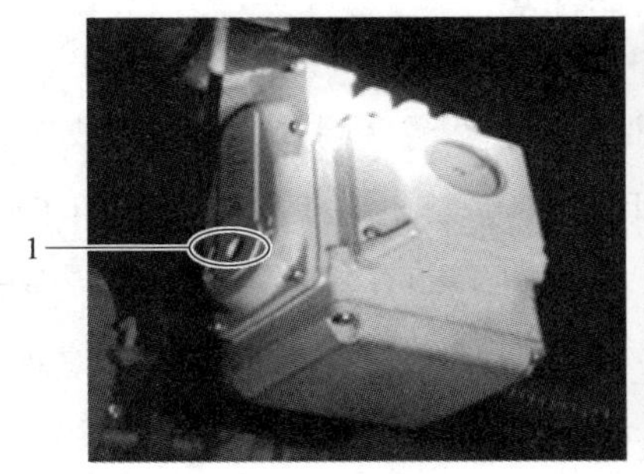

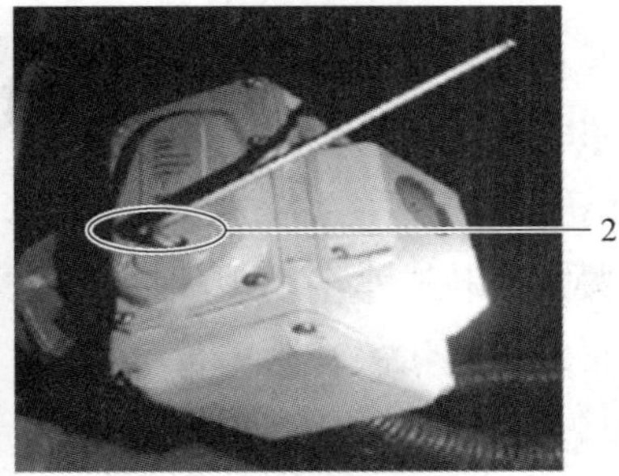

图 3–2　内六角式电动蝶阀手动操作

1—内六角扳手插入孔　2—内六角扳手

图 3–3　手摇式电动蝶阀手动操作

电动蝶阀，其运行状态在 FAS/EMCS 系统人机界面上有显示。一般情况下，电动蝶阀处于常开状态，以保证消防用水要求。当发生水管爆裂事故及检修时，可通过 FAS/EMCS 系统关闭电动蝶阀，事故处理或检修完毕后应打开电动蝶阀。如果 FAS/EMCS 系统远程开关控制失效，可现场手动操作开启阀门。为保证消防灭火时正常使用，电动蝶阀每年手动、现场电动、远程电动开关一次，验证系统的可靠性。

（3）紧急情况时的应对措施

1）车站、隧道不同区域出现管道漏水时的紧急应对措施：区间消防水管漏水时，关闭漏水区间内上行与下行线两端的四个电动蝶阀（关四阀）；车站消防水管漏水时，同时关闭车站的两路市政进水电动蝶阀和通往区间的四个电动蝶阀（关六阀）；车站生活给水管漏水时，只需关闭生活水管的进水电动蝶阀；车站地面水表井和市政进水电动蝶阀之间的管道漏水时，关闭市政进水电动蝶阀，同时关闭地面水表井处的闸阀。

2）当电动蝶阀远程控制、现场电控失效时，可以通过阀体上的手轮进行手动应急操作，操作时必须先切断电动蝶阀电源，操作方法如图 3–2 和图 3–3 所示。

3）电动蝶阀关闭不严时，也可以关闭电动蝶阀前后等效于电动蝶阀（和电动蝶阀一样能控制漏水管道）的手动蝶阀。操作手柄式手动蝶阀时，捏合手柄，顺时针方向为关阀，逆时针方向为开阀；操作手轮式手动蝶阀或闸阀时，转动手轮，顺时针方向为关阀，逆时针方向为开阀；区间电动蝶阀的等效手动蝶阀或闸阀位于车站或区间内，离电动蝶阀很近。

4）车站内消防及生活给水管漏水时，市政进水电动蝶阀的等效手动阀门为地面市政水表后的闸阀。关闭市政进水电动蝶阀或市政水表后的闸阀时应注意，若对冷却塔供水产生影响，则从车站采取临时措施补水。

2. 废水泵操作规程

（1）废水泵操作前准备工作及注意事项

废水泵控制方式有自动 / 运营控制中心控制、车站远程强制启动（强启）、现场手动启动三种，其中运营控制中心控制、车站远程强制启动通过线路综合监控系统进行操作。

线路区间洞口设置雨水泵，雨水泵房安装三台泵（其中有一台泵备用），配有五个浮球，有低水位浮球、启一台泵水位浮球、启两台泵水位浮球、超高水位浮球、超高水位冗余浮球，其中，超高水位浮球及超高水位冗余浮球输出报警。

线路各个区间安装区间主废水泵，此类泵配有五个浮球，有低水位（停泵）浮球、启一台泵水位（中水位）浮球、启两台泵水位（高水位）浮球、超高水位浮球、超高水位冗余浮球，其中，超高水位浮球及超高水位冗余浮球输出报警。

各车站及区间主废水泵配置五个浮球，有低水位（停泵）浮球、启一台泵水位（中水位）浮球、启两台泵水位（高水位）浮球、超高水位浮球、超高水位冗余浮球，其中，超高水位浮球输出报警。

城市轨道交通线路每座车站均安装有局部废水泵，分布在车站出入口、风亭等部位，每个废水泵集水坑内均安装有浮球。废水泵配置三个浮球，有低水位（停泵）浮球、启一台泵水位（中水位）浮球、启两台泵水位（高水位）浮球。

水泵有启、停、故障等状态，设备监控系统对此水泵进行状态监视和开关控制，在现场、车站控制室、环控调度员处有状态显示。控制箱带有过载、过热、漏水等保护，两台泵互为备用，平时依次轮换工作。操作前应首先确认控制箱能够正常工作。首次运转或每次重新安装前，用 0 ~ 500 V 兆欧表检查电动机主电缆三相绕组对地绝缘电阻，最低不得低于 0.5 MΩ。绝不允许用兆欧表检查控制电缆，以免损坏内部电子元件。更换浮球开关后应先检查浮球及电缆的固定情况，再启动水泵，检查设备接线是否正确，触头接触是否良好。

（2）废水泵操作要点

在初次启动或每次重新安装后，都应点动检查水泵的旋转方向是否正确，当水泵正转时（从进水口看逆时针为正转），水量大，振动小，电流正常；反之水量小，振动大。如果旋转方向不正确，可以调换三相中的任意两相线位置。废水泵平时处于自动状态，应将转换开关旋到“自动”位。当自动状态故障时，改为车站远程强制启动或现场手动启动。

车站远程强制启动步骤：联系环控调度员，由环控调度员对水泵进行远程强制启动。

现场手动启动步骤：将控制箱上“手动 / 自动”转换开关旋转到“手动”位；打开集水坑盖板，确认低水位浮球是否浮起（若未浮起，可将低水位浮球提起或直接将低水位浮球线短接）；按下 1# 泵启泵按钮，1# 泵启动后按下 1# 停止按钮，水泵运行过程中如果发现有异常振动或噪声，就立刻停泵；按下 2# 泵启泵按钮，2# 泵启动后按下 2# 停止按钮，水泵运行过程中如果发现有异常振动或噪声，就立刻停泵（见图 3–4 和图 3–5）。

恢复自动状态并进行下列检查（当低水位时，则进行水泵点动）：检查管道、阀门、管接头等是否漏水，排水是否正常；停泵后，检测水锤情况，水锤严重时，更换止回阀。

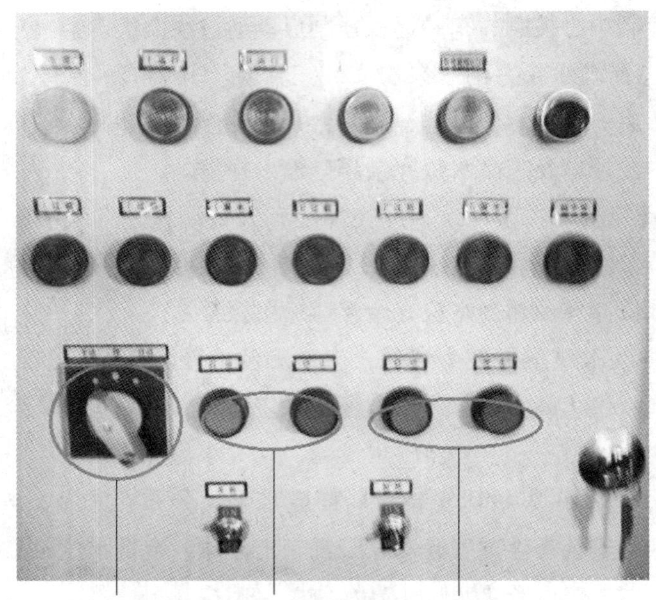

图 3-4　水泵控制箱（Ⅰ型）现场手动启动步骤

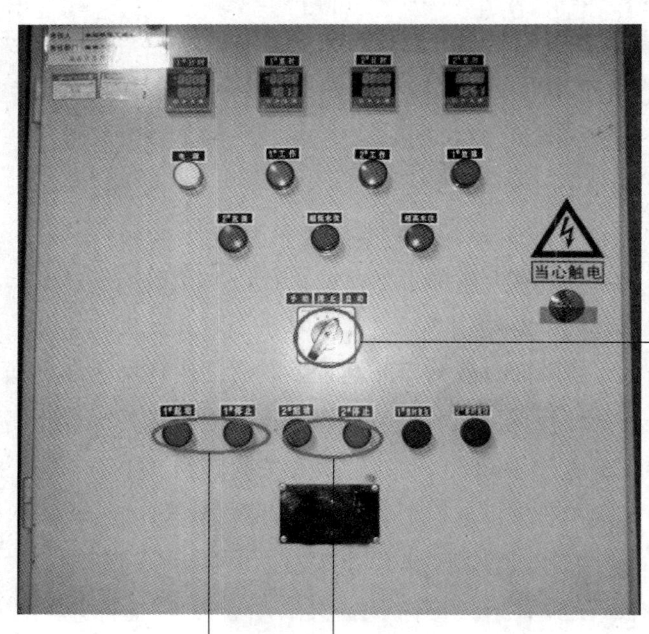

图 3-5　水泵控制箱（Ⅱ型）现场手动启动步骤

3. 密闭式污水提升装置操作规程

（1）密闭式污水提升装置操作前准备工作及注意事项

车站公共卫生间和员工卫生间污水泵房设置了密闭式污水提升装置，此类装置的控制方式有自动和手动两种。设备监控系统对密闭式污水提升装置进行了部分的监视，高水位和综合故障有报警输出，水泵运行状态有显示。密闭式污水提升装置控制箱有相序、过载、过热、缺相、短路等保护，以及液位传感器失效或污损、高水位等报警功能。

首次运转前，用 0 ~ 500 V 兆欧表检查污水泵电动机主电缆三相绕组对地绝缘电阻，最低不得低于 0.5 MΩ。不允许用兆欧表检查控制电缆，以免损坏内部电子元件。必须检查设备接线是否正确。

（2）密闭式污水提升装置操作要点

往水箱内灌入清水，自动启动水泵，检查管道、阀门、管接头等是否漏水，排水是否正常，检查水泵是否有异常振动或噪声。

巡检人员如果发现有高水位报警而水泵未启动时，应立即将水泵手动启动，直到停泵水位为止，如果不能手动启动水泵，则启动手动隔膜泵进行排水。

清洗液位传感器时应先把“ON/OFF/AUTO”选择开关推至“OFF”位，逆时针转动联管螺母，松开带液位传感器的盖子，小心地将液位传感器从集水箱内提出来，不要提它的电缆，检查传感器管上或管内是否有沉淀物，将所有的沉淀物刮除。必要时采用低压清洁水进行漂洗，但不可冲洗传感器管，特别注意传感器顶部的四个压力传感器不能浸水。

（3）污水泵手动操作

污水泵正常运行由液位传感器自动控制。当液位传感器发生故障，无法进行控制时，可以通过就地控制箱进行手动控制或手摇隔膜泵进行排水。将就地控制箱的“手动 / 自动”转换开关切换到“手动”位置，就可以对水泵的启动、停止进行操作（见图 3–6 和图 3–7）。

图 3–6　威乐污水泵手动操作按钮

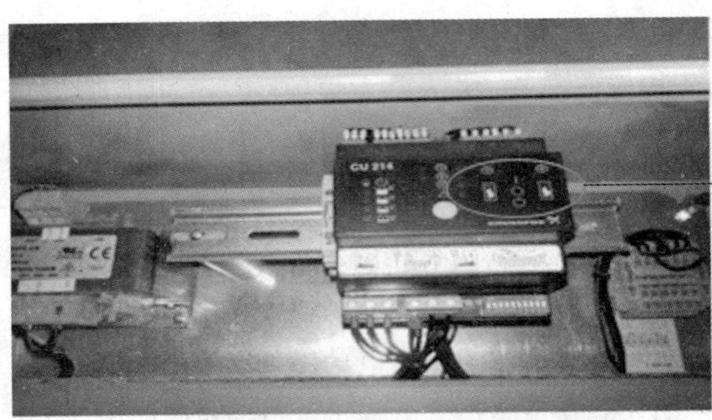

图 3-7　格兰富污水泵手动操作按钮

开启手动隔膜泵（见图 3-8）出水管路上的阀门，反复抬、压隔膜泵上的操作手柄，排出水箱里的污水。手动隔膜泵不依靠电力驱动，断电时同样可以使用。

图 3-8　手动隔膜泵

1—手动隔膜泵

三、给排水系统的检修

1. 给排水系统的检修要求

遵守总部、分公司、部门和车间的各项安全规章制度；检查确认设备附件安装牢固，避免坠落伤人；检查确认水池井盖铺放平稳，避免人员踏空。

检修电动蝶阀、消防水泵、废水泵、污水泵及其电控箱时，作业人员必须穿绝缘鞋，从双电源箱处切断电源，严格执行验电程序，并在双电源箱上挂“有人作业，禁止合闸”标志牌。作业人数应为 2 人或以上，一人作业，一人监护。

进行废水泵浮球检查时，作业人员必须穿绝缘鞋，将浮球、电缆由集水坑内取出，检查浮球、电缆的老化程度并清理水垢。在确定浮球电缆安全、可靠后，才能进行浮球功能检测。用手提浮球逐个测试的办法：要求低水位浮球可停泵，中水位浮球一台泵启动，高水位浮球两台泵启动，能报警并输出信号，超高水位能报警并输出信号；进行断电报警测试时，

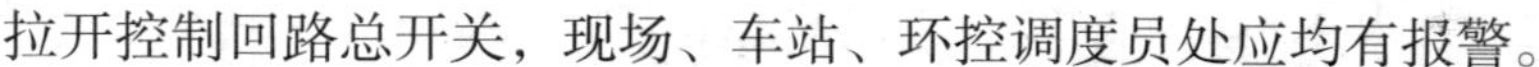

拉开控制回路总开关，现场、车站、环控调度员处应均有报警。

区间集水池中的所有水位浮球应每两年更换一次，水位浮球机械损坏、功能失效时也必须更换。从区间集水池更换下来的浮球可用于车站除主废水泵以外的其他水泵。

进行雨淋阀、湿式报警阀检修作业时，作业人员应关闭雨淋阀、湿式报警阀前面（以水流方向为前）的闸阀，打开雨淋阀、湿式报警阀的旁通阀，将消防水泵电源切除，在电源开关处挂“有人作业，禁止合闸”标志牌。

进行室外给排水检查井检修时，应在打开的井盖处设置防护栏或防护彩带，并安排专人监控，以免行人跌伤；进入集水井、化粪池等井坑前，应按相关规定对井坑含氧量进行测定，并采用可靠设备进行通风换气，当达到要求后方可进入其中作业。

室外化粪池和水泵集水坑的清淤工作由车站物业管理部门负责。台风、暴雨天气时，根据车站实际情况，机电工班长可安排一日多巡。机电人员接到车站工作人员或环控调度员的设备故障、抢险电话，必须快速回复。

给排水系统检修安全操作原则：水泵不测绝缘不许接线，水泵没有明确相地线不许通电。

2. 车站给排水设备计划检修周期和工作内容

（1）范围：正线各个车站的给排水设备。

（2）周期：周检、季检、年检。

（3）检修项目为车站废水泵、密闭式污水提升装置及卫生间、室外给排水设备、车站站台板下水管与阀门、水泵、给排水及污水管道与阀门。车站给排水设备年检涵盖季检的检修内容，年检月份不做季检。

（4）周检、季检、年检作业应分别填写车站给排水设备周检、季检、年检记录表。

（5）检修记录由车间存档备查，周检、季检、年检记录存档时间不应少于 3 年。

3. 应急抢修处理流程

给排水系统的故障检修流程应严格按照相关规定执行，应急抢修处理流程如图 3–9 所示。

4. 计划检修和故障检修作业要求

作业前召开班前会，作业人员必须遵守以下作业要求：清楚本次作业的工作内容和安全注意事项；准备好所需工器具和材料，按规定穿戴好劳动防护用品；对影响消防安全的区域进行防护，对施工区域进行围护；动火作业前要办理临时动火作业许可证，动火过程要按照规定做好安全防护；作业前必须按要求到车站控制室办理请点手续。本次作业如果需要其他作业配合，作业人员必须提前和相关负责人联系，作业完毕后通报相关负责人。例如，区域控制中心作业需与接触网施工负责人联系；水喷雾系统测试需与变电和火灾自动报警系统施工

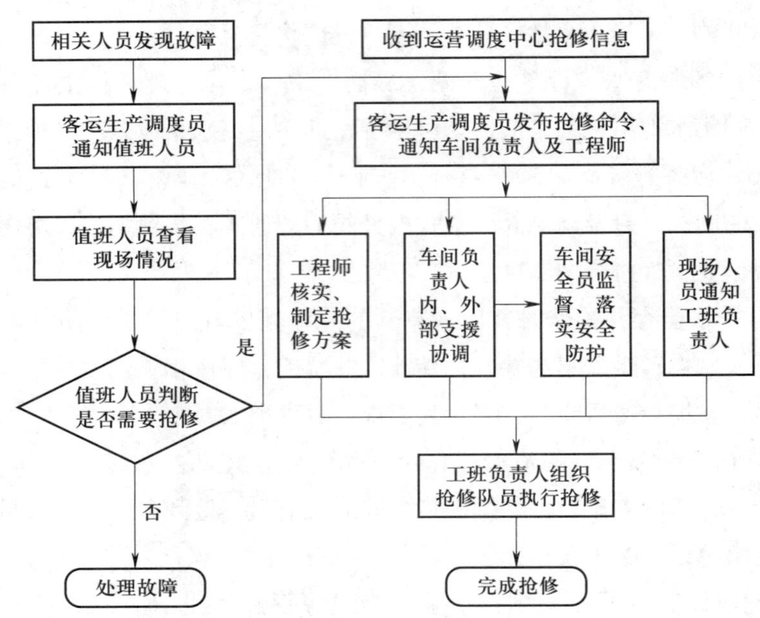

图 3–9　应急抢修处理流程

负责人联系；拆天花板与墙壁的作业需与建筑专业人员联系，作业完毕系统恢复正常状态；进行电动蝶阀功能测试、废水泵和消防水泵维修及功能测试、水喷雾灭火系统测试和气体消防系统测试时，作业开始与结束均需告知环控调度员并得到其配合。

作业完成后必须恢复原状并确认设备正常运行，作业人员保证人员和工器具出清。作业后召开班后会，总结作业维修方法及发现的问题。故障检修完成后，作业人员到车站控制室办理销点并通报客运生产调度员，填写故障工单。特殊故障要上报专业组，编入故障案例库。消防给排水设备发生严重故障时，机电人员应填写消防给排水设备严重故障记录表（见表 3–1），故障记录由车间存档备查，存档时间不应少于 10 年。

表 3–1　　消防给排水设备严重故障记录表

序号		日期		车站名称	
故障现象					
原因					
处理结果					

四、给排水系统常见故障与应急抢修

1. 给排水系统常见故障

（1）车站内管道漏水故障

若地面有积水，且不断有水从地下冒出，可以认为疑似站外市政进水管漏水。

1）故障类型：Ⅲ类故障。

2）故障发生区域或装置名称：车站。

3）故障发生的可能时间、危害严重程度及其影响范围：故障可能发生在停水后重新供水时，故障将影响车站设备区及公共区。

4）故障前可能出现的征兆：管路振动。

5）故障可能引发的次生、衍生事故：设备房积水，电气设备漏电，车站局部停水。

（2）区间水泵故障

区间水泵按设计是一用一备，轮换启动（也有高架渡线雨水泵房是三台泵运行，第三台是手动备用，不能远程启停）。高水位时两台泵同时启动，若超高水位报警及水泵超时 30 min 以上，在设备监控系统远程监控页面产生紧急报警。

单泵故障：区间一台水泵故障，单台水泵自动、远程无法排水，现场加强监控，运营结束后维修故障。

双泵故障：区间两台水泵故障，所有水泵自动、远程无法排水，立即启动抢修。

1）故障类型：Ⅲ类故障。

2）故障发生区域或装置名称：区间。

3）故障发生的可能时间、危害严重程度及其影响范围：故障全天可能发生，故障发生后影响区间排水。

4）故障前可能出现的征兆：水泵运行电流异常，水泵排水时间变长。

5）故障可能引发的次生、衍生事故：区间积水，列车晚点。

2. 给排水系统常见故障的应急抢修

（1）车站内管道漏水故障应急抢修

1）故障信息传递。当出现上述故障时，立即通知环控调度员关闭车站进水电动蝶阀（包含生活用水电动蝶阀）及相邻车站、区间所有电动蝶阀，故障处理人员到达现场后应将故障信息通报机电工班长、专业工程师、客运生产调度员。

2）故障处理原则。维修人员接报后立即到车站控制室进行请点，确认电动蝶阀关闭情况，并关闭漏水管段前后手动闸阀，按照规定的检修步骤及标准进行应急处理。若停水控制处理不成功，则通知客运生产调度员启动抢修程序，故障修复后报客运生产调度员和环控调度员，填报故障工单。

3）岗位行动指引。车站内管道漏水故障应急抢修的岗位行动指引见表 3–2。

表 3–2　　车站内管道漏水故障应急抢修的岗位行动指引

岗位	行动指引
值班人员	1. 值班人员从客运生产调度员处接报故障信息后，备好抢修工具及材料（防水鞋、管钳、手电筒），及时到车站控制室进行请点，确认电动蝶阀关闭情况，去漏水点现场，关闭漏水管段两端手动阀门，找附近消火栓等用水设备 2. 按照线路车站内管道漏水应急处理工艺卡中规定的检修步骤及标准进行应急处理 3. 检查积水情况及受影响设备，必要时断开受影响设备的电源，防止引起次生事故 4. 组织保洁人员一起清扫现场积水
工班长	1. 接到抢修通知后即刻赶赴现场，途中根据故障情况组织抢修队成员出动，完成人员初步分工 2. 到达现场后向客运生产调度员通报姓名和联系方式，指挥维保人员开展抢修工作 3. 负责或指定一名抢修队员实时、准确向上级领导、客运生产调度员汇报现场情况及处理进度 4. 配合事后分析调查
专业工程师	1. 接到抢修通知后初步判断分析故障情况，如果需要前往现场，途中与现场人员联络，制定初步方案，提出应急措施 2. 到达现场后修正方案，并协助现场指挥开展抢修工作 3. 抢修完成后，撰写应急抢修总结和故障原因技术分析报告，并组织事故分析会
车间安全员	1. 接到抢修通知后立即赶赴现场 2. 监督并协助落实抢修现场安全防护工作 3. 在事故现场对故障原因、影响后果和处理过程进行调查、收集、取证 4. 维护、检查现场的安全秩序，记录抢修过程关键节点时间
车间负责人	1. 接到抢修通知后通知安全员，视故障情况，即刻赶赴现场或电话信息支持，并协调车间内、外部力量支援 2. 向直接上级报告抢修信息
车间材料员	根据现场指挥通知，提供抢修物资材料信息并即刻组织材料运往现场（包括出库、运输），统计抢修材料消耗
抢修队员	在现场指挥安排下准备抢修器具和材料，落实安全防护措施，执行具体抢修任务
客运生产调度员	1. 实时发布内外部信息，安排抢修车辆 2. 根据抢修需要与运营控制中心调度人员、各分公司和专业中心调度人员、物资值班人员、门岗保安人员协调，处理现场指挥提出的请求 3. 按规定协助申报施工作业计划

（2）区间水泵故障应急抢修

1）故障信息传递。环控调度员或车站控制室监控到故障报警后通知客运生产调度员，

客运生产调度员将故障信息通知机电值班人员、机电工班长和专业工程师。

2）运营期间故障处理原则

①维修人员接报区间单泵故障后，立即到车站控制室联系环控调度员对另外的水泵进行远程测试，确认功能正常后，机电工班长安排人员在列车上巡视区间是否有积水，并定期到车站控制室通过设备监控系统监控区间集水池水位，待运营结束后进行维修。

②维修人员接报区间双泵故障后，立即到车站控制室请点，由行车调度员安排人员进入区间泵房进行抢修，进入区间的人员要向客运生产调度员、行车调度员通报姓名和联系方式。

③故障修复后报行车调度员、环控调度员和客运生产调度员，填报故障工单。

3）非运营期间故障处理原则。维修人员接报全部水泵故障后，立即到车站控制室请点，由行车调度员安排后进入区间维修。故障修复后报行车调度员、环控调度员和客运生产调度员，填报故障工单。

4）岗位行动指引。区间水泵故障应急抢修的岗位行动指引见表 3–3。

表 3–3　　区间水泵故障应急抢修的岗位行动指引

岗位	行动指引
值班人员	1. 故障确认：值班人员从客运生产调度员处接报故障信息后，及时到车站控制室请点，进行故障处理 2. 故障处理：按故障处理原则进行。进入区间的人员要向客运生产调度员、行车调度员通报姓名和联系方式
工班长	1. 接到单泵故障通知后，安排人员添乘、值守，并联系专业组请点，安排运营结束后进行水泵维修 2. 接到全部水泵故障通知后，安排人员抢修 3. 负责或指定一名抢修队员实时、准确向上级领导、客运生产调度员汇报现场情况及处理进度
专业工程师	1. 负责水泵后续维修的作业令申请 2. 接到抢修通知后初步分析故障情况，如果需要前往现场，途中与现场人员联络，制定初步方案，提出应急措施 3. 到达现场后修正方案，并协助现场指挥开展抢修工作 4. 抢修完成后，撰写应急抢修总结和故障原因技术分析报告，并组织事故分析会
车间安全员	1. 接到抢修通知后立即赶赴现场 2. 监督并协助落实抢修现场安全防护工作 3. 在事故现场对故障原因、影响后果和处理过程进行调查、收集、取证 4. 维护、检查现场的安全秩序，记录抢修过程关键节点时间
车间负责人	1. 接到抢修通知后通知安全员，掌握抢修人员出动情况，视故障情况，即刻赶赴现场或电话信息支持，并协调车间内、外部力量支援 2. 向直接上级报告抢修信息

续表

岗位	行动指引
车间材料员	根据现场指挥通知，提供抢修物资材料信息并即刻组织材料运往现场（包括出库、运输），统计抢修材料消耗
抢修队员	在现场指挥安排下准备抢修器具和材料，落实安全防护措施，执行具体抢修任务
客运生产调度员	1. 实时发布内外部信息，安排抢修车辆 2. 根据抢修需要与运营控制中心调度员、各分公司和专业中心调度人员、物资值班人员、门岗保安人员协调，处理现场指挥提出的请求

第三节　环控系统概述

环境与设备监控系统（BAS）简称环控系统。环控系统采用计算机网络技术、自动控制技术、通信技术及分布智能技术，实现设备监控分散控制、集中管理的系统模式，对城市轨道交通车站及区间隧道内的空调通风、给排水、照明、电梯、扶梯、站台门等机电设备进行全面运行管理与控制，并通过结构、系统、管理及它们之间的最优化组合，确保车站机电设备处于高效、节能和最佳运行状态。同时，环控系统针对车站内可能发生的突发事件（火灾、地震、洪水、恐怖袭击等）提供了一整套智能应急模式预案，在灾害状态下协调机电设备的运行，最大限度地发挥车站机电设备的作用。

我国城市轨道交通车站环控系统一般包含通风、空调与供暖系统和设备监控系统两部分。

一、环控系统的基本构成

完整的环控系统是一个以骨干网为基础的、地理上分散的、分层分布式系统结构的大型数据采集与监视控制（SCADA）系统。环控系统采用分布式计算机系统，是由中央管理级（中央级）、车站监控级（车站级）、现场控制级（就地级）监控设备及相关通信网络共同构成的实时监控系统。典型的城市轨道交通车站环控系统结构如图 3-10 所示。

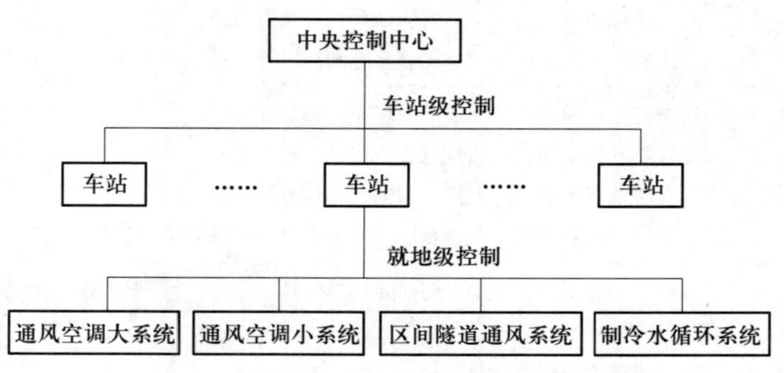

图 3-10　城市轨道交通车站环控系统结构

车站两端是环控系统设备的集中安装地，如风机房、冷水机房等，而其他设备除电梯、自动扶梯、排水设备、站厅站台的空气参数传感器等分布不规律外，基本上都集中在车站两端的不同位置。环控系统的被控设备根据功能不同，可分为两类，一类是由通风、空调与供暖控制系统控制的车站空调通风系统和隧道通风系统，另一类是由设备监控系统负责监控的其他系统及机电设备，如图 3–11 所示。

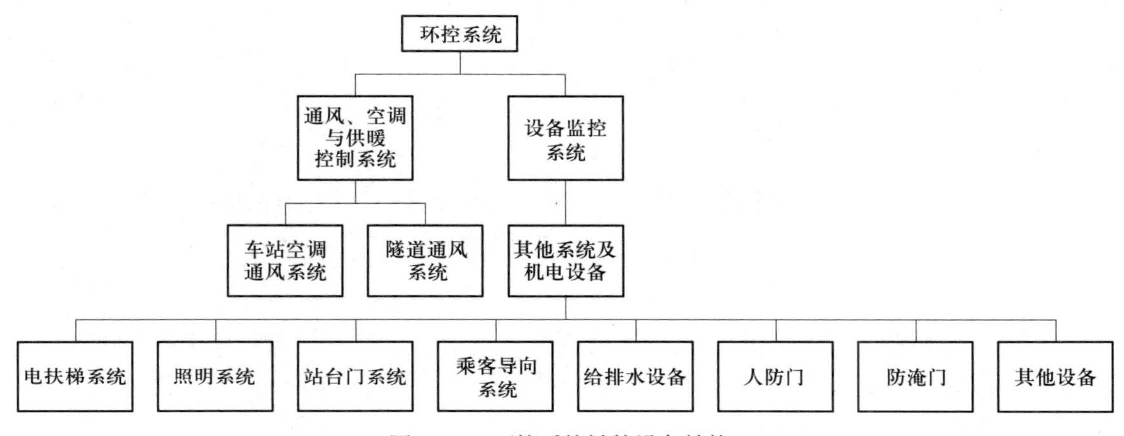

图 3–11　环控系统被控设备结构

现在国内城市轨道交通的环控系统基本采用智能环控系统。采用智能环控系统能提高车站环境的舒适度、降低能耗、延长设备的使用寿命，从而获得较好的社会效益和经济效益。不同环控方案的投资成本和投资效益有很大差别。采用 LONWORKS 网络，能实现对车站环控设备的监督、控制和优化，是十分合适的城市轨道交通环控系统解决方案。本书以采用 LONWORKS 网络的环控系统为例，介绍城市轨道交通环控系统的基本构成。

1. 中央级环控系统

中央级环控系统由运营控制中心局域网构成，为确保系统的安全性和可靠性，中心局域网采用双以太网冗余结构，通过路由器或其他接入设备与通信主干连接。中央级环控系统由监控工作站、维护计算机、网络服务器、路由器、打印机、模拟屏等设备组成。

监控工作站采用两台互为备份的监控主机，用于调度人员的日常控制、监视和调度管理工作。维护计算机用于系统软件的维护和组态、运行参数的定义、系统数据库的形成，以及用户操作画面的修改和增加等。网络服务器采用热备结构，用于运营控制中心监控系统网络的管理、数据存储与处理，并提供共享资源。路由器用于与通信主干网连接。打印机用于事件和报表打印。模拟屏用于显示区间和车站隧道通风系统设备的运行状态和报警信息。

2. 车站级环控系统

车站级环控系统的设备主要设置在车站环控机房内，环控机房内的所有环控设备构成一个局域网，此网通过LON接入设备与LONWORKS控制网相连。环控机房由车站环控主机、打印机、光纤LON接口、网关、LON网络适配器等设备组成。

车站环控主机负责一切正常及事故情况下对车站各系统设备运行的监控管理。打印机负责打印操作记录、事故记录、测量数据和报表。光纤LON接口用于LON网和局域网之间的转接。网关与火灾自动报警系统（FAS）相连。LON网络适配器用于监控主机和LON接口之间的连接。

3. 就地级环控系统

就地级环控系统由通风空调大系统、通风空调小系统、区间隧道通风系统、制冷水循环系统组成。

（1）通风空调大系统

空调通风大系统又称公共区空调通风系统，包括站厅层、站台层公共区的所有环控设备。

正常情况下，环控系统通过测量新风、送风、回风、混合风的温湿度和二氧化碳浓度来调节空调机组回水管自动调节阀的开度，控制风阀开关和风机启停。

（2）通风空调小系统

通风空调小系统主要为站内的设备及管理用房提供空调和通风服务。

通风空调小系统是一套独立的系统，其运行方式比较简单，在正常运行时，送排风机的送排风量是固定的，不随季节的变化而变化，当出现火情时，系统按照预定的灾害程序运行。

（3）区间隧道通风系统

区间隧道通风系统主要用于隧道通风换气，在隧道中发生火灾时，此系统也兼有防灾报警功能。

1）正常运行状态。在这种运行状态下，打开所有的区间隧道排热风机，隧道主要靠列车运行时产生的活塞风进行空气交换。早、晚间城市轨道交通车辆停止运行时，打开区间隧道通风机和隧道排热风机对隧道进行空气交换。

2）列车故障情况。列车阻塞在站内时，只需打开此站的部分隧道通风机及相应的电动组合风门增加排气量，依靠空气的自然流动进行空气交换。列车阻塞在区间隧道内时，打开区间两端隧道通风机及相应的电动组合风门，对隧道区间强制进行空气交换。

3）发生火灾时列车运行状态。当列车在运行过程中发生火灾时，区间隧道通风系统各设备运行的原则是：必须保证隧道中的风向与乘客疏散的方向相反，以保证乘客的生命安全。有四种可能的火灾模式，即隧道列车尾部发生火灾、隧道列车头部发生火灾、隧道列车中部发生火灾和站台列车发生火灾。

（4）制冷水循环系统

制冷水循环系统的主要任务是为空调系统提供足够的冷源。系统由冷冻水泵、冷却水泵、冷却塔、冷水机组、膨胀水箱、集水器、分水器，以及设备之间的连接管线和一些阀门组成。

二、环控系统的功能

1. 通风、空调与供暖系统的功能

在城市轨道交通系统正常运营时，排出余湿余热，为乘客和工作人员创造舒适的乘车和工作环境；满足车站各种设备和管理用房的工艺和功能要求，提供正常所需的温、湿度条件；列车阻塞停留在隧道区间时，向隧道提供一定的新风量，维持乘客短时间内能接受的环境条件；发生火灾、易燃气体泄漏、有毒气体泄漏等紧急情况时，提供迅速、有效的排烟措施，向乘客输送必需的新风，引导乘客疏散。

2. 其他功能

（1）设备监控系统的功能

1）车站及区间设备的监控。

2）执行防灾和阻塞模式。

3）环境监控与节能运行管理。

4）车站环境和设备的管理。

5）系统维修。

（2）车站及区间设备监控的功能

1）中央和车站两级监控管理。

2）设备监控系统控制指令应能分别从中央工作站、车站工作站和车站紧急控制盘人工发布或由程序自动判定执行。

3）注册和操作权限设定。

（3）防灾和阻塞模式的功能

1）接收车站自动或手动火灾模式指令，执行车站防烟、排烟模式。

2）接收列车区间停车位置、火灾部位信息，执行隧道防烟、排烟模式。

3）接收列车区间阻塞信息，执行阻塞通风模式。

4）监控车站逃生指示系统和应急照明系统。

5）监视各排水泵房危险水位。

（4）环境监控与节能运行管理的功能

1）检测环境参数，对能耗等参数进行统计分析。

2）控制通风、空调设备优化运行，提高整体环境的舒适度及降低能源消耗。

（5）车站环境和设备管理的功能

1）对车站环境参数进行统计。

2）对设备的运行状况进行统计，优化设备的运行，提高设备管理效率。

（6）系统维修的功能

1）监视全线设备监控系统的运行状态，对系统设备进行集中监控和管理。

2）对全线设备监控系统软件进行维护和组态，定义运行参数，形成系统数据库及修改用户操作界面等。

3）判断硬件设备故障，保证对系统进行实时监控及维护。

三、设备监控系统的主要监控对象

设备监控系统的主要监控对象见表 3–4。

表 3–4　设备监控系统的主要监控对象

系统	子系统	主要监控对象
设备监控系统	隧道通风系统	隧道风机、UPE 风机、OTE 风机、射流风机、风机组合风阀
	车站空调通风系统	小新风机、组合式空调机组、回 / 排风机、防 / 排烟风阀、冷水机组、冷却塔、冷水泵、冷冻泵、蝶阀
	电扶梯系统	电梯、自动扶梯
	照明系统	照明线路
	站台门系统	站台门
	给排水系统	电动蝶阀、各类水泵
	人防门	人防门

第四节　环控系统操作与应急处置

一、环控系统设计与管理要求

1. 环控系统设计要求

进行环境与设备监控时，应针对城市轨道交通系统的特点、线路敷设方式和所属地域

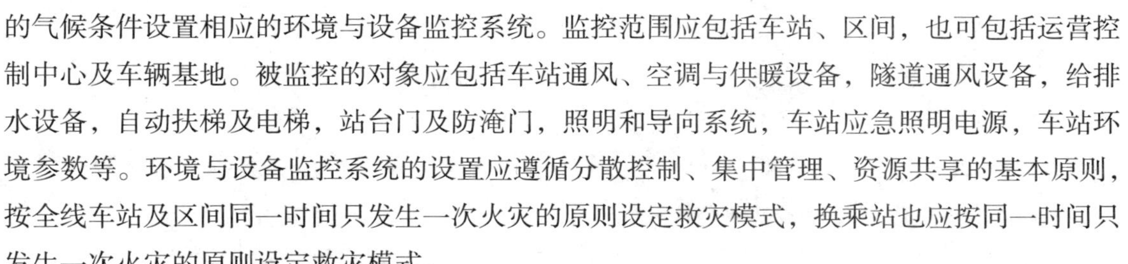

的气候条件设置相应的环境与设备监控系统。监控范围应包括车站、区间，也可包括运营控制中心及车辆基地。被监控的对象应包括车站通风、空调与供暖设备，隧道通风设备，给排水设备，自动扶梯及电梯，站台门及防淹门，照明和导向系统，车站应急照明电源，车站环境参数等。环境与设备监控系统的设置应遵循分散控制、集中管理、资源共享的基本原则，按全线车站及区间同一时间只发生一次火灾的原则设定救灾模式，换乘站也应按同一时间只发生一次火灾的原则设定救灾模式。

2. 环控系统管理要求

设备监控系统的监控对象主要为空调、采暖及通风系统，并具有同时监控给排水、自动扶梯、电梯、照明、乘客导向、站台门和防淹门等系统的功能，其管理要求为：应具备对环境参数进行检测和统计的功能，并应通过耗能统计与分析，控制空调、采暖及通风系统的优化运行；与火灾自动报警系统之间应设置通信接口；防 / 排烟系统与通风系统合用时，应统一监控；火灾工况应由火灾自动报警系统发布火灾模式指令，应优先执行相应的控制程序；对事故通风和排烟系统的监控应采取冗余措施；应与空调、通风设备统一协调，并应根据列车、火灾的具体情况，启动相应的运行模式；应 24 h 不间断运行；全线网络通信和车站计算机监控出现故障时，应各自具备可分别独立控制的降级运行模式。

（1）控制管理

城市轨道交通车站环控系统设备的控制运行为两级管理、三级控制的运行管理模式。两级管理是指中央运营控制中心环控调度员运行管理和车站值班员控制运行管理，三级控制是指中央级控制、车站级控制、就地级控制。中央运营控制中心环控调度员和车站值班员可以分别通过中央级和车站级设备监控系统实现对城市轨道交通车站环控等机电系统设备的运行管理。

（2）运行模式

正常情况下，环控系统运行模式有空调季节小新风、空调季节全新风和非空调季节全通风模式三种。

1）正常情况下，大系统运行由环控调度员直接编辑时间表，按时间表自动运行。

2）车站小系统一般情况下全天 24 h 运行。

3）车站空调水系统一般都采用各站自设冷源，电力制冷，由设备监控系统编制的时间表自动控制或由车站根据调度命令规定的时间启动和关闭。

4）正常情况下，隧道通风系统由设备监控系统根据设定的时间表定时启动和关闭，环控调度员监控隧道通风设备按设定时间和设定模式运行。隧道通风系统每天早上运营开始前执行 0.5 h 早通风模式，运营结束后执行 0.5 h 晚通风模式。

二、环控系统操作

1. 环控设备操作人员要求

进行环控设备操作的作业人员应遵守各项安全规章制度，操作设备时严格按照操作规程执行，上岗前必须取得相应岗位作业资格。

2. 安全注意事项

（1）设备开机前，必须确认设备上方或附近无人作业才能送电；设备联动开启的，必须按联动开启的先后顺序开启，且在接收到反馈信号后才能开机。

（2）需停机检修的项目，应断开设备的主电源，并悬挂“有人工作，严禁合闸”的警示牌，确认无误后才能进行检修作业。作业结束后警示牌必须谁挂谁取。

（3）工作范围内如果发现电线破损、开关或电线外露、电线落地等现象，应及时处理。

（4）设备上面及附近不准堆置衣服、布、棉纱等杂物。

（5）设备运行时如果有意外发生，可操作电动机控制中心（MCC）就地手操箱，大小系统风机可操作就地网络手操箱，把“本地 / 远程”控制旋钮转换到本地挡，按“停止”按钮，再断开主断路器，使设备紧急停机。

3. 环控系统界面及操作

车站环控系统设备控制模式包含中央级控制、车站级控制和就地级控制三级，就地级控制具有优先权。车站环控系统设备的就地级控制操作由车站设备维保部门环控系统维修人员负责，这里不做介绍。下面对中央级控制、车站级控制的环控系统界面及操作（以正常模式为例）进行介绍。

（1）环控系统功能

环控系统具有下列功能：对车站、车辆段、区间隧道的机电设备进行集中控制，监视设备状态，提高操作、管理及维护的自动化水平；负责车站的环境控制，为乘客提供舒适的乘车环境，提高服务质量及水平；负责城市轨道交通系统运行的安全保障，在阻塞、火灾情况下启动相应的灾害模式进行防烟和排烟，保障乘客人身安全，减少设备损失。

（2）隧道系统页面

1）运营控制中心全线隧道系统页面。点击设备监控系统页面下方导航栏右边“全线BAS”并选择“隧道”（见图 3–12），即可进入运营控制中心全线隧道系统页面（见图 3–13）。

图 3–12　设备监控系统导航栏

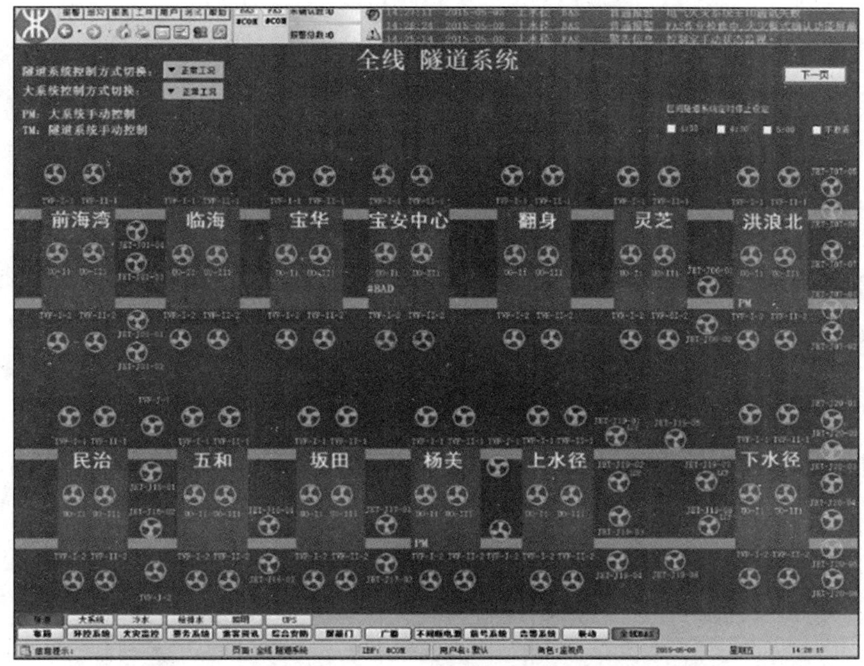

图 3–13　全线隧道系统页面

2）车站隧道系统页面。车站隧道系统页面如图 3–14 所示。

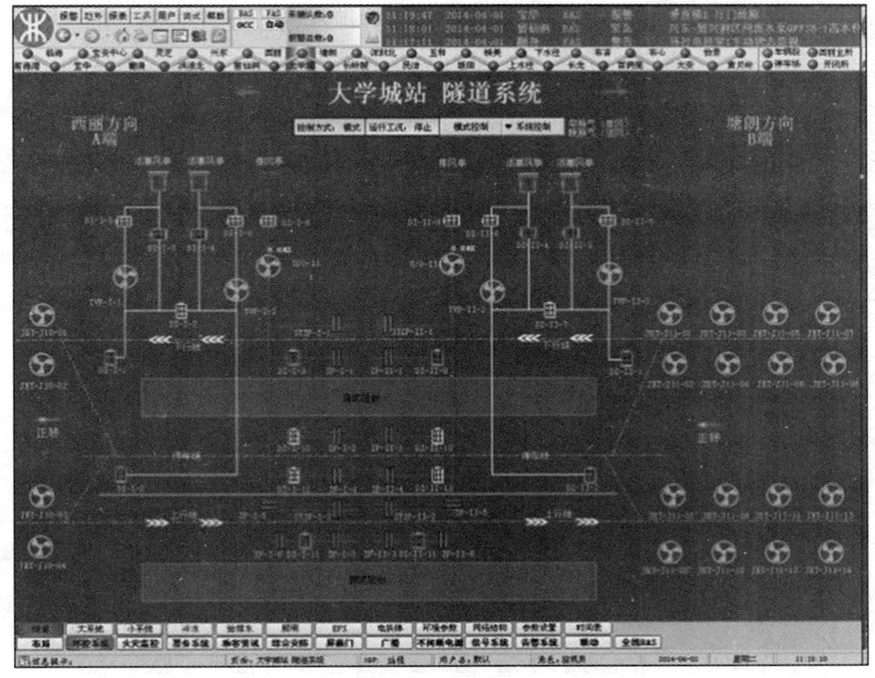

图 3–14　车站隧道系统页面

（3）大系统页面

1）运营控制中心全线大系统页面。运营控制中心全线大系统空调及风机页面如图 3–15 所示。

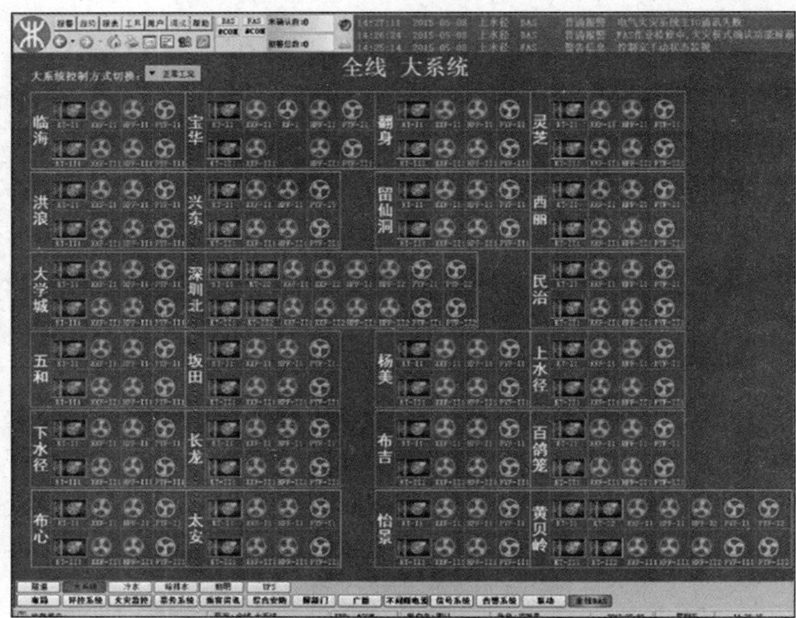

图 3–15　运营控制中心全线大系统空调及风机页面

2）车站大系统页面。车站大系统页面如图 3–16 所示。

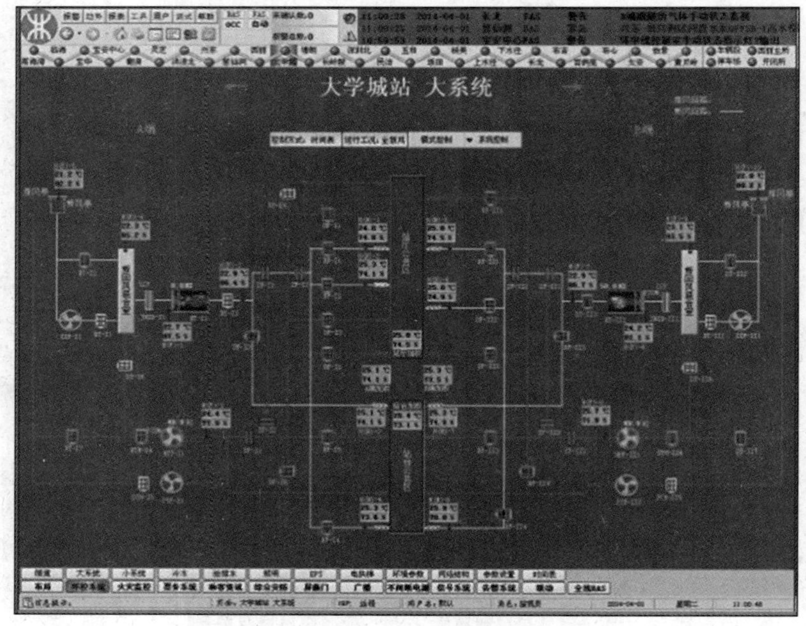

图 3–16　车站大系统页面

（4）小系统页面。小系统页面如图 3–17 所示。

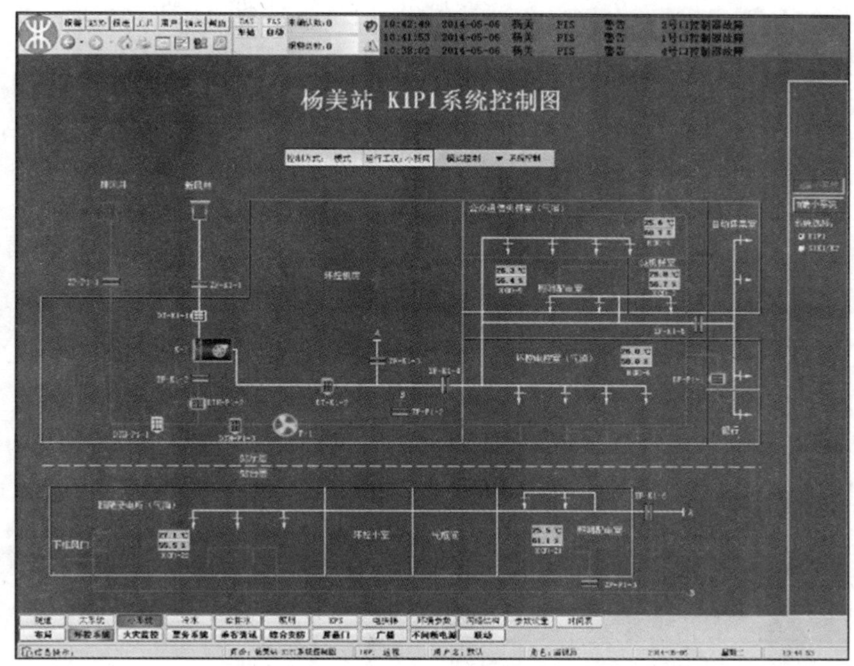

图 3–17　小系统页面

（5）设备控制

在 HMI 屏幕上移动鼠标到设备图形，若该图形周围会显示一个高亮的方框，则可以通过鼠标左键单击调出弹出式监控操作窗口；若该图形周围不能显示高亮方框，则属于只能监视不能控制的设备。被监控设备设置为“远程”工作方式，才能通过 HMI 对设备进行控制操作。

手动操作过程如下：在设备图符上点击鼠标左键，弹出监控操作窗口（见图 3–18）；选择需要下发的设备控制指令（启动、停止、开阀、关阀等），按“执行”按钮，由 HMI 向 PLC 发送相应的设备控制指令。

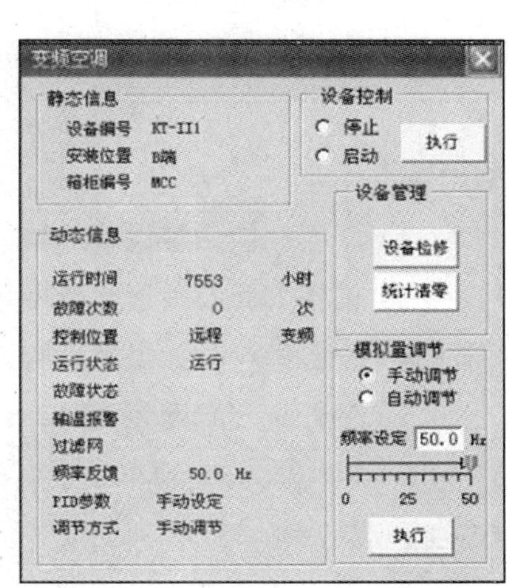

图 3–18　环控设备控制操作对话框

1）注意事项

①禁止频繁启停隧道风机（TVF）、射流风机（JET）、UPE 风机、OTE 风机、组合式空调机组、回 / 排风机等大功率的机电设备。

②环控设备检修时必须切换到“本地”工作方式，并通过 HMI 执行“维修”命令，将设备转至“维修”状态。

2）正常模式控制。环控系统对隧道系统、大系统、小系统、照明系统提供模式和时间表控制，在每个子系统的画面上显示该子系统的当前运行工况（正常、火灾、阻塞）和当前运行模式，并且可以快速设置该子系统的运行模式。

①运营控制中心隧道系统正常模式操作。具备相应权限的人员在全线隧道系统界面用鼠标左键点击 隧道系统控制方式切换：▼正常工况 按钮，选择相应的控制方式（见图 3–19），在弹出的对话框中点击“确认”按钮，则下发并执行相应模式指令。

②运营控制中心全线大系统正常模式操作。在全线大系统界面用鼠标左键点击 大系统控制方式切换：▼正常工况 按钮，选择相应的控制方式（见图 3–20），在弹出的对话框中点击“确认”按钮，则相应模式指令下发并执行。

③车站大系统正常模式操作。用鼠标左键点击“系统控制”，弹出下拉菜单（见图 3–21），选择所要运行的控制方式，则设备按所选控制方式运行，当选择“时间表”时，则设备按照时间表内预先编辑好的组控方式自动启动或停止。

图 3–19　中心隧道系统模式控制

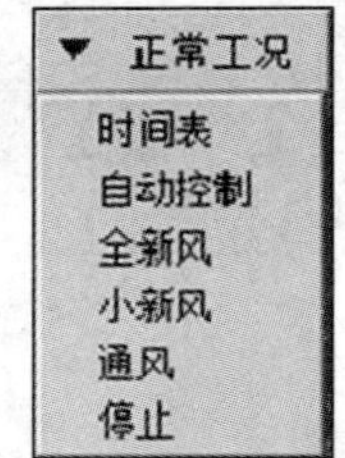

图 3–20　运营控制中心全线大系统模式控制

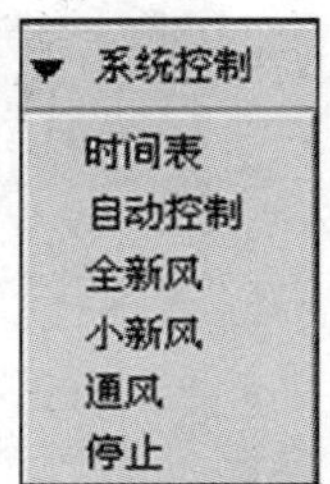

图 3–21　大系统正常模式操作菜单

三、环控系统的检修

1. 一般检修要求

（1）遵守各项安全规章制度，检修时严格按照线路环控系统设备操作规程和工艺卡的规定进行作业。

（2）区间环控系统设备的检修根据相关规定，由机电工班按轨行区施工作业计划执行。

（3）设备上面及附近不准堆置衣服、布、棉纱等杂物。

（4）设备运行时如果发现有异常噪声和振动，应立即停机检修。

（5）室外空气湿度较大时，根据车站实际情况，机电工班长可安排一日多巡。

（6）机电人员接到车站、客运生产调度员、环控调度员的设备故障、抢险电话，必须快速响应及回复。

（7）技术人员或工班专业负责人应对巡检、维保记录进行抽查并签字确认，抽查频率不少于两个月一次。

2. 安全注意事项

（1）设备开机前，必须确认设备上无人工作后才能送电；联动设备开机前，必须发出信号，得到对方的确切回答后才能开机。

（2）必须停机检修时，应断开控制柜的主电源，锁好控制柜，并在控制柜上挂“有人工作，严禁合闸”警示牌，确认无误后才能进行检修。警示牌必须谁挂谁取。

（3）高空作业必须使用安全带，戴好安全帽；严禁投掷工具、材料等物件；需要动火的作业应按相关规定执行，由车间安全员审核同意后提报，作业时应有专人监督；涉及重点监控的作业应按相关规定执行。

（4）进入轨行区作业前办理进入轨行区作业的手续。

（5）工作范围内如果发现电线破损、开关或电线外露、电线落地等现象，应及时处理。

3. 计划检修

（1）车站环控系统通风设备

1）范围：正线车站的环控系统通风设备。

2）周期：周检、年检。

3）检修内容为隧道风机、大系统风机、小系统风机（含三角机房及高架站排气扇）、组合式风阀、电动防火阀、吊扇、诱导风机。

4）周检、年检作业应分别填写相应记录表。

5）检修记录由车间存档备查，存档时间不应少于 3 年。

（2）车站环控系统制冷设备

1）范围：正线车站的环控系统制冷设备。

2）周期：周检、半年检、年检。

3）检修内容为冷水机组、冷却塔、空调水泵、组合式空调箱、空气处理机、全热交换机、VRV 空调机组。车站环控系统制冷设备年检涵盖半年检的检修内容，年检月份不做半年检。

4）周检、半年检、年检作业应分别填写相应的记录表。

5）检修记录由车间存档备查，存档时间不应少于 3 年，涉及特种设备的资料和记录应永久保存。

（3）区间 / 区间跟随所环控系统设备

1）范围：正线区间、车辆段出入段 / 场线。

2）周期：双月检、年检、两年检、三年检。其中，区间射流风机执行双月检、两年检，其余区间环控系统设备执行双月检、年检，UO 铁皮风道螺栓紧固执行三年检。

3）检修内容为隧道风机、组合式风阀、风机、射流风机、区间 UO 铁皮风道螺栓紧固。

区间环控系统设备年检（射流风机为两年检）涵盖双月检的检修内容，年检（射流风机为两年检）月份不做双月检。

4）双月检、年检、两年检、三年检作业应分别填写相应的记录表。

5）检修记录由车间存档备查，存档时间不应少于 3 年。

4. 故障检修

故障检修范围：凡没有纳入计划检修的环控系统设备均采用故障检修维护模式。故障检修应严格按照相关规定执行。

5. 计划检修和故障检修作业要求

作业前召开班前会，作业人员必须清楚本次作业的工作内容和安全注意事项；准备好所需工器具和材料，按规定穿戴好劳动防护用品；对影响消防安全的区域进行防护，对施工区域进行围护；动火作业前要办理临时动火作业许可证，动火过程要按照规定做好安全防护；作业前必须按要求到车站控制室办理请点手续；本次作业如果需要与其他作业配合，必须提前和相关负责人联系，作业完毕后应通报相关负责人。

计划检修和故障检修作业应严格按照环控系统设备操作规程和工艺卡的规定进行。

作业完成后必须恢复原状并确认设备正常运行，作业人员保证人员和工器具出清。作业后召开班后会，总结作业方法及发现的问题，填写对应的作业记录表格。故障检修完成后，作业人员到车站控制室办理销点并通报客运生产调度员，填写故障工单。特殊故障要上报专业组，编入故障案例库。

四、环控系统故障应急抢修

下面以环控大系统组合式空气处理机组故障为例，介绍环控系统故障的应急抢修。

1. 故障分类

环控大系统组合式空气处理机组故障分为以下两类：车站一端大系统组合式空气处理机组无法进行送风，另一端大系统组合式空气处理机组可正常送风；车站两端大系统组合式空气处理机组均无法进行送风。

2. 风险分析

（1）故障类型：Ⅲ类故障。

（2）故障发生区域或装置名称：环控大系统组合式空气处理机组。

（3）故障发生的可能时间、危害严重程度及其影响范围：故障可能发生在运营期间，将导致车站公共区站厅温度超过 30 ℃或站台温度超过 28 ℃，空气质量下降。

（4）故障前可能出现的征兆：组合式空气处理机组运行时异响。

（5）故障可能引发的次生、衍生事故：乘客或工作人员中暑、晕倒，火灾工况下不能送风。

3. 故障信息传递

当出现以上任一故障时，故障处理人员到达现场后应将故障信息通报机电工班长、专业工程师、客运生产调度人员。

4. 故障处理原则

维修人员接报后立即到现场查看故障现象，排查故障。若为车站一端大系统组合式空气处理机组故障，则报环控调度员，由环控调度员按相关规程作相应处理，直至公共区温度恢复正常。以上措施仍无法恢复温度时，则在站台层两端分别设置两台鼓风机进行通风，提高站台舒适度。若为两端大系统组合式空气处理机组故障，则报环控调度员，由环控调度员按相关规程作相应处理，同时在站台两端分别设置两台鼓风机进行通风，提高站台舒适度。故障修复后报客运生产调度员和环控调度员，填报故障工单。

5. 岗位行动指引

环控大系统组合式空气处理机组故障应急抢修的岗位行动指引见表 3–5。

表 3–5　　环控大系统组合式空气处理机组故障应急抢修的岗位行动指引

岗位	行动指引
机电维修人员	1. 故障确认：值班人员接报环控大系统组合式空气处理机组无法送风的故障信息后，及时到现场查看故障，确认故障原因 2. 故障上报：确定故障影响范围，报告运营控制中心环控调度员，向机电工班长、专业工程师、客运生产调度员汇报故障情况 3. 抢修准备：常用工器具、鼓风机、线盘 4. 故障处理：按故障处理原则操作
环控调度员	1. 发现故障后及时通知客运生产调度员安排人员进行维修 2. 根据现场环境要求调整环控大系统运行模式
车站值班员	协助抢修人员在抢修场地周围设置安全防护栏，做好乘客疏导及安抚工作，监控车站公共区温度变化情况
客运生产调度员	1. 实时发布内外部信息，安排抢修车辆 2. 根据抢修需要与运营控制中心调度人员、各分公司和专业中心调度人员、物资值班人员、门岗保安人员协调，处理现场指挥提出的请求 3. 按相关规定协助申报施工作业计划
工班长	1. 接到抢修通知后即刻赶赴现场，途中根据故障情况组织抢修队成员出动，完成人员初步分工 2. 到达现场向客运生产调度员通报姓名和联系方式，指挥维保人员开展抢修工作 3. 负责或指定 1 名抢修队员实时、准确向上级领导、客运生产调度员汇报现场情况及处理进度 4. 配合事后分析调查

续表

岗位	行动指引
车间负责人	1. 接到抢修通知后通知安全员，掌握抢修人员出动情况，视故障情况即刻赶赴现场或电话信息支持，并协调车间内、外部力量支援 2. 向直接上级报告抢修信息
车间安全员	1. 监督并协助落实抢修现场安全防护工作 2. 在事故现场对故障原因、影响后果和处理过程进行调查、收集、取证 3. 维护、检查现场的安全秩序，记录抢修过程关键节点时间
专业工程师	1. 接到抢修通知后初步判断分析故障情况，如果需要前往现场，途中与现场人员联络，制定初步方案，提出应急措施 2. 到达现场后修正方案，并协助现场指挥开展抢修工作 3. 抢修完成后，撰写应急抢修总结和故障原因技术分析报告，并组织事故分析会
车间材料员	根据现场指挥通知，提供抢修物资材料信息并即刻组织材料运往现场（包括出库、运输），统计抢修材料消耗
抢修队员	在现场指挥安排下准备抢修器具和材料，落实安全防护措施，执行具体抢修任务

思考与练习

1. 给排水系统包括哪几个子系统？有什么功能？
2. 简述车站给排水设备计划检修的范围、周期和项目。
3. 简述给排水系统常见故障并作风险分析。
4. 画出环控系统被控设备结构图。
5. 对环控大系统组合式空气处理机组故障进行风险分析。

第四章　电梯及自动扶梯系统

学习目标：

- ◆ 掌握电梯及自动扶梯的概念和功能。
- ◆ 掌握电梯及自动扶梯的结构。
- ◆ 熟悉电梯及自动扶梯的基本操作。
- ◆ 掌握常见电梯及自动扶梯的故障处理。

电梯及自动扶梯是城市轨道交通车站最为重要的机电设备之一，是乘客进出车站的代步工具，是城市轨道交通系统的重要组成部分。它担负着运送大量客流的任务，将地面上需要乘坐城市轨道交通列车的乘客迅速、安全、舒适地送入地下站台或高架站台，同时将地下站台或高架站台下车的乘客送至地面。

第一节　电梯及自动扶梯概述

电梯及自动扶梯是城市轨道交通系统的重要组成部分，它们能自动输送乘客，对客流的及时疏散起到了至关重要的作用，并满足了乘客对乘降舒适度的要求。

一、电梯行业发展概况

电梯是垂直运行的电梯、倾斜方向运行的自动扶梯、倾斜或水平方向运行的自动人行道的总称。

1．国内电梯行业发展概况

电梯是用于高层建筑中上下运送乘客或货物的运输设备。随着高层建筑物的大量兴建，人们对电梯的需求量不断增加，依赖性也越来越强。近年来，国内电梯行业走过了一个从无到有、从有到多、从多到精的发展历程。随着房地产市场的巨大变化，中国已经成为全球容量最大、增长最快的电梯市场，每年还保持 20% 的增长。

2．国外电梯行业发展概况

目前国际电梯市场主要品牌有美国奥的斯、芬兰通力、瑞士迅达、德国蒂森克虏伯，以及日本三菱、东芝、日立、富士达等，他们的销售服务网点遍布世界各地，合计销量占到全球总销量的 90% 以上。其中，美国奥的斯是世界上最大的电梯生产企业，150 多年来一直致力于研究、开发、制造、安装、维修、保养、更新改造电梯、扶梯、自动人行道等运输系统。东芝电梯作为世界电梯产业的领军企业，拥有一系列融合尖端技术的电梯产品，并不断以革命性的环保技术，最大限度地降低环境负荷，创造新的价值。

二、电梯及自动扶梯的设置要求

1. 电梯的设置要求

（1）电梯的操作装置应易于识别、便于操作。

（2）当发生紧急情况时，电梯应能自动运行到设定层，并打开电梯门。

（3）电梯轿厢内应设有专用通信设备，并应保证内部乘客与外界的通信联络畅通。

（4）非透明电梯轿厢应设视频监视装置。

（5）电梯的设置应方便残障乘客使用。

2. 自动扶梯的设置要求

（1）自动扶梯应采用公共交通型重载扶梯，其传动设备、结构及装饰件应使用不易燃烧的材料。

（2）自动扶梯应有明确的运行方向指示，如图 4–1 所示。

（3）自动扶梯应配备紧急停止开关，如图 4–2 所示。

图 4–1　自动扶梯运行方向指示

图 4–2　自动扶梯紧急停止开关

三、电梯及自动扶梯的设置原则

1. 站台至站厅间根据车站远期客流量设置上、下行自动扶梯。

2. 出入口及过街隧道、天桥根据人流量设置上、下行或上行自动扶梯。

3. 露天车站出入口设置自动扶梯时，应采用室外型扶梯。

4. 布置自动扶梯时，应参考下列规定：

（1）自动扶梯相对布置时，两自动扶梯距离不小于 20 m。

（2）自动扶梯工作起点至墙的距离，在站台层不小于 8.5 m，在出入口处不小于 6 m。

（3）自动扶梯与楼梯相对布置时，其间的距离不宜小于 15 m。

（4）自动扶梯工作起点至检票口的距离不宜小于 10 m。

（5）分段设自动扶梯时，两段自动扶梯之间距离不应小于 8.5 m。

5. 为了提升乘客使用自动扶梯的舒适度，当运行速度为 0.5 m/s 时，上、下两端采用 3 块平梯级；当运行速度为 0.65 m/s 时，上、下两端应不少于 3 块平梯级；当运行速度为 0.75 m/s 时，上、下两端应不少于 4 块平梯级。

6. 车站内应设置垂直电梯、楼梯升降机，满足残疾人等特殊人群的需要，为他们提供出入城市轨道交通车站的一条无障碍通道。

7. 在长距离换乘通道处加装自动步道，可以解决换乘距离长导致的服务水平下降问题。

第二节　电梯系统基本结构及原理

电梯（见图 4–3）是垂直运行的，由曳引绳牵引上下运动。电梯靠液压传动，采用柱塞侧置式，其油缸柱塞设置在轿厢侧面，借助曳引绳通过滑轮组与轿厢连接，利用液压泵驱动液体流动，由柱塞使轿厢升降。整个过程通过电控和液控集成技术可靠、准确实现。

图 4–3　电梯

一、电梯的分类

1. 按用途分类

按用途不同，电梯可分为乘客电梯（一般为多功能、全自动、有装饰的电梯）、载货电梯（电梯运行时轿厢内无人，无自动门）、医用电梯（主要是指病床电梯，其轿厢与乘客电梯不同）、杂物电梯（轿厢内严禁有人进入）、观光电梯、车辆电梯、建筑电梯和其他电梯（消防电梯、船舶电梯、防爆电梯、矿井电梯）等。

2. 按控制技术分类

按控制技术不同，电梯可分为继电器控制电梯、PLC 控制电梯和全微机控制电梯。

3. 按驱动方式分类

按驱动方式不同，电梯可分为曳引驱动电梯（提升绳靠主机驱动轮绳槽的摩擦力驱动）、强制驱动电梯（用链或钢丝绳悬吊等非摩擦方式驱动）和液压电梯（通过液压系统驱动）。

二、电梯的基本结构及主要组成系统

以曳引驱动电梯为例，介绍电梯的基本结构及主要组成系统。电梯是由机械装置与电气系统两大部分组成的。其中，机械装置包括曳引系统、导向系统、轿厢、门系统、重量平衡系统、电力拖动系统、安全保护系统等；电气系统主要包括控制柜、操纵箱等十多个部件和几十个分别装在各有关电梯部件上的电气元件。

1. 电梯的基本结构

曳引电梯的基本结构如图 4–4 所示。

2. 电梯的主要组成系统

（1）曳引系统

曳引系统的主要作用是输出与传递动力，驱动电梯运行。它主要由曳引机、曳引钢丝绳、导向轮、制动器等构成。

安装在机房的电动机与减速箱、制动器等组成曳引机，是曳引驱动的动力。曳引钢丝绳通过曳引轮一端连接轿厢，一端连接对重装置。为使井道中的轿厢与对重装置各自沿井道中导轨运行而不干涉，曳引机上放置一导向轮使二者分开。轿厢与对重装置的重力使曳引钢丝绳压紧在曳引轮槽内产生摩擦力。这样，电动机转动带动曳引轮转动，驱动钢丝绳拖动轿厢和对重装置做相对运动。轿厢上升，对重装置下降；对重装置上升，轿厢下降。于是，轿厢在井道中沿导轨上下往复运行，电梯执行垂直运送任务。

1）曳引机。曳引机是电梯的动力设备，又称电梯主机，其功能是输送与传递动力使电梯运行。它由驱动电动机、制动器、减速箱、曳引轮、机架和导向轮及附属盘车轮等组成，如图 4–5 所示。根据电梯的工作性质，曳引机应具有以下特点：能频繁地启动和制动，启动电流较小，电动机运行噪声低。

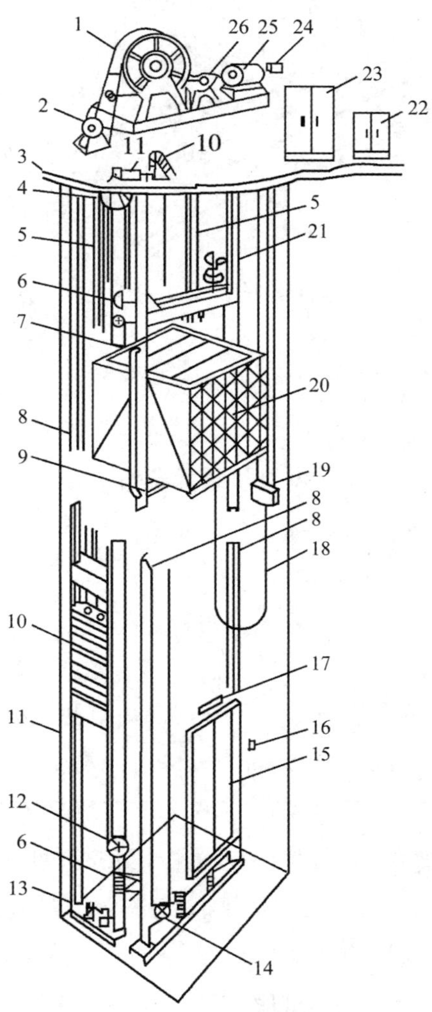

图 4–4　曳引电梯的基本结构

1—曳引机　2—楼层指示器　3—顶层地坪　4—导向轮　5—牵引钢丝绳　6—限位开关（包括向上限位、向下限位）　7—限位器挡块　8—导轨　9—安全钳及开关　10—对重装置　11—电梯井道　12—极限开关（包括转紧绳轮、传动绳索）　13—缓冲器　14—限速器　15—厅门　16—召唤灯　17—厅外指层灯　18—供电电缆　19—接线盒及线管　20—轿厢　21—平层感应器　22—选层器　23—控制屏　24—球形速度开关　25—制动器　26—主传动电动机

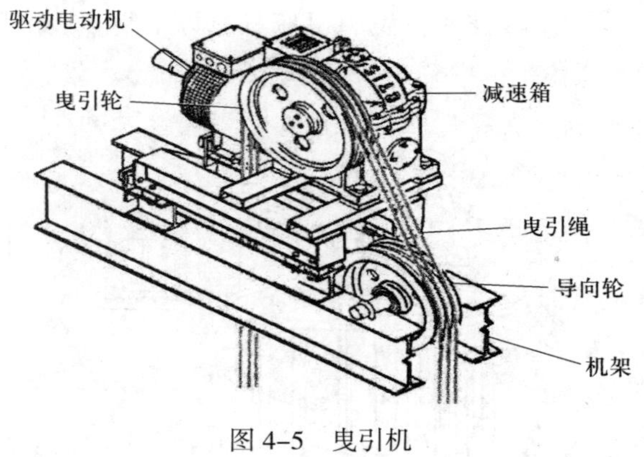

图 4-5　曳引机

知识窗

曳引机基本参数

曳引机额定速度系列包括 0.63 m/s、1.00 m/s、1.25 m/s、1.60 m/s、2.00 m/s、2.50 m/s 等。

曳引机额定载质量系列包括 400 kg、630 kg、800 kg、1 000 kg、1 250 kg、1 600 kg、2 000 kg、2 500 kg 等。

减速器中心距系列包括 125 mm、160 mm、(180 mm)、200 mm、(225 mm)、250 mm、(280 mm)、315 mm、(355 mm)、400 mm 等，括号中数值不推荐使用。

2）曳引钢丝绳。曳引钢丝绳也称曳引绳，用于连接轿厢和对重装置，并靠曳引机驱动使轿厢升降。它承载着轿厢、对重装置、额定载质量等质量的总和。

曳引钢丝绳布置方式主要取决于曳引机组的位置、轿厢的额定载质量和额定速度等，在选择、确定布置方式时应考虑有较高的传动效率、合理的能耗及有利于延长钢丝绳使用寿命等因素。曳引比和绕绳方式是布置曳引绳最重要的两个因素。

曳引比也称绕绳比，是指曳引轮的圆周速度（钢丝绳运动速度）与轿厢速度之比。对于曳引电梯来说，总体原则是应尽量减少绳轮数量，避免钢丝绳反向弯曲或扭曲，常用的曳引比为 1∶1 和 2∶1。

3）导向轮。导向轮是为曳引绳导向的轮子，让钢丝绳分别连接轿厢和对重装置的两头，并引到其适当的位置。

4）制动器。制动器是电梯的一个重要安全部件，对主转动轴起制动作用，能使工作中的曳引机停止运行。当电梯停止或出现严重故障时，制动器可以使轿厢停止运动或保持电梯停在某一楼层。

（2）导向系统

导向系统的作用是在电梯运行过程中限制轿厢和对重装置活动的自由度，使轿厢和对重装置只能沿着各自的导轨做升降运动，不会发生横向的摆动和振动，保证轿厢和对重装置运行平衡不偏摆。电梯的导向系统包括轿厢导向系统和对重装置导向系统两个部分，均由导轨、导靴、导轨架构成。

（3）轿厢

轿厢是电梯的一部分，用于运送乘客和其他负载，如图 4–6 所示。轿厢把乘客与井道设备、曳引机隔离开来，隔绝了噪声和振动，为乘客提供舒适的环境。轿厢一般由轿厢架、轿底、轿壁、轿顶等主要构件组成，其高度不小于 2 m，宽度和深度由实际载质量而定。国家标准规定，载客电梯轿厢额定载质量通常由厢底承重 350 kg/m^2、75 kg/ 人换算为最多载客数，超重时报警并拒绝运行。

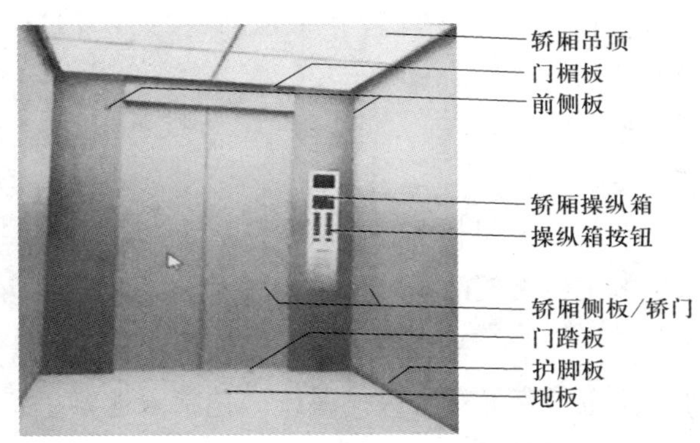

图 4–6　轿厢

轿厢内设置有轿厢操纵箱，供乘客操纵电梯用。轿厢操纵箱装有对讲机、紧急救援开关（警铃按钮、开关门按钮、楼层按钮）等供乘客使用。轿厢操纵箱下面的控制盒内有检修功能按钮、直驶按钮、风扇电源开关、照明电源开关、司机 / 自动开关、检修 / 自动开关、停止开关、独立运行开关等，供专业技术人员使用。

（4）门系统

门系统是乘客或货物的进出口，运行时必须封闭，到站时才能打开。它的主要组成构件有轿厢门、层门、门锁、开门机、关门防夹装置。

（5）重量平衡系统

重量平衡系统由对重系统和补偿系统构成。轿厢与对重装置由曳引绳悬挂在曳引轮两侧，保证产生曳引力，平衡两侧的重量，称为对重系统。当楼层很高时，曳引钢丝绳自重会很大。轿厢运行时，钢丝绳重心位置不断改变，为补偿此变化对电梯运行带来的影响，在轿厢底和对重装置底之间装设补偿系统，补偿两侧重量的变化。重量平衡系统保证电梯曳引传动正常，运行平稳可靠。

（6）电力拖动系统

电力拖动系统提供动力，对电梯实行速度控制。它的主要构件是供电系统和电动机调速装置。

（7）电气系统

电梯的电气系统通常包括控制系统和驱动系统两个部分，是主要的控制和检测设备。

控制系统包含电梯的中央运行控制处理系统，它连接到电梯的各个部分。该系统通过核心控制装置（如 PLC）检测轿厢和楼层召唤，并根据相关输入信号状态，按照预定的优先顺序响应召唤。控制系统的主要任务包括：

1）从轿厢和楼层按钮接收乘客的召唤。

2）确定轿厢位置。

3）确定合适的运行方向。

4）给驱动系统发出启动指令。

5）在适当的楼层发出停车指令。

6）给门驱动装置发出开门、关门和轿门机械联锁指令。

7）通过位置显示给乘客提供必要的指示信号。

（8）安全保护系统

为了保证安全使用，电梯安装了安全保护系统，包括限速器、安全钳、缓冲器等。限速器和安全钳起超速保护作用，缓冲器起冲顶和撞底保护作用。

1）限速器。限速器可以避免电梯在超载、打滑、短绳失控情况下出现轿厢超速下降。

2）安全钳。在轿厢向下运行发生断绳、打滑、超速、失控情况时，限速器动作，断开安全钳开关，切断曳引机电源且使之制动，并拉起安全钳拉杆，使安全钳钳头卡住导轨，不使轿厢下坠。

3）缓冲器。缓冲器是电梯最后的安全保护装置。当电梯失控撞向底坑时，缓冲器可以吸收和消耗电梯的能量，减少对电梯的破坏。

三、曳引式电梯的原理

垂直电梯是使重物作垂直上下运动的升降设备。从力学的角度，要使一重物在空中保持静止状态，必须有一拉力（T）与物体的重力（Q）相平衡，即 $T=Q$，这时物体处于静止或匀速运动状态，称为力的平衡。此系统称为平衡系统。若要使物体向上运动，速度发生改变，则这一拉力（T）除了克服物体的重力（Q），还要提供一个产生加速度的力（F），即：

$$T=Q+F=Q+ma$$

式中　m——物体的质量，kg；

a——物体的加速度，m/s^2。

如果物体的重力（Q）被另外一个平衡力（W）所平衡（$W=Q$），即构成一个平衡系统，这时拉力（T）就不用克服重力（Q）了，而只需提供使物体产生加速度所需的力（$T=F=ma$），这样就大大减小了拉力（T）。这就是电梯上采用的“平衡原理”。这个平衡力由对重装置提供。因此，对重装置的重力（W）要与轿厢及载荷的重力相等。

知识窗

曳引力是靠曳引绳与曳引轮绳槽的摩擦力产生的，因此必须保证曳引绳不在曳引轮绳槽中打滑。增大曳引力的方法如下：

1. 选择形状合适的曳引轮绳槽。
2. 增大曳引绳在曳引轮上的包角。
3. 选择耐磨且摩擦因数大的材料制造曳引轮。
4. 曳引绳不能过度润滑。
5. 使平衡系数为 0.4 ~ 0.5，电梯不超过额定载荷。

第三节　电梯维护及常见故障处理

一、电梯操作规程

1. 电梯的启动方法

（1）查看电梯厅门周围有无障碍物，楼层显示是否正常。

（2）在站厅层用电梯专用钥匙将电梯锁拧至开启位置，启动电梯，如图 4–7 所示。

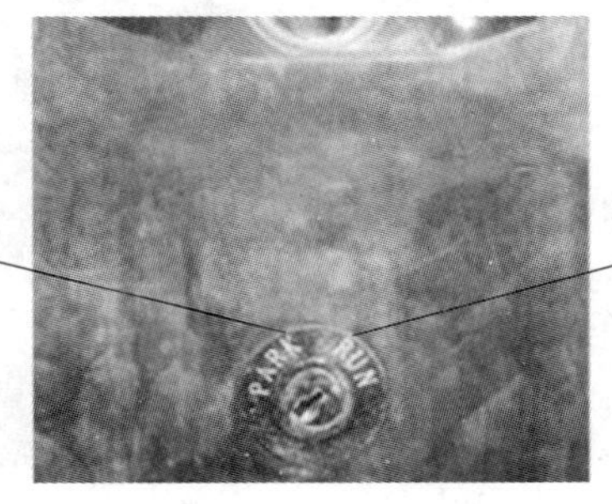

图 4–7　电梯开停梯面板操作说明

（3）用手按外呼盒上的按钮，电梯门打开。

（4）进入电梯操作并检查是否正常。

2. 电梯的停止方法

（1）确认轿厢内没有人。

（2）在站厅层用电梯专用钥匙将电梯锁打至停止位置，如图 4–7 所示。

（3）电梯接收到锁梯信号后，将不再响应其余呼梯信号，直接进入基站，并在基站进行一次开关门动作后，停止运行（站内电梯站厅层设为基站，出入口电梯地面设为基站）。

3. 电梯五方对讲操作指引

电梯五方对讲能够实现轿厢内、检修盘、车站控制室、轿顶及底坑内五方之间的内部通话功能。对讲装置有主机和子机之分，主机装在车站控制室和检修盘内，子机装在电梯轿厢、轿顶和底坑内。

（1）轿顶及底坑的对讲子机供维保单位维修人员在电梯维修和紧急情况下使用，维修人员可在底坑、轿顶通过对讲机与检修盘、车站控制室通话，从而保障维修人员的安全。

（2）检修盘的对讲主机主要用于电梯困人时，车站工作人员、维保人员及维保单位维修人员在解救前了解轿厢内乘客情况，并安抚乘客。

（3）轿厢内的对讲子机供乘客在紧急情况下使用，乘客可按压电梯轿厢内警铃按钮联系车站控制室，站务人员通过对讲主机与轿厢通话。

车站控制室对讲主机面板操作说明如图 4–8 所示。当电梯轿厢警铃被按下后，车站控制室对讲主机警铃响起，站务人员可通过对讲主机与轿厢通话，了解情况。通话步骤如下：拿起话筒，根据按钮面板上对讲状态指示灯的指示按下对应的梯号选择按钮，开始通话。

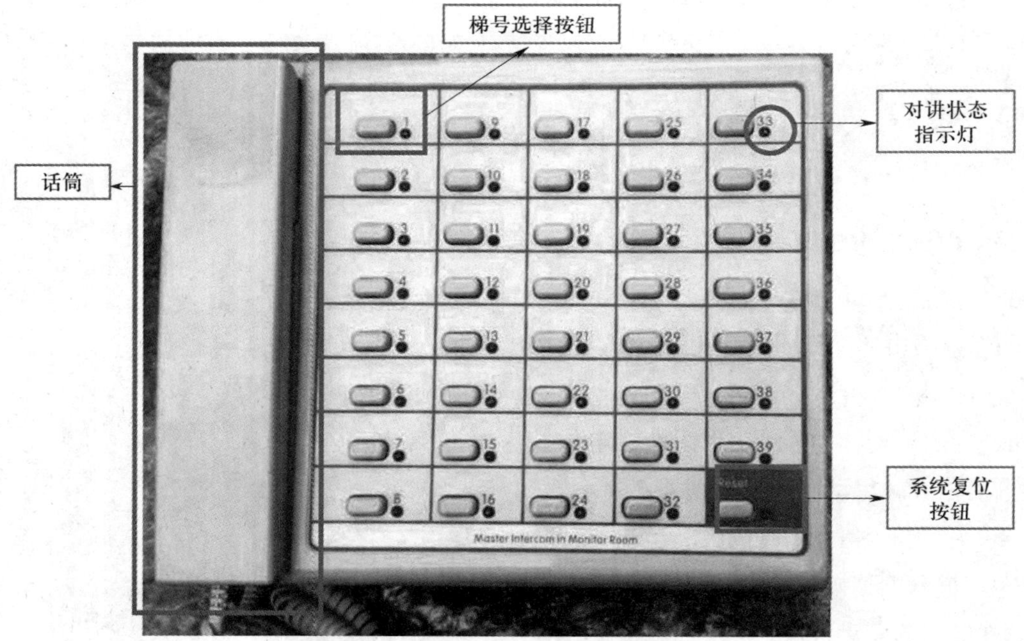

图 4–8　车站控制室对讲主机面板操作说明

知识窗

电梯火灾的处理

1. 在车站处于消防状况时，电梯将接收到车站控制室的消防信号，自动处于消防状况，即电梯不响应所有呼梯信号，直接到达基站开门，然后停止运行，直至消防状况解除。

2. 如果消防系统出现故障，不能将信号反馈给电梯，可以在电梯基站对电梯进行正常的停梯操作。

3. 当电梯发生火灾时应立即终止电梯运行，并采取如下措施：

（1）及时与消防部门联系并报告有关领导。

（2）同时应立即将电梯直驶到基站并切断电源。

（3）使乘客保持镇静，组织疏导乘客离开轿厢。站务人员将电梯置于“停止运行”状态，维保人员或者维保单位维修人员关闭厅门并切断总电源。

二、电梯相关设备维护

1. 维护分类

（1）日常巡视

城市轨道交通车站设备维保部门对电梯的运行进行日常巡视，并记录电梯的日常使用状况，见表 4–1。

表 4–1　　某城市轨道交通运营单位电梯日常巡视表

车站：________ 日期：____年____月____日~____年____月____日

日期 / 梯号 项目及标准	____月____日								____月____日								____月____日							
轿厢照明（目测应正常工作）																								
轿厢风扇（应正常工作）																								
轿厢扶手（应固定牢固）																								
使用、维保、保险标志，责任牌（无缺失）																								
上下运行情况（试乘平稳，无明显振动、异响）																								
平层准确度（目测小于 ±10 mm）																								

续表

日期 / 梯号 项目及标准	___月___日								___月___日								___月___日							
地坎情况（无杂物，无变形）																								
内外呼梯按钮（呼梯响应正常）																								
楼层运行显示（目测显示应正常）																								
层门自动关闭装置（层门应能自动关闭）																								
光幕开关（遇到检测物应能停止关门）																								
巡检人员																								
存在问题（含问题整改情况）																								

说明：检查项目正常时打“√”，不涉及时打“/”，异常时打“×”，并在“存在问题”栏填写详细情况，问题解决后填写问题整改情况作为闭环。

（2）定期自检

城市轨道交通车站设备维保部门每月对在用电梯进行一次自行检查并记录。

（3）维护保养

电梯维护保养工作分为计划检修和故障检修两种模式。

1）计划检修。电梯的计划检修分为半月检修、季度检修、半年检修、年度检修。

2）故障检修。电梯发生故障时，维保单位及时对故障设备进行修复，使之在短时间内重新投入运行，称为故障检修。

（4）定期检验

城市轨道交通车站设备维保部门协助电梯维保单位在电梯使用标志有效期满前一个月向相关部门申请定期检验，维保单位负责配合现场检验，确保在电梯使用标志有效期满前取得新的使用标志。

2. 维护程序

（1）作业前的准备工作

1）召开班前会，作业人员必须清楚本次作业的工作内容和安全注意事项。

2）准备好所需工具及备品备件，穿戴好劳动防护用品。

3）做好作业区域的安全防护和监护。

4）到车站控制室办理请点手续。

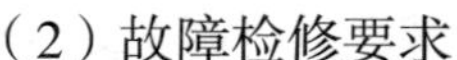

（2）故障检修要求

1）故障处理应本着“先恢复，后维修”的原则，当发现故障后，应立即使故障设备停止工作，并做好事故防范措施。

2）处理故障前应先分析故障，通过分析和观察故障设备，找出故障部件，提出解决办法，确定维修方案，不允许盲目处理。

3）处理设备故障前，必须将手 / 自动转换开关置于手动位置，或检修 / 正常转换开关置于检修位置，防止错误操作设备，影响设备和人身安全。

4）处理故障、进行重要的测试或操作时，不得进行交接班。

5）维修人员不能处理故障时应立即向专业工程师反映，请求技术支援。

6）专业组内不能处理的故障由专业工程师报车间负责人、待部门批准后联系相关部门或相关单位进行维修。

7）故障检修完毕后应进行验收试验，确保系统能可靠运行后移交给站务人员。

（3）作业结束

1）作业完成后必须恢复原状，试乘电梯 3 次（电梯从最顶层至最底层运行 1 个循环为 1 次）确认电梯运行正常，出清作业人员和工器具。

2）计划检修作业结束后，维保单位人员填写维保相应的记录表格，并由车站设备维保部门配合人员签字确认，双方各执一份进行存档。

3）故障检修作业后，填写设备故障处理记录表并做好存档管理。

4）到车站控制室办理销点手续。

（4）定期检验

1）车站设备维保部门协助电梯维保单位在电梯使用标志有效期满前一个月向相关部门申请定期检验。

2）电梯停用半年以上需重新启用时，或发生重大设备事故和人员伤亡事故时，或经受了可能影响其安全技术性能的破坏（火灾、水灾、地震、雷击、大风等）时，必须由车站设备维保部门向相关部门申请检验。

3）电梯经较长时间停用，但尚未超过半年时间的，车站设备维保部门可向运营总部特种设备管理归口部门申请内部安全检验，认为有必要的可向特种设备安全监督检验机构申请安全检验。

4）申请电梯安全技术检验应以书面的形式，一份报送执行检验的部门，另一份由车站设备维保部门负责保管，作为电梯管理档案保存。

3. 某城市轨道交通运营单位电梯计划检修项目（内容）及要求

根据《电梯维护保养规则》（TSG T5002—2017）的相关规定，并结合西子奥的斯电梯的自身特点，某城市轨道交通运营单位西子奥的斯电梯的计划检修项目（内容）及要求见表 4–2。

表 4–2　某城市轨道交通运营单位西子奥的斯电梯计划检修项目（内容）及要求

序号	检修项目（内容）	检修要求	周期			
			半月检	季检	半年检	年检
1	手动紧急操作装置	齐全，在指定位置且功能有效	√	√	√	√
2	曳引机	运行时无异常振动和异常声响	√	√	√	√
3	制动器各销轴部位	润滑良好，动作灵活	√	√	√	√
4	制动器间隙	未制动时制动衬与制动轮不应发生摩擦（两者间隙为 0.125 ~ 0.7 mm）	√	√	√	√
5	编码器	清洁，安装牢固	√	√	√	√
6	限速器各销轴部位	润滑良好，转动灵活；电气开关正常	√	√	√	√
7	轿顶	清洁，防护栏安全可靠	√	√	√	√
8	轿顶检修开关、急停开关、安全窗	工作正常	√	√	√	√
9	对重块及压板	对重块无松动，压板紧固	√	√	√	√
10	井道照明	齐全、正常	√	√	√	√
11	轿厢照明、风扇、应急照明	工作正常。正常照明电源断开时，应急照明电源能至少供 1 W 灯泡用电 1 h	√	√	√	√
12	轿厢检修开关、急停开关	工作正常	√	√	√	√
13	轿内报警装置、对讲系统	断开正常照明电源后工作正常，能综合监控系统并记录报警信息及日志	√	√	√	√
14	轿内显示、指令按钮	齐全、有效	√	√	√	√
15	轿门安全装置（安全触板、光幕等）	功能有效	√	√	√	√
16	轿门门锁电气触点	清洁，触点接触良好，接线可靠	√	√	√	√
17	轿门运行	开启和关闭工作正常	√	√	√	√
18	轿厢平层精度	符合标准（平层准确度 ±10 mm，平层保持精度 ±20 mm）	√	√	√	√
19	层站召唤、层楼显示	齐全、有效	√	√	√	√
20	层门地坎	清洁	√	√	√	√

续表

序号	检修项目（内容）	检修要求	周期			
			半月检	季检	半年检	年检
21	层门自动关门装置	正常	√	√	√	√
22	层门门锁自动复位	用层门钥匙打开手动开锁装置释放后，层门门锁能自动复位	√	√	√	√
23	层门门锁电气触点	清洁，触点接触良好，接线可靠	√	√	√	√
24	层门锁紧元件啮合长度	不小于 7 mm	√	√	√	√
25	底坑环境	清洁，无渗水、积水，照明正常	√	√	√	√
26	底坑急停开关	工作正常	√	√	√	√
27	减速器润滑油	油量适宜，除蜗杆伸出端外均无渗漏		√	√	√
28	制动衬	清洁，磨损量不超过制造单位要求（制动衬厚度不小于 4 mm）		√	√	√
29	位置脉冲发生器	工作正常		√	√	√
30	选层器动静触点	清洁，无烧蚀		√	√	√
31	曳引轮槽、曳引钢丝绳（曳引带）	清洁，无严重油污，张力均匀		√	√	√
32	限速器轮槽、限速器钢丝绳	清洁，无严重油污		√	√	√
33	靴衬、滚轮	清洁，磨损量不超过制造单位要求（靴衬和导轨的间隙应小于 1 mm，任何在润滑和减少弹簧张力或重新调整后不能转动的滚轮，将被认为损坏，需要更换）		√	√	√
34	验证轿门关闭的电气安全装置	工作正常		√	√	√
35	层门、轿门系统中的传动钢丝绳、链条、胶带	清洁、调整适宜		√	√	√
36	层门导靴	磨损量不超过制造单位要求（如果导靴磨损超过 1 mm，需要更换）		√	√	√
37	消防开关	工作正常，功能有效		√	√	√
38	耗能缓冲器	电气安全装置功能有效，油量适宜，柱塞无锈蚀		√	√	√
39	限速器张紧轮装置和电气安全装置	工作正常		√	√	√

续表

序号	检修项目（内容）	检修要求	周期			
			半月检	季检	半年检	年检
40	电动机与减速器联轴器螺栓	无松动			√	√
41	曳引轮、导向轮轴承部	无异常噪声，无振动，润滑良好			√	√
42	曳引轮槽	磨损量不超过制造单位要求			√	√
43	制动器上检测开关	工作正常，制动器动作可靠			√	√
44	控制柜内各接线端子（包括曳引机接线）	各接线紧固、整齐，线号齐全清晰			√	√
45	控制柜各仪表	显示正确			√	√
46	井道、对重、轿顶各反绳轮轴承部	无异常噪声，无振动，润滑良好			√	√
47	曳引绳（带）	磨损量、断丝数不超过要求，检测装置工作正常。采用其他类型悬挂装置的，悬挂装置的磨损、变形等应当不超过制造单位设定的报废指标。出现下列情况之一，曳引绳应当更换 （1）曳引绳严重磨损：合成橡胶局部磨亮，出现内嵌条痕，出现钢丝暴露或断露，大量红色铁锈堆积 （2）橡胶包层老化			√	√
48	曳引绳（带）绳头组合	螺母无松动，曳引带断带开关有效			√	√
49	限速器钢丝绳	磨损量、断丝数不超过制造单位要求。出现下列情况之一时，限速器钢丝绳应当报废 （1）出现笼状畸变、绳芯挤出、扭结、部分压扁、弯折 （2）断丝分散出现在整条钢丝绳，任何一个捻距内单股的断丝数大于4根；或者断丝集中在钢丝绳某一部位或一股，一个捻距内断丝总数大于12根（对于股数为6的钢丝绳）或者大于16根（对于股数为8的钢丝绳） （3）磨损后的钢丝绳直径小于钢丝绳公称直径的90%			√	√

续表

<table>
<tr><th rowspan="2">序号</th><th rowspan="2">检修项目（内容）</th><th rowspan="2">检修要求</th><th colspan="4">周期</th></tr>
<tr><th>半月检</th><th>季检</th><th>半年检</th><th>年检</th></tr>
<tr><td>50</td><td>层门、轿门门扇</td><td>门扇各相关间隙符合标准。门关闭后，应当符合以下要求
（1）门扇之间及门扇与立柱、门楣和地坎之间的间隙，对于客运电梯不大于 6 mm，对于载货电梯不大于 8 mm
（2）在水平移动门和折叠门主动门扇的开启方向，以 150 N 施力于一个最不利的点，前条所述的间隙允许增大，但对于旁开门不大于 30 mm，对于中分门其总和不大于 45 mm</td><td></td><td></td><td>√</td><td>√</td></tr>
<tr><td>51</td><td>对重缓冲器距离</td><td>符合标准。蓄能型缓冲器到对重装置或轿厢距离为 200 ~ 350 mm，耗能型缓冲器到轿厢或对重装置距离为 150 ~ 400 mm</td><td></td><td></td><td>√</td><td>√</td></tr>
<tr><td>52</td><td>上下极限开关</td><td>工作正常</td><td></td><td></td><td>√</td><td>√</td></tr>
<tr><td>53</td><td>减速器润滑油</td><td>按照制造单位要求适时更换，保证油质符合要求</td><td></td><td></td><td></td><td>√</td></tr>
<tr><td>54</td><td>控制柜接触器，继电器触点</td><td>接触良好</td><td></td><td></td><td></td><td>√</td></tr>
<tr><td>55</td><td>制动器铁芯（柱塞）</td><td>进行清洁、润滑、检查，磨损量不超过制造单位要求</td><td></td><td></td><td></td><td>√</td></tr>
<tr><td>56</td><td>制动器制动弹簧压缩量</td><td>符合制造单位要求，保持有足够的制动力（能满足 1.25 倍额定载质量下行制动）</td><td></td><td></td><td></td><td>√</td></tr>
<tr><td>57</td><td>导电回路绝缘性能测试</td><td>符合标准。动力电路、照明电路和电气安全装置电路的绝缘电阻应当符合下述要求：<table><tr><th>标称电压 /V</th><th>测试电压（直流）/V</th><th>绝缘电阻 /MΩ</th></tr><tr><td>安全电压</td><td>25</td><td>≥ 0.25</td></tr><tr><td>≤ 500</td><td>500</td><td>≥ 0.50</td></tr><tr><td><500</td><td>1 000</td><td>≥ 1.00</td></tr></table></td><td></td><td></td><td></td><td>√</td></tr>
<tr><td>58</td><td>限速器安全钳联动试验（每 2 年进行一次限速器动作速度校验）</td><td>工作正常</td><td></td><td></td><td></td><td>√</td></tr>
<tr><td>59</td><td>上行超速保护装置动作试验</td><td>工作正常</td><td></td><td></td><td></td><td>√</td></tr>
</table>

续表

序号	检修项目（内容）	检修要求	周期			
			半月检	季检	半年检	年检
60	轿顶、轿厢架、轿门及其附件安装螺栓	紧固				√
61	轿厢和对重的导轨支架	固定，无松动				√
62	轿厢和对重的导轨	清洁，压板牢固				√
63	随行电缆	无损伤				√
64	层门装置和地坎	无影响正常使用的变形，各安装螺栓紧固				√
65	轿厢称重装置试验	准确有效				√
66	安全钳钳座	固定，无松动				√
67	轿底各安装螺栓	紧固				√
68	缓冲器	固定，无松动				√

三、电梯发生故障时的处理和救援

1. 紧急故障处理程序

（1）当有紧急故障出现时，首先要停止电梯运行，再关闭电梯的主电源。完成以上步骤后再联系维修人员进行维修。

（2）电梯运行中因供电中断、电梯故障等原因而突然停驶，将乘客困在轿厢内时，应立即启动电梯困人救援工作。

1）综合机电工班接到通知后，工班人员（必须持有相关证书）立即携带三角钥匙、松抱闸钥匙赶赴现场。

2）到达现场确认检修防护栅栏、警示牌设置情况后，用电梯专用三角钥匙打开电梯层门约 10 cm，观察电梯轿厢所在位置，严禁人体探入井道。

3）若轿厢位于平层位置上下 40 cm 范围内时，使用三角钥匙打开紧急检修盘，断开主电源回路，直接打开电梯层门和轿门协助乘客离开。

4）若轿厢非上述位置时，使用三角钥匙打开紧急检修盘，断开主电源回路。

5）通过对讲机与被困者取得联系，告知被困者静候解救，切勿依靠轿门、扒门。

6）如果检修盘内“CON SPEED”（正常运行）指示灯亮（位于数码显像管左部），则等候电梯生产企业技术人员救援。如果不亮，拨开松抱闸钥匙孔挡片，插入松抱闸钥匙，将钥匙向右旋转至“ON POSITION”位置并保持。

7）按住抱闸紧急释放按钮（白色按钮，位于九宫按钮正下方，如果操作有效，白色按钮左边灯亮）。

8）上行、下行指示灯（位于九宫按钮左边）会在点动松抱闸电梯动作时亮起，如果轿厢上行，“UP”灯亮，如果轿厢下行，“DOWN”灯亮，当“DZ”指示灯亮起，表示轿厢已在平层区，再次使用三角钥匙打开电梯层门约 10 cm，确定轿厢位于平层位置。

9）将门完全打开，放出乘客。

2. 电梯发生故障时的救援

电梯发生故障时的救援必须做到一人操作一人监控，一般有以下情况：电梯停在平层区域但不能自动开门，电梯停在非平层区域且电梯有电，电梯停在非平层区域且电梯无电。下面以西子奥的斯电梯为例，介绍这三种情况下的电梯故障救援，具体见表 4–3。

表 4–3　　电梯故障救援三种情况

三种情况 / 故障处理步骤	情况 1：电梯停在平层区域但不能自动开门	情况 2：电梯停在非平层区域且电梯有电	情况 3：电梯停在非平层区域且电梯无电
第 1 步	接到求救信息后要与乘客沟通，确认电梯停止位置和被困人员数量，告诉乘客在接到指示之前不得自行扒开梯门		
第 2 步	带上电梯开梯钥匙、控制柜钥匙和三角钥匙尽快到达故障现场		
第 3 步	到达电梯停止位置后，确认电梯停留位置		
第 4 步	与乘客沟通，告知可能发生的状况，要求乘客保持镇静，不要惊慌		
第 5 步	到控制柜处用 CH751/SHENGJIU 钥匙打开控制柜	到控制柜处，用 CH751/SHENGJIU 钥匙打开控制柜，将“JRH”开关由“NORM”（正常）位置旋到“JRH”（召唤）位置	到控制柜处，用 CH751/SHENGJIU 钥匙打开控制柜断开主断路器（JH）开关，切断电梯电源。同时按住“▲、▼”按钮观察“LR–U”“LU–ET”和“LR–D”指示灯的状态，若处于熄灭状态，表示电梯已超速，应立即停止操作，关闭控制柜门并通知维修人员进行抢修
第 6 步	断开主断路器（JH）开关，切断电梯电源后关闭控制柜门	按 ESE 盒上的“DRH–U”（向上）按钮或“DRH–D”（向下）按钮控制轿厢上下移动。如果发生紧急情况则按压“STOP”按钮	将救援工具装在松闸盘上，扳动操作手柄使轿厢移动。如果“LR–U”或“LR–D”指示灯亮并伴有蜂鸣声，表示轿厢移动速度过快，应立即把松闸手柄复位至开始位置

续表

三种情况 / 故障处理步骤	情况 1：电梯停在平层区域但不能自动开门	情况 2：电梯停在非平层区域且电梯有电	情况 3：电梯停在非平层区域且电梯无电
第 7 步	到电梯停止位置用三角钥匙打开层门后，注意层门地坎与轿厢地坎之间的高度差和间隙，应防止人员跌落井道，然后将乘客从轿厢救出	当轿厢运行到平层位置时，控制屏上的平层指示灯“LUET”会亮，表示轿厢已到达平层区域，此时应马上松开操作按钮	不断地观察“LR-U”“LUET”和“LR-D”指示灯的状态，小心地向下释放松闸手柄使轿厢逐步缓慢移动，当轿厢接平层区时每次只能移动轿厢 10 ~ 15 cm，以防止冲顶或蹲底，直到看见平层指示灯“LUET”亮时应立即松开松闸手柄，此时表示轿厢已到达平层区域
第 8 步	乘客被救出后，必须关闭所开启的层门并保证在外力的作用下也无法打开。立即停用电梯，放置“暂停服务”指示牌，报修机电轮值人员	断开主断路器（JH）开关，并按情况 1 进行处理	拆除松闸手柄，关闭控制柜门，按情况 1 进行处理

第四节　自动扶梯基本结构及原理

自动扶梯是带有循环运动梯路向上或向下倾斜输送乘客的固定电力驱动设备，运行安全平稳、结构紧凑、可靠程度高，同时为提高自身的运行效率，一般有智能控制功能。自动扶梯在客流量大而集中的场所（城市轨道交通车站、大型商场等）得到广泛应用，如图 4-9 所示。

图 4-9　自动扶梯

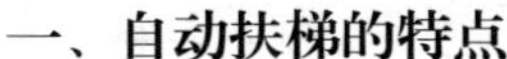

一、自动扶梯的特点

自动扶梯主要作用是方便乘客乘车，减少疲劳，提高乘客舒适度，改善乘车环境。与一般电梯不同的是，自动扶梯具有连续输送功能，能够在较短时间内输送大量乘客。其主要特点如下：

1. 优点

（1）输送能力大，生产效率高，能连续运送乘客。

（2）能逆转，上下行都能运转，可以实现在车站从候车站台到地面出入口的连续输送。

（3）当停电或重要零件损坏需停车时，可作为普通楼梯使用。

2. 缺点

（1）自动扶梯构成中有水平区段，产生附加的能量损失。

（2）提升高度较大时，乘客在自动扶梯上停留时间较长。

（3）造价较高。

二、自动扶梯的分类

自动扶梯的分类方法很多，可从不同角度进行分类，见表 4–4。

表 4–4　　自动扶梯的分类

序号	分类依据	分类名称
1	按驱动装置的位置分类	端部驱动自动扶梯、中间驱动自动扶梯
2	按扶手外观分类	全透明扶手自动扶梯、半透明扶手自动扶梯、不透明扶手自动扶梯
3	按扶梯线型分类	直线自动扶梯、螺旋自动扶梯
4	按使用条件分类	普通型自动扶梯、公共交通型自动扶梯
5	按提升高度分类	小提升高度（最大至 8 m）扶梯、中提升高度（最大至 25 m）扶梯、大提升高度（最大可达 65 m）扶梯
6	按运行速度分类	恒速扶梯、可调速扶梯

知识窗

自动扶梯相关参数

城市轨道交通车站一般选用驱动主机为内置式的重载荷公共交通型扶梯。其主要技术参数包括提升高度（H），输送能力（Q），运行速度（v），梯级宽度（B）及梯路倾斜角（α）等。

1. 提升高度（H）

提升高度是指自动扶梯的上基点与下基点的垂直高度差（m）。我国目前生产的自动扶梯中，商用型自动扶梯 $H \leq 7.5$ m，公共交通型自动扶梯 $H \leq 50$ m。

2. 输送能力（Q）

输送能力是指自动扶梯每小时运载人员的数量。

3. 运行速度（v）

我国国家标准对自动扶梯的运行速度有以下规定：

（1）自动扶梯梯路倾斜角 $\alpha \leq 30°$ 时，其运行速度不应超过 0.75 m/s。

（2）$30° < \alpha \leq 35°$ 时，其运行速度不应超过 0.5 m/s。

（3）当无人使用自动扶梯时，其运行速度可以为节能速度（0.13 m/s）。

4. 梯级宽度（B）

我国所采用的自动扶梯梯级宽度有以下几个标准。

（1）小提升高度时，单人自动扶梯梯级宽度为 0.6 m，双人自动扶梯梯级宽度为 1.0 m。

（2）中、大提升高度时，双人自动扶梯梯级宽度为 1.0 m，另外还有 0.8 m 的规格。

（3）踏板的宽度一般有 0.8 m 和 1.0 m 两种规格。

5. 梯路倾斜角（α）

梯路倾斜角是梯级或踏板运行方向与水平面构成的最大角度。倾斜角越大，安装长度越小。自动扶梯标准梯路倾斜角是 27.3°、30° 或者 35°，35° 的倾斜角只用于提升高度 $H \leq 6$ m 且速度 $v \leq 0.5$ m/s 的场合。

三、自动扶梯的结构

自动扶梯的结构可以分为机械系统和电气系统两部分，具体包括金属结构架、动力驱动装置、梯级、牵引构件、张紧装置、扶手、安全装置和电气设备等，如图 4-10 所示。

1. 金属结构架

自动扶梯金属结构架的作用是安装和支撑自动扶梯的各个部件、承受各种载荷，以及将建筑两个不同层高的地面连接起来。它由驱动段、张紧段和中间段组成，三段拼装成金属结构整体，两端支撑在建筑物的不同层面上。

2. 动力驱动装置

动力驱动装置完成梯路的提升和连续循环运转，将动力通过牵引构件传递给梯路与扶手，主要包括电动机、减速器、制动器、传动链条及驱动主轴。自动扶梯的工作强度很大，

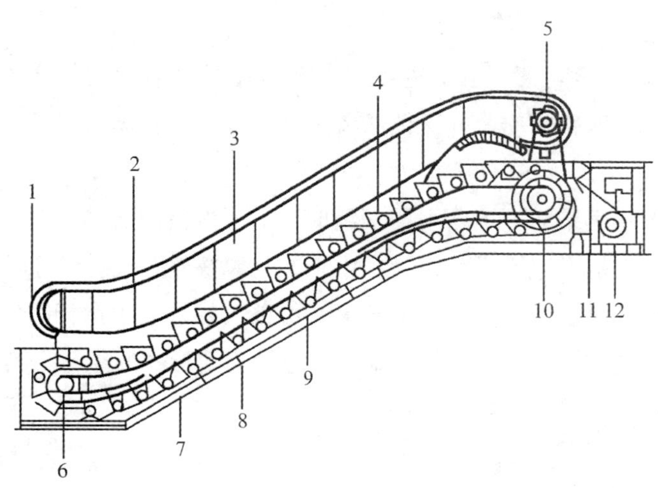

图 4-10　自动扶梯的结构

1—扶手传动滚轮　2—扶手带　3—栏板　4—梯级　5—扶手驱动瓣轮　6—从动张紧瓣轮　7—金属结构架
8—牵引轴　9—牵引链条　10—梯级牵引瓣轮　11—机房盖板　12—动力驱动装置

长时间进行连续不断地强荷载传输，又要求有尽可能紧凑的空间。因此，对自动扶梯的机械零件有以下要求：有足够的刚度、强度，有可靠的安全性，尤其是出现短期过载情况时；耐磨性好，可以保持系统长期、可靠工作；结构紧凑，且拆装、维修方便。

3. 梯级

梯级是自动扶梯的载人部件，多个梯级用特定的方法组合在一起，沿着一定的轨迹运行，形成梯路。梯路形成连续的整体，在自动扶梯内周而复始地运行，完成对人员的运送。

4. 牵引构件

牵引构件是传递牵引力的构件。自动扶梯的牵引构件有牵引链条与牵引齿条两种。一台自动扶梯一般有两根构成闭合环路的牵引链条（又称梯级链或踏板链）或牵引齿条。使用牵引链条的驱动装置装在分支上水平直线段的末端，即端部驱动装置。使用牵引齿条的驱动装置在倾斜直线段上、下分支的中间，即中间驱动装置。

5. 张紧装置

张紧装置具有以下作用：使自动扶梯的牵引链条获得必要的张紧力，保证自动扶梯正常运转；补偿牵引链条在运转过程中的伸张；使牵引链条及梯级由一个分支过渡到另一个分支；安装完成梯路导向所必需的部件，如转向壁等。

6. 扶手

扶手是重要的安全保障设备，由扶手驱动系统、扶手带和栏杆等组成，实际上是两台装在自动扶梯梯路两侧的带式输送机。扶手有摩擦轮驱动和压滚驱动两种形式。

（1）摩擦轮驱动

扶手带围绕若干组导向滚柱群，进出口的改向滚柱及特种形式的导轨构成闭合环路。扶手与梯路由同一驱动装置驱动，并保证两者运行速度基本相同。

（2）压滚驱动

压滚驱动装置由扶手带的上下两组压滚组成，上压滚组由自动扶梯的驱动主轴获得驱动动力，下压滚组从动，从下边压紧扶手带。由于不是摩擦轮驱动，扶手带不再需要启动时的初张力，只需安装一调整装置调整扶手带长度，可以大幅度减少运行阻力，也可增加扶手带的使用寿命。测试结果表明，这种结构形式比摩擦轮驱动形式的运行阻力减少 50% 左右。

7. 安全装置

安全装置可以防止自动扶梯在工作中可能出现危及乘客安全的事故或在出现事故后能及时中断自动扶梯的运行，减少可能对乘客造成的伤害。安全装置具体包括以下几种：

（1）驱动链断链保护装置：驱动链过度伸长和破断时，自动扶梯停止运行。

（2）梯级下陷保护装置：梯级任何一部分下陷时，自动扶梯停止运行。

（3）梯级运行开关：两梯级之间夹入异物或梯级滚轮运行迹象异常时，自动扶梯停止运行。

（4）梯级链张紧装置：梯级链过度伸长、不正常收紧或破断时，自动扶梯停止运行。

（5）梳齿板保护装置：当乘客的伞尖、鞋跟或其他异物嵌入梳齿之内时，自动扶梯停止运行。

（6）裙板保护装置：当异物夹入梯级与裙板之间的缝隙，使裙板受异常压力时，自动扶梯停止运行。

（7）扶手带断带保护装置：扶手带破断时，自动扶梯停止运行。

（8）超速监控装置：自动扶梯超速至 1.15 倍额定速度时，工作制动器动作；超速至 1.3 倍时，附加制动器动作。

（9）扶手带入口保护装置：扶手带在端部下方入口处发生异物夹住事故时，自动扶梯停止运行。

（10）扶手带速度监控装置：扶手带与梯级的速度差超出 2% 并持续 10 s 时，向环控系统发出信号；超出 5% 并持续 10 s 时，自动扶梯停止运行。

（11）地板安全保护装置：当自动扶梯地板被非正常打开时，自动扶梯停止运行。

（12）防逆转装置：自动扶梯速度意外降低至额定速度的 20% 时，工作制动器动作；自动扶梯出现逆方向运行时，在逆行速度为零之前，附加制动器动作，使自动扶梯停止运行。

8. 电气设备

自动扶梯的电气设备包括主电源箱、驱动电动机、电磁制动器、控制屏、操纵开关、照明电路、故障及状态指示器、安全开关、传感器、远程监控装置、报警装置等。

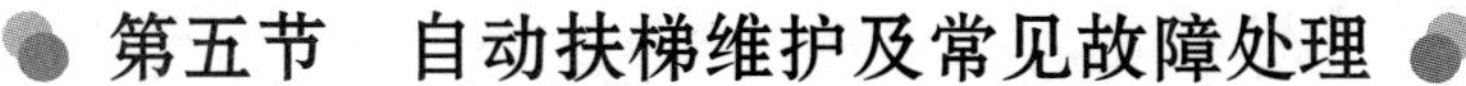

第五节　自动扶梯维护及常见故障处理

一、自动扶梯操作规程

1. 自动扶梯运行前的准备

自动扶梯运行前，应进行“一检查两确认”操作，具体包括：检查自动扶梯梯级上有无异物，确认自动扶梯上没有人，确认自动扶梯的开启方向。

2. 开启自动扶梯

（1）将钥匙插入操作盘，报警停止开关鸣响警笛，发出信号并开始运转，放手后钥匙将回到中央位置，将其拔出。

（2）确认自动扶梯的踏板和梯级上没有乘客，将钥匙插入运行开关后，向需运行方向（上或下）旋转，自动扶梯开始运作，待稳定运行后放手，钥匙自动回到中央位置，即可将其拔出（启动时，一只手旋转钥匙，同时另一只手按在急停开关上，当出现异常时及时按动急停开关）。

（3）确认扶手带是否正常转动，如果有异常声响或振动，要立即按动紧急停止按钮，停住自动扶梯，同时通知维修人员。

（4）确认自动扶梯正常运转后，再试运转 5 ~ 10 min。

（5）如果试运转过程中按动紧急停止按钮，在问题处理完毕后，必须将红色罩复原。

3. 关闭自动扶梯

（1）确认有无发生异常声响或振动，如果有问题则关闭自动扶梯。

（2）关闭时不允许乘客进入自动扶梯的梯口。

（3）将钥匙插入报警停止开关，鸣响警笛。

（4）确认自动扶梯附近和扶梯梯级上无人后，再用钥匙开启停止开关，自动扶梯停止运行。

（5）正常停止扶梯后，应采取措施，设置“停止使用”指示牌，防止乘客将其当作楼梯使用。

二、异常状况处理

自动扶梯出现异常状况，必须使用紧急停止按钮时，应大声通知乘客“紧急停止，请抓住扶手”后，再进行操作。

1. 现场操作

平时紧急停止按钮红色罩呈向外膨胀凸出状，操作时，用手指按压，凸出状态变为凹陷状态，操作后，用手指按压红色罩的周围，使其中部恢复正常凸出状态。

2. 车站控制室操作

操作时，敲破玻璃片，按压紧急停止按钮，操作完成后提起按钮。

三、自动扶梯维护规定

自动扶梯属特种设备，其正常运行与否关系到乘客的人身安全，因此，应加强设备的日常保养工作，按照《特种设备安全监察条例》制定和执行相关的维护和保养标准，确保其处于正常、良好的运行状态。自动扶梯的一般维护有如下规定：

1. 自动扶梯的正常保养周期分为半月保养、月保养、季度保养、半年保养、年保养。维保人员应按计划按时保质保量对自动扶梯进行相应的检修、维护。

2. 自动扶梯维保人员每半月对自动扶梯或自动人行道各易损运动安全部件及基本功能进行次较为全面的清洁、检查、润滑、调整、更换零部件等保养工作。

3. 在每半月保养的基础上，分别于每月、每季度、每半年、每年再对上述部件进行更深入的保养，并对其他部件按时进行清洁、检查、润滑、调整、更换等保养工作。

4. 维保完成后的自动扶梯应处于良好的运行状态，各部位符合相应的国家标准及企业标准。

5. 在周期性巡视或保养中，若发现有异常情况但不便立即进行处理的，在不影响正常安全使用的情况下可先详细记录，随后尽快安排处理并做好记录。

6. 自动扶梯发生紧急召修故障时，应详细、及时地进行记录。

7. 每台自动扶梯每年专用一本保养表，每次保养项目不得少于各相关表格要求，维保负责人或管理人员要对表格填报的真实性进行不定期检查。

自动扶梯日常维护过程中，现场维修人员不得少于2人。维修维护中应负责落实现场安全防护措施，保证施工安全。

自动扶梯应按《特种设备安全监察条例》规定，至少每15日进行一次维护保养。自动扶梯每日检查项目和要求见表4–5。

表4–5　　自动扶梯每日检查项目和要求

序号	项目和要求	
1	扶梯出入口区域检查	自动扶梯进口和出口应保持清洁，无其他无关的物品；在自动扶梯入口附近应有提醒乘客手扶站立等字样标志
2	机房检查	上、下机房内应保持干燥，严防进水和其他与设备无关的物品；上、下机房温度保持在5～40 ℃；驱动电动机、制动器、急停开关、检修转换开关应保持清洁、卫生

续表

序号	项目和要求	
3	梯级和踏板检查	开动自动扶梯前检查周围环境清洁卫生，踏板上无遗落物；连续两个梯级或踏板之间的间隙应符合规范要求；踏板或梯级与围裙板之间的间隙应符合规范要求，两侧间隙之和不应超过设计要求；在水平行程内，两个相邻梯级间的高度差的间隙符合设计要求；梯级或踏板表面不应有破损，应固定良好；梯级或踏板在运动方向和横向不应有过度的游动
4	梳齿板检查	梳齿板不应有破损，梳齿与梯级啮合应良好，啮合深度应符合要求；梯级或踏板表面至梳齿槽根部的垂直距离应符合要求
5	扶手带检查	扶手带和扶手导轨或支架之间应避免有夹手和刮手的可能性；扶手带开口处与导轨或支架之间的距离应符合要求；扶手带传动系统应保持运转良好；扶手带的导向和张紧装置应调整合适，在正常工作时不会脱离扶手导轨；朝向梯级、踏板一侧的扶手装置部分应光滑，压条或镶条固定良好，任何物件不应该有钩挂物体的可能性
6	围裙板检查	围裙板应光滑无划伤；接头平整，固定螺栓固定良好；两护壁板之间下部位置的水平距离等于或小于上部位置的水平距离，扶手栏板之间任何位置的距离应小于扶手带中心线之间的距离
7	急停按钮试验	按下按钮，扶梯应立即停止
8	乘客舒适感检查	搭乘时，感觉扶梯顺畅、平稳、宁静
9	运行状况检查	梯级与踏板不与围裙板、梳齿板等刮磨，运行应良好，不应有异常声响和振动；扶手带运行速度与梯级或者踏板运行速度偏差为 0 ~ 2%，不应过度松弛

四、自动扶梯故障处理

1. 错误使用“急停开关”

如果自动扶梯发生“急停开关”动作，应马上赶赴现场并查明急停启动原因。如果是人为误动作，应重新启动；如果是未知原因，应通知设备维护人员报修，修复后重新启动。需要注意的是，重新启动自动扶梯时，应确保自动扶梯上没有乘客。

2. 电源发生故障

当电源恢复正常时，可用开关开启自动扶梯。需要注意的是，当电源发生故障时，应用扩音器向乘客作出说明。

3. 扶梯异响

自动扶梯出现不正常的杂音、振动（如扶梯顶部、底部或中间的异常振动）及状况等，应关闭扶梯，并及时通知保养人员维修。

4. 异味或冒烟

自动扶梯出现异味或冒烟时，应马上关闭扶梯，立即疏散乘梯乘客，做好适当防护，并及时通知保养人员。

5. 扶梯无法启动

查看故障代码并报修，停用自动扶梯并设置防护。

6. 扶梯自动停止

如果自动扶梯自动停止，综合后备盘上无报警，现场也无故障代码时，应马上报修，停用自动扶梯并设置防护。

7. 火警

若发生火警，要保持镇定并采取适当行动，马上用广播通知车站内所有人员，停止所有扶梯并关闭防火门，疏散乘客，带领乘客经楼梯逃生。切勿利用自动扶梯作逃生用途，因为当电力突然中断而使自动扶梯突然停顿时，乘客容易发生意外并产生更大的恐慌。需要注意的是，关闭扶梯前应鸣警钟，提醒乘客及确定扶梯上没有乘客。

8. 浸水

当扶梯浸于水中，应立即关闭扶梯。若扶梯四周有水流，应阻挡水流，保护扶梯并通知保养人员检查机件，在保养人员检查机件前不得使用扶梯。

9. 取出陷入自动扶梯内的物件

（1）按扶梯的“停止”按钮。

（2）关闭机房内的主电源隔离开关。

（3）在自动扶梯入口处设置拦板，提示乘客发生意外情况。

（4）采用手拉方式，看能否将卷入物件拉出或能否松动卷入物件。如果被卷入的物件可以松动，慢慢可以取出，则先取出被卷入的物件，再检查梯级和挡板是否因物件卷入而造成故障。如果被卷入的物件不可以松动，已被卷入梳状装置中，用六角扳手拧松螺钉，取下梳状装置组件，取出被卷入的物件。如果被卷入的物件陷入挡板和梯级之间，用旋具或其他工具轻轻将挡板向内扳动，以便拉出物件。

（5）如果陷入的是人，则应尽快通过行车调度员向消防部门寻求协助。

（6）故障处理完毕后，应将故障和偶发事件详细情况报告车站电梯维护队，并将详细情况记录于自动扶梯维护日志中。

10. 扶梯反转

反转指的是自动扶梯突然以原运转方向相反的方向运转。反转现象很少出现，但是一旦发生，会对自动扶梯乘客造成极大的危害。

（1）发现反转或者接到反转报告后，维护人员应立即启动急停按钮，前往按压急停按

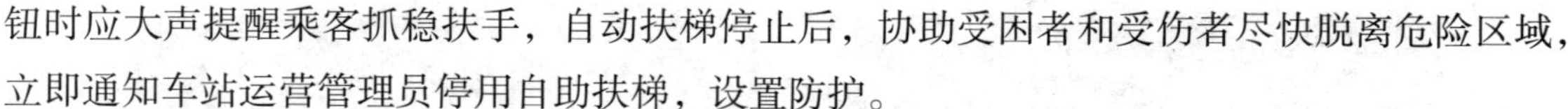

钮时应大声提醒乘客抓稳扶手，自动扶梯停止后，协助受困者和受伤者尽快脱离危险区域，立即通知车站运营管理员停用自助扶梯，设置防护。

（2）车站运营管理人员在接到相关的事故报告后，应立即安排人员在自动扶梯两端设立“暂停服务”路障，检查自动扶梯机房内的故障显示盘，记录所登记的故障并打开主隔离开关，在主隔离开关上挂牌，提示禁止操作。车站运营管理人员应将反转的详细情况通知车站维护人员，并记录于自动扶梯维护日志中。

（3）经过授权工程人员的认证后，自动扶梯才能恢复正常运行。之后，车站运营管理人员将恢复正常运行时的详细情况记录于自动扶梯维护日志中。

第六节　楼梯升降机

一、楼梯升降机概述

楼梯升降机是一种较新颖的设备，安装在车站站台到站厅和地面到站厅步行楼梯一侧，供残疾乘客上下楼梯使用，弥补了部分车站现有垂直电梯不能到达地面的不足。楼梯升降机能沿着楼梯连续作上升、水平和 90° 转角运行，运行倾角不大于 35°。车站出入口的楼梯升降机是室外型，车站内的楼梯升降机是室内型。楼梯升降机应能适应城市轨道交通系统每年工作 365 天、每天工作 20 h 的工作要求。

二、楼梯升降机分类

1. 座椅式楼梯升降机

座椅式楼梯升降机主要为行动不便者提供上下楼梯的服务，一般由座椅、托架和导轨等组成。座椅设有座位、扶手、靠背和搁脚板。为了方便乘坐，座椅一般设计成能转动的。在不使用时，座椅和搁脚板能够折叠起来，减少对空间的占用。托架除用以支撑座椅外，驱动装置也安装在其内，通过传动装置使座椅沿着导轨面运动。座椅式楼梯升降机的导轨一般直接装在楼梯面上，座椅直接支撑在导轨面上，结构和安装都比较简单。

2. 轮椅平台式楼梯升降机

轮椅平台式楼梯升降机主要为使用轮椅者提供上下楼梯的服务，其一般形式如图 4–11 所示。

为了防止平台倾翻，轮椅平台式楼梯升降机设 2 根导轨。驱动装置分为内部驱动和外部驱动两种；内部驱动的驱动装置安装在轮椅平台内，外部驱动的驱动装置安装在楼梯上部。

轮椅平台主要由工作平台、支撑架、安全护栏组成，工作平台是升降机的工作部分，表面覆有防滑材料。平台的 3 个外向面都安装有安全护板，当平台运动受阻时，能使升降机停止运动。平台在不使用时可以向上折叠，减少占用空间。

图 4-11　轮椅平台式楼梯升降机

支撑架用以支撑平台的质量，为了使用安全，支撑架的最小高度为 1 100 mm。支撑架上安装有操纵开关，还附设可折叠的简易座位，使其同时具备座椅式楼梯升降机的功能。安全护栏安装在支撑架上，由人工或自动收放，只有放下护栏，楼梯升降机才能启动运行。

三、楼梯升降机的运行轨迹类型

1. 直线运行式

座椅或轮椅不能转弯，只能沿着楼梯作上升或下降的直线运动，运行倾角不大于 35°。这种楼梯升降机的导轨是一条直线，适用于楼层较低、中间不需要有水平段的直线型楼梯。这种情况多采用座椅式楼梯升降机。

2. 曲线运行式

轮椅平台能沿着楼梯在运行倾角不大于 35° 的情况下上升、下降、水平、转弯和螺旋形运动，适用于楼层高度大、楼梯中间有水平段和转弯的场所。城市轨道交通车站层间高度一般都在 5 m 以上，楼梯中部一般都有水平段，而且常需要转弯，因此应选用曲线运行式楼梯升降机。

知识窗

楼梯升降机的主要技术参数

1. 额定载质量

运载对象是 1 人时，楼梯升降机的额定载质量不应低于 115 kg；当运载对象是 1 名使用手动轮椅的乘客时，楼梯升降机的额定载质量应不低于 150 kg。随着电动轮椅的出现，楼梯升降机可选的额定载质量加大，已出现了额定载质量 200 kg 和 250 kg 的产品。

2. 额定速度

楼梯升降机的额定速度不应超过 0.15 m/s。采用这种比较低的速度，不仅考虑了乘坐者的安全，还考虑了楼梯上行人的安全。楼梯升降机常见的速度有 0.1 m/s、0.13 m/s 和 0.15 m/s。广州地铁 2 号线楼梯升降机的速度为 0.15 m/s。

3. 平台尺寸

对轮椅平台式楼梯升降机，最大平台尺寸为 1 250 mm×800 mm（长 × 宽），最小平台尺寸为 900 mm×750 mm（长 × 宽）。广州地铁 2 号线采用的平台尺寸为 1 000 mm×800 mm，此尺寸既能满足放置轮椅，又不过多占用楼梯空间。

四、楼梯升降机驱动和传动系统

楼梯升降机有采用交流电动机驱动的，也有采用直流电动机驱动的，常见的传动方式有绳球链牵引传动、滚轮传动和齿轮齿条传动三种。

1. 绳球链牵引传动

这种牵引方式一般采用交流电动机驱动。驱动装置安装在楼梯的上端部，220 V 交流电源直接为驱动装置供电。绳球链是一种在钢丝绳上穿入用工程塑料制造的圆球制成的传动机构，穿在空心的导轨中，牵引升降平台运动。这种升降机的优点是导轨外形美观，缺点是运动时绳球在钢管内滑动产生的摩擦对动力的消耗大，特别是在导轨转弯的地方，因此适合提升高度不高、转弯较少的楼梯。

2. 滚轮传动

这种楼梯升降机采用曲线导轨与特殊设计的滚轮机构相啮合，滚轮机构由安装在平台支撑架内的驱动主机驱动，滚轮在导轨上爬行，带动升降平台作上升或下降的运动。这种升降机导轨结构较复杂，但在使用中传动件的摩擦损耗小，能适应转弯多、高度高的楼梯。广州地铁 2 号线采用的是这种楼梯升降机。

3. 齿轮齿条传动

这种楼梯升降机的驱动机安装在升降平台（或座椅）支撑架内，导轨上装有齿条，通过齿轮在齿条上的滚动，使升降平台上升或下降。这种楼梯升降机的导轨和驱动系统结构简单，外形美观，能适应长行程、多转弯的楼梯，但由于齿条受力大，易磨损，因此一般只用在座椅式楼梯升降机上。

近年出现了一种新型齿轮齿条传动升降机，采用的是双驱动主机，在上下两根导轨上都装有齿条，两根齿条同时受力，使升降机的承载能力加大。这种升降机结构简单，又兼有滚轮升降机的优点，广州地铁 3 号线、4 号线选用了齿轮齿条传动式楼梯升降机。

思考与练习

1. 简述曳引式电梯的工作原理。
2. 自动扶梯有什么优缺点？
3. 简述自动扶梯的工作原理。
4. 电梯停在平层区但不能自动开门的情况下如何救援？简述各岗位的工作职责。
5. 电梯停在非平层区域，在电梯有电情况下如何救援？简述各岗位的工作职责。
6. 如果自动扶梯陷入物件应怎样处理？简述各岗位的工作职责。

第五章　低压配电及照明系统

学习目标：

- ◆ 掌握低压配电系统的结构。
- ◆ 掌握低压配电设备的控制及工作模式。
- ◆ 掌握照明系统的功能及分类。
- ◆ 掌握照明系统的配电方式及控制。

低压配电及照明系统是保证城市轨道交通系统正常运营的重要组成部分，保证车站和区间各类照明、通信、信号设备的供电。本章将介绍低压配电及照明系统的结构和功能，以及相关设备的操作及维护流程。

第一节　低压配电及照明系统概述

城市轨道交通供电系统为车辆及供电设备提供动力能源即电能，包括高压供电系统外部电源和内部供电系统内部电源两大部分。其中，高压供电系统外部电源即城市电网，有集中式、分散式和混合式三种供电方式。内部供电系统由牵引供电系统和低压配电及照明系统组成。图 5–1 为城市轨道交通供电系统结构，以虚线 2 为分界，虚线 2 上方为外部供电系统，虚线 2 下方为内部供电系统。

城市轨道交通低压配电系统的作用是将较高的电压转换成 380 V/220 V 的低电压，满足城市轨道交通系统正常的用电需求，降低电力负荷，为相关设备提供动力，保障城市轨道交通照明等设备的正常运行。配电系统应按照照明负荷与动力负荷分开配电，一级负荷、二级负荷与三级负荷分开配电，车站与区间分开配电的原则进行设计。通信系统、消防系统、信号系统、防灾报警系统、环境与设备监控系统、电力监控系统、自动售检票系统等用电设备的配电应自成系统，由 0.4 kV 低压开关柜室的一级、二级负荷母线直接供电。排烟风机、送排风机、空调机、隧道风机等用电设备由通风空调电控室供电，冷水机组等大负荷可由变电所直接供电。消防设备与非消防设备自变电所低压线开始分开供电，消防配电自成独立系统，其两个电源或两路线路在最后一级配电箱处进行自动切换。

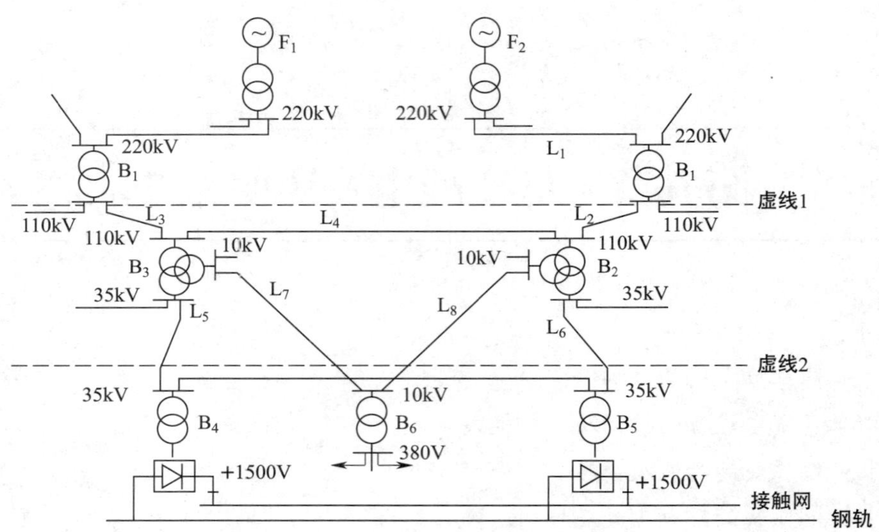

图 5–1　城市轨道交通供电系统结构

低压配电系统和照明系统是城市轨道交通供电系统的重要组成部分，主要为低压设备提供和分配电能，一般由电源、线路、开关和负荷构成。电源是指降压变电所、蓄电池组等为用电负荷提供电能的设备；线路指的是为用电负荷输送电能的电缆等设备；开关对用电负荷进行停电或送电等操作，一般具有保护作用。低压配电及照明供电系统安全、可靠运行是实现城市轨道交通车站安全正常运营的前提。它提供车站和区间各类照明、通信、信号、自动化等设备电源，保证为城市轨道交通车站连续供电，保证运营时刻特别是运营高峰时间的用电负荷容量，同时保证用电质量及实现用电设备的经济有效运行。

知识窗

1. 国家标准规定，低压是指交流电压系统中 1 000 V 及以下的电压等级。在城市轨道交通系统中，一般交流电压在 400 V 以下的电压等级称为低压。

2. 城市轨道交通车辆的受流方式分为接触轨和接触网。接触轨使用寿命长，构造简单，便于安装，易于维修，净空要求低，对城市的景观没有影响，受流特性可以满足 DC750 V 电压制式的要求。接触网是沿着铁路线路的上空架设的向电力机车供电的一种特殊的输电线路，有较高的安全性，线路布局不复杂，受流特性可满足较高的电压制式。城市轨道交通接触网主要分为柔性接触网、刚性接触网和第三轨式接触网。

3. 目前我国各个城市的城市轨道交通系统采用的电压制式为 DC750 V 或 1 500 V。

第二节　低压配电系统组成及分类

一、低压配电系统的组成和分布

1. 低压配电系统的组成

供配电系统均由三个部分组成，分别是电源（即来源）、输电线路和负荷。相应地，低压配电系统对应的三个具体的构成分别是低压开关柜、低压电缆线路和设备配电箱。城市轨道交通车站低压配电系统采用380 V三相五线制、220 V单相三线制方式供电，包括站厅、站台层和设备及管理用房的环控、排水、消防、自动扶梯、自动售检票、站控室、通信信号等设施设备的供配电，并对环控电控柜、电源切换箱、配电箱等设备进行管理。变电所内设低压开关柜，各级设备的负荷电源都从低压开关柜接引，通过低压电缆线路向各个用电设备配电。城市轨道交通车站低压配电方式如图5-2所示。

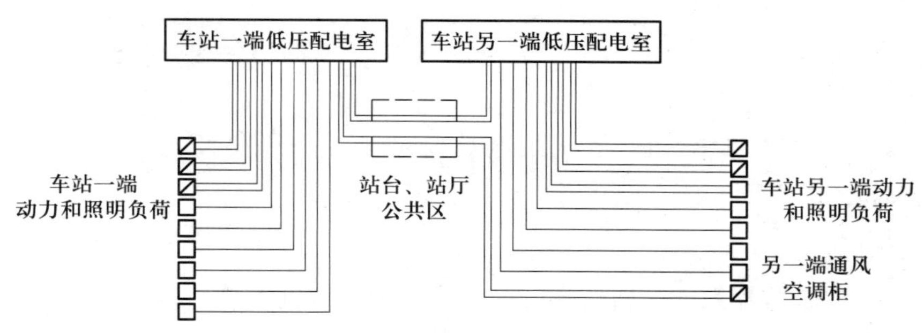

图5-2　城市轨道交通车站低压配电方式

2. 低压配电系统的分布

一般地下车站低压配电系统的布置如下：变电所低压室和低压配电室各一座，分别布置在站台层两端，各负责半个车站及区间的动力负荷和照明；环控电控室两座，布置在站厅层两端，各负责半个车站的环控负荷及隧道通风负荷；在站台层或站厅层布置一座物业配电室；照明配电室四座，分别布置在站台和站厅层两端，一般以车站中心为界限，分别由位于车站两端的低压配电室根据出入口照明、站台层照明、站厅层照明、隧道区间照明或地面照明等供电的范围进行供电或者按照负荷的种类分回路供电；蓄电池室两座，位于站台层两端，分别为半个车站和相邻半个区间的事故照明供电。

根据车站形式（地下车站、高架车站、地面车站）和车站用电负荷确定低压系统的分布，通常是在前文说明的一般地下车站布置的基础上增加或减少。例如，车站面积较大（超过 2 000 m^2）或用电量较大（如换乘车站等）时，通常在降压变电所另一端的站台增加布置一座跟随所，跟随所的功能与降压变电所一样，与降压变电所一起承担车站的全部负荷。高架车站的用电负荷相对会少一些，可以根据实际情况减少低压配电室和环控电控室的数量。动力和照明配电系统也是可根据车站形式和用电负荷增加或减少。

二、低压配电负荷的分类

城市轨道交通低压配电系统的作用是保证所有动力设备安全、经济、可靠地运行。低压配电设备配电点多，负荷等级及性质不同，运行的方式也不同。

1. 按照作用分类

按照作用不同，低压配电负荷可分为动力设备负荷和照明负荷两类。

动力设备负荷主要有通信系统、防灾报警系统、信号系统、火灾自动报警系统、自动售检票系统、屏蔽门、风机、空调器、气体灭火系统、电梯、废水泵、设备监控系统、空调水泵、冷却塔、清扫插座等。

照明负荷主要有站台和站厅照明、事故照明、广告照明、区间照明等。

2. 按照设备的重要程度分类

按照设备的重要程度不同，低压配电负荷可分为一级负荷、二级负荷和三级负荷三类。

（1）一级负荷

一级负荷指综合监控系统、通信系统、信号系统、自动售检票设备、屏蔽门、废水泵、雨水泵、防淹门、应急照明、导向照明、事故风机、排烟风机及其风阀等。一级负荷的重要性在这三种负荷中最高，一级负荷设备停电可能会引发运营延误或者造成乘客难以疏散，可能会导致较大伤亡事故。

（2）二级负荷

二级负荷指非事故风机及风阀、废水泵、自动扶梯、工作人员电梯、维修电源、设备区和管理区照明、轮椅牵引机等。二级负荷较为重要，二级负荷设备停电可能会导致一定程度受伤事故。

（3）三级负荷

三级负荷指冷水机组、冷却水泵、冷却风机、广告照明、清扫电源等。三级负荷的重要性在这三种负荷中最低，三级负荷设备断电会导致车站服务水平及乘客舒适度下降，但一般不会导致伤亡事件。

知识窗

降压变电所的作用是给车站和区间动力负荷、照明负荷以及通信信号电源供电，可与直流牵引变电所合并，形成牵引、降压混合变电所。牵引、降压混合变电所一般设置在沿线车站及车辆段附近，负责车站和相邻区间的供电，一般设置两台动力变压器，每台动力变压器的容量可以满足一级负荷、二级负荷的需要，当供电系统只剩一路电源时，可以部分或全部将二级负荷、三级负荷切除。正常情况下，两台动力变压器分列运行，同时供电。有一台动力变压器发生故障时，三级负荷被切除，另一台动力变压器可承担一级负荷、二级负荷的需要。

第三节　低压配电设备及维护

一、低压开关柜

低压开关柜安装于车站低压配电室，为车站所辖范围（含与相邻站之间半个区间）提供全部机电设备所需电源。每套低压开关柜由两路电源独立供电，设两个总进线断路器和一个母联断路器，当任一路进线失电时母联断路器自动接入，使两段低压柜正常供电（三级负荷自动断开），如图 5–3 所示。

图 5–3　车站低压开关柜

1. 低压开关柜的定义及特点

一个或多个低压开关设备和与之相关的控制、测量、信号、保护、调节等设备，由制造厂家负责完成所有内部的电气和机械连接，用结构部件完整地组装在一起的一种组合体，称为低压开关柜。低压开关柜结构紧凑，能减少设备的检修与维护工作，并可实现数据资源共享。

2. 低压开关柜的组成部分

低压开关柜由柜体、母线、功能单元三大部分组成。柜体是指低压开关柜的外壳骨架及内部的安装、支撑件。母线是可与几条电路分别连接的低阻抗导体。功能单元是指完成同一功能的所有电气设备和机械部件（包括进线单元和出线单元）。抽屉式功能单元可以在检修时从柜体中抽出，在与开关柜完全隔离的情况下进行检修和操作。

二、低压电缆线路

1. 电缆、电线的区别

电缆应用于由低压柜馈出至配电箱、双电源箱、控制柜回路，以及配电箱馈出至设备的连接，绝缘电压等级为 1 000 V。电缆除了达到电压、电流以及电压损失等一般条件外，还应使用无卤或低卤、低烟、B 级阻燃的铜芯材料。

电线应用于照明设备的连接和配电箱的出线，绝缘电压等级为 500 V。

2. 电缆、电线的应用

低烟低卤耐火型电缆或电线应用于火灾自动报警系统、设备监控系统、隧道风机、回风 / 排烟风机、风阀、组合空调箱、防火阀、垂直梯等火灾工况下。低卤或无卤即燃烧时产生少量或不产生有毒的酸性气体，低烟即燃烧时烟尘较小。低烟无卤耐火型电缆或电线应用于有人值守场所，可保障人身安全。电缆的阻燃等级见表 5–1。

表 5–1　　电缆的阻燃等级

阻燃等级	试样的供火时间 /min	试样长度 /m	成束电线电缆每米所含非金属材料的总体积 /L	炭化部分的高度不超过 /m
A	40	3.5	7	2.5
B	40	3.5	3.5	2.5
C	20	3.5	1.5	2.5

电线、电缆的选型应遵循以下原则：

（1）供车站内正常动力照明的电线电缆采用低烟、无卤或低卤、阻燃的铜芯电线和铠装电缆。

（2）火灾事故时仍要正常运行的动力照明设备要采用耐火铜导线及无卤或低卤耐火铠装电缆，消防水泵、专用排烟分机等消防设备的动力电缆采用矿物绝缘电缆。用于消防设备的控制电缆采用耐火控制电缆穿铜管。

（3）传输重要控制信号的电缆使用金属屏蔽电缆。

根据不同的电缆敷设路径，采用挂钩、支架、桥架、托架敷设电线、电缆，根据建筑特点采用明敷或暗敷，在站台板下用电缆支架，站台及站厅的吊顶内用电缆桥架。

区间隧道内一般动力设备的动力电缆和控制电缆敷设在单线隧道行车方向左侧的电缆支架上。在岔线地段无隧道中墙时，采用电缆桥架在隧道顶部的敷设方式。电缆桥架要注意防火、防振动并加固。

三、其他低压配电设备

除了以上介绍的低压配电设备外，城市轨道交通车站庞大的动力照明系统中有大量的其他低压配电设备，这些设备主要用于电能的上级接收和设备电能的供应控制，此部分主要介绍相关的动力配电设备。

1. 环控设备就地控制箱

环控设备就地控制箱安装于车站各环控设备附近，用于维修调试各环控设备时的就地控制操作。

2. 防淹门控制柜

防淹门控制柜安装于过江隧道两端防淹门控制室及车站控制室内，用于对防淹门进行控制，如图 5-4 所示。

3. 雨水泵控制柜

雨水泵控制柜安装于地下隧道入口处雨水泵控制室内，用于对地下隧道入口处的雨水泵进行控制。

4. 废水泵、污水泵、集水泵控制箱

这些控制箱分别安装于车站废水泵、污水泵、集水泵用电设备附近，用于废水泵、污水泵、集水泵运行控制。

5. 区间隧道维修电源箱

区间隧道维修电源箱安装于正线区间隧道内，约 80 m 设一台，提供隧道内设备维修作业时所需要的电源。

6. 电源配电箱

电源配电箱即动力配电箱，安装于车站各动力用电设备（自动扶梯、水泵、信号设备、自动售检票设备）附近，提供设备所需电源。

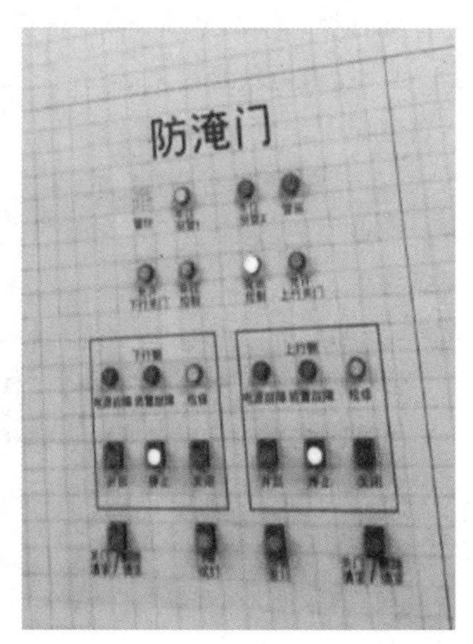

图 5-4　防淹门控制柜

7. 防火阀电源配电箱

防火阀电源配电箱安装于车站防火阀附近，提供设备所需电源。

8. 自动扶梯急停按钮

自动扶梯急停按钮安装于车站控制室内，用于在发生紧急情况时对自动扶梯进行应急控制，如图 5-5 所示。

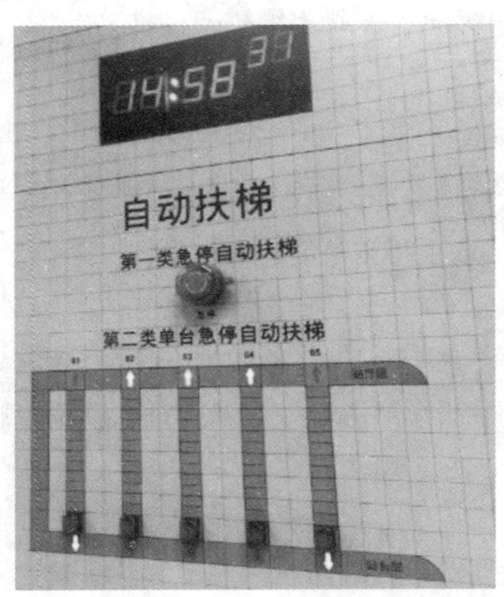

图 5-5　自动扶梯急停按钮

四、低压配电系统的检修规定

1. 所有电气维修人员及监护人员持证上岗。电气设备检修作业不得少于两人，至少一人负责操作，一人负责监护。

2. 日常停（送）电作业必须根据施工作业令进行。作业人员作业前应事先办理请点手续，作业完成后办理销点手续。突发紧急情况下，如发生人身触电等重大情况时，允许先停电后报告。

3. 如果低压配电和照明系统检修涉及高压停（送）电操作，按规定执行。

4. 隔离开关严禁带负荷停（送）电操作。

5. 严禁雷雨天在室外进行停（送）电作业。

6. 低压柜（箱）锁钥匙应存放在（驻站）工班值班室，由专人保管，钥匙上应有标签。

7. 低压设备的检修应采取停电、验电、悬挂安全警示标识、设置遮拦等安全措施。

8. 低压柜维保作业（不含母联柜）应采取停电、验电、设置接地线及悬挂安全警示标识等安全措施，母联柜维保作业须采取停电、验电、悬挂安全警示标识、使用绝缘工具并站

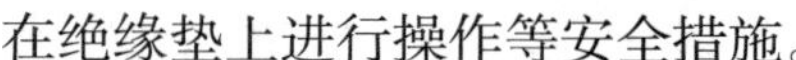
在绝缘垫上进行操作等安全措施。

9. 车站、区间低压配电一、二级负荷检修（不对运营和服务造成影响的检修可安排在白天进行）

（1）作业单位申报检修作业时应注明影响范围，并提前告知受影响单位。

（2）机电工班根据轨行区施工作业管理系统的内容，按照停电时间、停电范围及注意事项进行设备检修。

10. 车站低压配电三级负荷检修（可全天进行）

（1）机电工班检修前应征得环控调度员同意，在相应的车站控制室办理请点手续。

（2）批点后方可对需检修的设备进行检查。如果对车站运营工作和其他车间、部门设备运行不造成影响，可直接进行作业；如果对车站运营工作有影响，必须征得车站控制室同意方可作业；如果对其他车间、部门设备运行影响轻微（如对其他车间、部门重要设备房温湿度有影响等），作业单位申报检修作业时应注明影响范围，并提前告知受影响单位。

知识窗

触电急救知识

1. 低压电源触电

发现低压电源触电人员时，应采取“拉、切、挑、拽、垫”的方法。“拉”即附近有电源开关或插座时，应立即拉下电源开关或把电源插头拔掉。“切”指的是若一时找不到电源开关，应迅速用绝缘的钢丝钳或断线钳剪断电线，达到断开电源的目的。“挑”指的是由于导线绝缘损坏造成的触电，可用绝缘工具或干燥的木棍等将电线挑开。“拽”指的是急救者可带上绝缘手套或在手上包着较厚、干燥的衣服等绝缘物品拖拽触电者，也可以站在干燥的木板、橡胶垫等绝缘物品上，用一只手将触电者拽开。“垫”即设法把干木板放到触电者身下，使其身体与地面隔离，操作时急救人员也应站在干燥的木板或绝缘垫上。

2. 高压电源触电

发现有人在高压设备上触电时，急救者应穿上绝缘鞋后拉下电闸，通知有关电力部门立即停电。城市轨道交通车站工作人员遇到与电有关的突发事件时，应保持冷静，熟练应用相关的应急措施，迅速使触电者脱离电源，根据触电者的情况采取相应的急救措施，保护触电者及自身的安全。若在夜间进行触电抢救，应做好临时照明的准备。

第四节　照明系统

城市轨道交通车站多是地下车站，因长期没有自然光，车站里面和外面的光度会存在一定的差异。因此，在进行地下车站照明设计时，不仅要保证车站正常运营，还应做到让乘客舒适、安全地乘车，在紧急情况下，安全地完成疏散活动。另外，照明系统能耗比较大，设计过程中应考虑节能要求。同时，车站也是一个很好的展示城市文化的平台，不同车站应具备一定的有当地特色的文化设计。

一、照明系统设计原则

为了实现相应的功能，设计人员在设计照明系统时应遵循以下一些基本原则：

1. 车站照明设计应简洁、实用，安装和维修方便，并与车站建筑风格相协调，能反映车站文化。

2. 车站应急照明电源室内设置应急照明电源装置（EPS），负责提供整个车站及相邻区间的应急照明电源，其容量应根据车站规模确定，并满足人防要求。

3. 应急照明应在公共区均匀布置，设备管理房和走道也应设置应急照明。应急照明由疏散指示灯、出口指示灯、指向指示灯及导向指示灯组成。公共区的疏散照明大约占总照明的10%，应急照明在夜间列车停止运营后，供内部的工作人员通行和巡视使用。站厅、站台的出口，以及车站的出入口都要设置出口指示灯，站厅、站台、楼梯、通道及通道的拐弯处，都要设置指向指示灯和导向指示灯，上下行扶梯口、自动售检票设备安装处附近应满足照度指标要求，确保乘客安全。车站选用的应急照明灯具应获得消防部门认证。

4. 区间隧道照明灯具每隔10 m布置一套，应急照明灯具与工作照明灯具交叉相间布置。每隔10 m设置疏散指向标志灯。所有照明灯具的安装不侵入设备限界。

5. 车站照明系统应符合照度标准，见表5–2。

表5–2　城市轨道交通地下车站照度参照标准

位置	照度/lx	参考平面
出入口门厅、楼梯、自动扶梯	150	地面
通道	150	地面
站内楼梯、自动扶梯	150	地面
售票室、自动售票机	300	台面
检票处、自动检票口	300	台面

续表

位置	照度 /lx	参考平面
站厅（地下）	200	地面
站台（地下）	150	地面
办公室	300	台面
会议室	300	台面
休息室	100	0.75 m 水平面
盥洗室、卫生间	100	地面
行车、电力、机电、配电等控制室或总控室	300	台面
变电、机电、通号等设备用房	150	1.5 m 垂直面
泵房、风机房	100	地面
冷冻站	150	地面
风道	10	地面

二、照明系统的分类

1. 根据照明的属性和功能分类

照明系统范围为车站低压所变压器后的照明设备、设施及线路，具体包括站台、站厅公共区的一般照明、节电照明、事故照明、广告照明，设备及管理用房的一般照明和事故照明，出入口的疏散诱导指示照明、一般照明和事故照明，电缆廊道的一般照明，以及区间隧道的一般照明和事故照明。动力照明系统电压一般为 400 V，专门为所有低压负荷供电。城市轨道交通车站照明系统如图 5–6 所示。

（1）站台和站厅公共区的正常照明、节电照明、广告照明等如图 5–7 和图 5–8 所示。

（2）出入口的正常照明、广告照明。

（3）设备用房和管理用房的正常照明、事故照明，出入口的疏散指示照明。

（4）区间隧道的照明如图 5–9 所示。区间隧道照明均安装在两侧壁，其中一般照明设置在站台两端隧道入口处，一般每间隔 20 m 设置一个，疏散照明也是每隔 20 m 设置一个，指示照明每间隔 50 m 设置一个。正常照明与应急照明应交叉布置，在城市轨道交通车辆运行出现火灾等事故时，开启全部的照明，保障乘客的安全。高架区间每隔 30 m 至 40 m 在接触网的立柱上布置 LED 灯，线路两侧交叉布置。

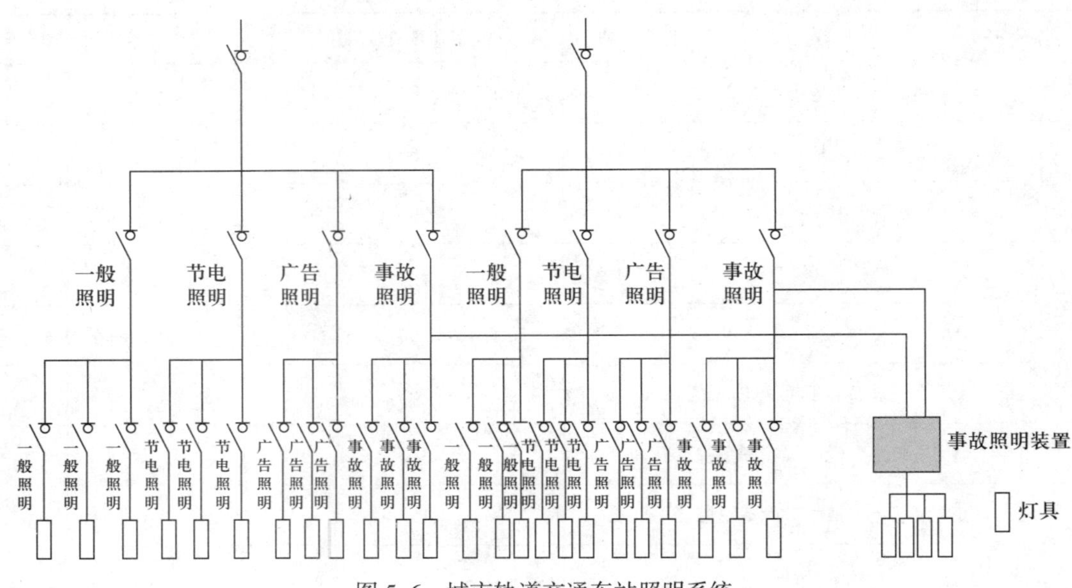

图 5-6　城市轨道交通车站照明系统

图 5-7　站厅公共区的正常照明

图 5-8　站厅公共区的广告照明

图 5-9　区间隧道的照明

2．根据重要性分类

根据重要性不同，上述照明又可为一级负荷、二级负荷、三级负荷。

一级负荷包括应急照明（一级负荷中的特别重要负荷）、地下站公共区一般照明、事故照明。

二级负荷包括设备区一般照明、导向照明、地上站公共区一般照明。

三级负荷主要包括广告照明。广告照明布置在站台、站厅的公共区域，一般采用日光灯箱的形式。

三、照明系统的控制

1．照明系统的控制方式

照明系统的控制方式主要有就地控制、照明配电室集中控制、车站控制室集中控制三级。

（1）就地控制

就地控制通过控制设备及管理用房门口的就地开关箱或就地开关盒，实现对相应设备一般照明的控制。

（2）照明配电室集中控制

照明配电室设置了相应照明场所的照明配电箱，可在室内集中控制相应场所的一般照明、节电照明、事故照明及广告照明。正常情况下，配电箱的所有开关应全部合上，以便于通过就地控制和车站控制室集中控制方式控制相应场所的照明。

（3）车站控制室集中控制

车站控制室内设置了照明控制柜，通过柜面上的转换开关和按钮实现对站台、站厅公共区一般照明、节电照明及广告照明的手动或自动控制。这里的手动控制指的是通过照明控制柜上按钮控制，自动控制是指通过机电设备监控系统实现控制。

2. 各场所照明的控制方式

（1）各设备用房及管理用房正常照明一般由位于门口处的就地控制开关盒控制。城市轨道交通车站设备用房及管理用房只允许有权限的工作人员进入，一般要做到“人来灯开，人走灯灭”，因此在相应的设备及管理用房门口设置就地控制的开关控制房间照明。

（2）车站公共区正常照明、广告照明、导向标志照明采用智能照明控制，由车站控制室和照明配电室两级控制。

（3）区间隧道照明分为工作照明和应急照明。工作照明的控制方式是就地控制，由在隧道两端入口位置的区间隧道一般照明配电箱控制。应急照明由应急照明电源装置供电，在火灾或其他灾害模式下，应急照明由监控系统控制应急照明电源装置强制启动。

（4）公共区、出入口的疏散照明为 24 小时不间断工作，没有设置控制。

四、照明系统设备及控制操作

在供电异常状态下，即双路进线电源都故障时，没有市电输入，逆变器只能通过蓄电池组逆变向事故照明与疏散标志照明设备供电，此时由备用市电供电变为由逆变器供电。当交流进线电源从故障状态恢复正常时，逆变器自动退出运行，事故照明负荷和疏散标志照明由交流低压 380 V 的母线供电，同时充电器向蓄电池组均充，蓄电池组充满后，充电器向蓄电池组浮充。

为了检修故障逆变器方便和保障负载正常供电，设置维修旁路开关，可将充电单元、逆变器与电池组隔离。具体场所照明的控制如下：

1. 车站工作照明的开启和关闭

（1）车站公共区工作照明的开启和关闭

一般情况下，车站公共区工作照明由站务人员通过车站控制室设备监控系统界面上选择相应的区域或照明模式进行开启和关闭。

（2）设备区通道、各管理用房、设备房工作照明的开启和关闭

设备区通道、各管理用房、设备房的工作照明由各使用单位通过按压就地翘板开关进行开启和关闭。

2. 车站应急照明的开启和关闭

一般情况下，车站事故照明、疏散指示和应急导向照明保持常亮。特殊情况下，可在相应的事故照明电源装置配电柜或照明配电箱上对相应回路的微型断路器合闸或分闸进行开启或关闭。车站附属运营用房应急照明装置应设置强启动功能，发生火灾时强制点亮。

3. 区间照明的开启和关闭

一般情况下，区间工作照明由站务人员通过车站控制室设备监控系统界面上选择相应的区域工作照明图标进行开启或关闭。区间疏散指示和区间事故照明保持常亮。特殊情况下，可对相应照明配电室内对应照明配电箱的馈出微型断路器进行合闸或分闸，以便开启或关闭区间工作照明。

五、城市轨道交通车站常用灯具的选择

由于城市轨道交通车站大部分是地下车站，地下车站的运营环境没有自然光，而且人流量巨大，活动空间狭窄，其照明应具备功能性与装饰性的特点。因此，地下车站对灯具的节能性、照度、可靠性及稳定性的要求要更高一些。地下车站照明光源设备以荧光灯为主，公共区、区间以LED灯为主，地下区间的灯具应采用防潮、耐腐蚀、防震的专用隧道灯，事故照明一般采用白炽灯。

不同区域常用灯具的布置要求如下：区间照明灯具应防水、防尘、耐腐蚀，并具有一定的遮光性；车站站厅、站台公共区照明灯具以格栅灯和筒灯为主；有火灾危险的场所应布置防爆灯。为了美观，灯具的布置应与建筑形式协调。对于无吊顶的场所，灯具应采用吸顶式的安装方式；对于有吊顶的场所，灯具可采用嵌入式或半嵌入式的安装方式，使空间显得更加协调和美观。

知识窗

目前城市轨道交通车站已大量采用LED灯具。LED灯具的特点如下：由半导体材料制造，为无汞照明，对环境的污染小；发光效率高，能节约能源；寿命长，抗振性很好，灯管内没有灯丝结构，使用的是直流驱动的半导体材料，发光过程中不发热，正常使用寿命6年以上，减少了灯具维修的工作量；可控制性好，这是LED灯与其他光源最显著的区别，利用控制系统可以对LED灯照度模式进行控制，不仅提高照明效率，还可以节约能源。例如，深圳地铁2号线在使用LED灯时，用控制器编程进行照度控制，既能实现车站内照明效率最大化，又可以达到节能效果最优化。

车站在选择照明灯具时，不仅要考虑照明亮度、美观以及节能的要求，还要统筹考虑运营全线的灯具需求，制定统一的技术标准，减少订购阶段和后期维护阶段的工作量和成本。例如，深圳地铁9号线对灯具的要求是LED芯片必须采用主流一线品牌，并且灯具的设计寿命不少于50 000 h，灯具的电源变换器必须具备可替换性，灯具发光体可方便拆卸和替换等，尽量使灯具标准化，使全线各个车站的灯具都具备可替换性。

六、照明系统的日常巡视与检修

1. 日常巡视要求

检查灯具的外壳是否防护良好，光源是否正常，如果有灯具的灯头两端发黑，应进行更换；检查线路的外观是否存在机械损伤、过载老化、外皮温度和接头温度过高等情况。应在检查记录表上登记每次检查结果，以便进行数据对比分析。

2. 检修要求

（1）区间动力照明设备的检修要求

1）范围：正线所有区间及车辆段出入段线、折返线。

2）周期：双月检。

3）双月检作业应填写检修记录表。

4）检修记录由车间存档备查，双月检记录存档时间不应少于2年。

（2）广告灯箱的检修要求

1）范围：正线所有车站的站内及区间广告灯箱。

2）周期：月检、季检、年检。

（3）区间动力照明设备故障维修

区间检修插座箱、射流风机控制箱利用区间动力照明双月检进行故障修；区间照明灯具连续三盏不亮时则应进行故障修，且必须至少修复一盏。

（4）车站照明灯具故障维修

故障灯具所在区域照度不能满足设计要求时，应立即进行故障修。

3. 计划检修和故障检修工作须知

（1）计划检修和故障检修作业前准备工作

1）作业前召开班前会，作业人员必须清楚本次作业的工作内容和安全注意事项。

2）准备好所需工器具和材料，按规定穿戴好劳动防护用品。

3）对影响消防安全的区域进行防护，对施工区域进行围护。

4）作业前必须按要求到车站控制室办理请点手续。

检修作业如果需要与其他作业配合，必须提前与相关作业负责人联系，作业完毕后必须通报相关作业负责人。如果对低压柜的进线柜进行检修，需要与变电专业施工负责人联系。

计划检修和故障检修作业过程中，应严格按照低压配电和照明系统设备操作规程和工艺卡的规定进行作业。

（2）计划检修和故障检修作业后的工作

1）作业完成后必须恢复原状并确认设备正常运行，作业人员保证人员和工器具出清。

2）作业后召开班后会，总结作业维修方法及发现的问题，填写对应的作业记录表格。

3）故障检修完成后，作业人员到车站控制室办理销点并通报生产调度人员，填写故障工单。特殊的故障要上报专业组，编入故障案例库。

思考与练习

1. 低压配电系统的系统构成是怎样的？
2. 简述照明系统的组成及负荷分类。
3. 一级负荷有哪些？举例说明。

第六章　站台门系统

学习目标：

- ◆ 掌握站台门系统的概念和功能。
- ◆ 掌握站台门系统的结构。
- ◆ 熟悉站台门系统的基本操作。
- ◆ 掌握常见站台门系统的故障处理。

站台门系统安装于城市轨道交通车站的站台边缘，将轨道与站台候车区隔离，与列车车门相对应设置，可多级控制开启与关闭滑动门，确保站台候车区域的安全。随着科技的发展，站台门系统已经越来越常见，既能保护人员安全，又能保障顺利进出列车，有着十分广泛的应用。

第一节　站台门系统概述

一、站台门系统的发展

世界上最早使用站台门系统的城市轨道交通系统是法国的里尔地铁，其后，欧洲及亚洲多地的城市轨道交通系统相继采用站台门。2002 年底投入运营的广州地铁 2 号线是中国最早使用站台门的城市轨道交通系统。目前，世界上主要的站台门系统生产商有英国西屋公司、法国法维莱公司、日本纳博克公司、瑞士 KABA 公司等。此外，中国方大集团也生产站台门系统。站台门系统在世界上越来越多的国家和地区得到应用。

二、站台门系统的分类

1. 封闭式站台门

封闭式站台门沿车站站台边缘和两端头设置，把站台乘客候车区域与列车进站停靠区域分隔开，属于全封闭型，又叫屏蔽门，一般应用于地下车站。这种站台门系统的主要功能是增加车站站台安全性，节约能耗，如图 6–1 所示。

图 6–1　封闭式站台门

2. 开放式站台门

（1）全高型站台门

全高型站台门的门体结构高度超过成人的身高，门体顶部距离站厅底面之间有一段不封闭空间，属于不具有密封性能的轨道交通站台门，如图 6–2 所示，空气可以通过站台门上部流通。全高型站台门主要起隔离作用，保障站台候车乘客的安全。

图 6–2　全高型站台门

（2）半高型站台门

半高型站台门主要安装于城市轨道交通系统的地面或高架车站，门体结构不超过成人的身高，不具有密封性能，其高度为 1 200 ~ 1 500 mm，如图 6–3 所示。

三、站台门的功能

1. 保障乘客和列车运行安全

站台门可以防止乘客跌落或跳下轨道而发生危险，保证乘客安全、舒适地乘坐城市轨道交通出行；可以保障列车在较安全的环境下行驶，减少司机的不安全感；可以避免无关人员进入轨行区，影响列车运行。

图 6–3　半高型站台门

2. 改善站台环境

站台门使站台乘客和员工与通过的列车之间保持安全距离，降低列车进站或通过站台时所造成的风压，减少噪声，隔音效果较好，为乘客和员工创造舒适的候车空间和工作环境。

3. 提升车站空调及广播效率

封闭式站台门有效阻隔了站台候车侧与轨道侧，故站内的空调系统无法经站台外流至轨道侧，可以提升整个站内空调系统的效率。站台门有较好的隔音效果，可以有效提升站内广播系统效率。

4. 减缓火灾影响

站台侧或轨道侧发生火灾时，站台门在一定程度上可隔绝火势及浓烟由轨道侵入站台或由站台延烧至轨道，且可延长其两侧相互影响的时间，增加乘客的疏散时间。

四、站台门系统设计的规定

1. 在设计载荷的作用下，门体结构应符合限界的规定。

2. 站台门系统的设计应遵循可靠性、可用性、可维护性和安全性的原则。

3. 站台门系统的设置方式、控制模式宜与土建、信号和通风空调等系统相结合。

4. 站台门系统门体不应作为防火隔离设施。

5. 在正常使用和正常维护的条件下，门体结构设计寿命不应小于 30 年。

6. 在正常运营条件下，站台门的故障不应造成滑动门自动打开。

7. 站台门系统的运行强度应按每天运行 20 h、每 90 s 开关一次进行设计，应能常年连续运行。

8. 站台门应设置在车站有效站台长度范围内，以有效站台中心线为基准向两端布置。站台门门体部件在任何运动状态下不应超出设计范围。

9. 站台门系统应符合列车编组及运营模式的需要。

知识窗

站台门系统参数要求

1. 滑动门的开关时间应与列车客室门的开关门时间相匹配，且应可调。
2. 阻止滑动门关闭的力不应大于 150 N（1/3 行程后测量）。
3. 每扇滑动门的最大动能不应大于 10 J。
4. 站台门运行噪声的峰值不应大于 70 dB（A）。
5. 滑动门、应急门和端门的手动解锁力不应大于 67 N。
6. 解锁后手动开启单扇滑动门的动作力不应大于 133 N。
7. 站台门系统的平均无故障次数不应小于 60 万个周期。
8. 站台门可在 10～1 000 Hz 的振动频率范围内正常工作。
9. 从中央控制盘接收开关门命令到滑动门动作的时间不应大于 0.3 s。

第二节　站台门系统基本构成

站台门一般由机械和电气两大部分构成，机械部分包括门体结构和门机驱动系统，电气部分包括控制系统、监控系统和电源系统。

门机驱动系统主要由驱动电动机、传动装置和锁紧装置三部分组成，传动装置常见的有带传动和丝杠螺母传动两种形式，后者因其工作可靠性高和噪声低等优点逐渐被广泛使用。

控制系统和监控系统由中央控制盘（PSC）、就地控制盘（PSL）、门控单元（DCU）、局域网及接口模块组成。除两端车站外，每车站设一套中央控制盘控制两侧站台门。且每侧站台门都由一套独立的逻辑控制子系统组成，确保一侧站台门的故障不影响另一侧站台门的正常运行。每套子系统包括控制单元、就地控制盘、控制回路及就地控制盒（LCB）等，确保某一道门的故障不影响同侧其他门的正常运行。中央控制盘和接口模块布置在车站内站台门设备室中，就地控制盘布置在每侧站台列车两端。

一、门体结构

门体结构主要包括滑动门、应急门、固定门、端门、顶箱、门状态指示灯、门槛、上部支撑结构（全高型站台门）和固定侧盒（半高型站台门），如图 6–4 所示。

1. 滑动门（ASD）

滑动门是列车对标停稳后，乘客上下列车的主要通道，是与列车车门相对应的站台门。

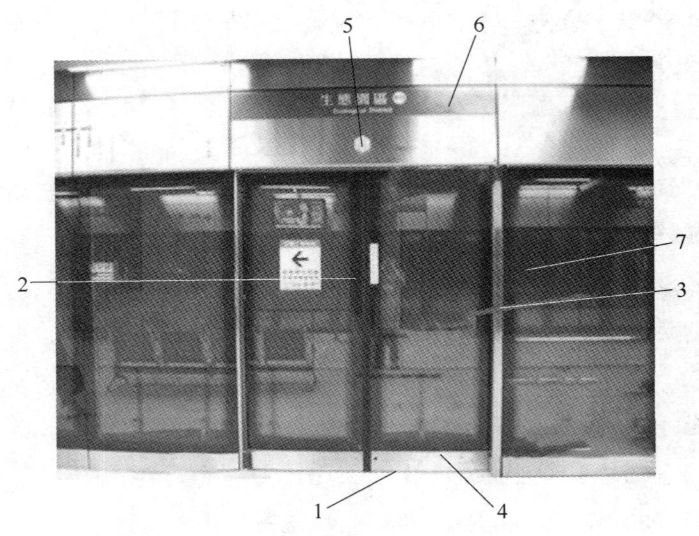

图 6–4　门体结构

1—门槛　2—滑动门　3—立柱　4—踢脚板　5—门状态指示灯　6—顶箱　7—固定门

（1）滑动门的尽开度应根据列车的停车精度设置，且不应窄于客室门的净开度。

（2）滑动门设有障碍物探测功能，能探测到的最小障碍物为 5 mm（厚）×40 mm（宽）的物体。

（3）滑动门关门受阻时，门操作机构能通过探测器检测到有障碍物存在并释放关门力，停顿 2 s 后（0 ~ 10 s 可调）继续关闭。若障碍物仍存在，门立即全开，然后再次关门，重复关门 3 次（1 ~ 5 次可调）仍不能关闭，滑动门全开并进行报警，综合监控系统（ISCS）设备可显示具体故障信息和位置，门状态指示灯闪烁，等待处理。

（4）滑动门上设有手动解锁装置，紧急情况时，乘客可从轨道侧手动开门，工作人员可从站台侧用钥匙解锁开门。

知识窗

滑动门和应急门的命名

为了准确地对站台门的各个滑动门和应急门进行定位，确保发生突发事件时相关人员能够在第一时间赶到现场，城市轨道交通运营企业需要对站台门的滑动门和应急门进行命名。以深圳地铁 1 号线为例，滑动门的命名按列车的运行方向，站台尾端起至头端进行编号，共 30 号，与列车车门一一对应，应急门有 12 扇，分别位于 1 ~ 2、6 ~ 7、11 ~ 12、19 ~ 20、24 ~ 25 和 29 ~ 30 滑动门单元之间。

2. 固定门（FIX）

固定门设置在滑动门与滑动门之间、滑动门与端门之间，在站台公共区与隧道区域之间起隔离作用，在站台门系统中起支撑作用。

3. 应急门（EED）

考虑到当列车进站无法对准滑动门时，乘客无法离开列车，设置应急门作为乘客疏散的通道，保证列车停在站台区域任何位置时均至少有 1 扇客室门对准应急门。

4. 端门（MSD）

每侧站台头尾端各设有一扇端门。端门是列车在区间隧道发生火灾或故障时的乘客疏散通道，也是工作人员进出站台公共区的通道。端门上应设门锁装置，可从轨道侧推压门锁推杆开门，也可从站台侧用钥匙开门。

应急门和端门如图 6–5 所示。

图 6–5　应急门和端门

1—应急门　2—端门

知识窗

站台门门体结构设计规定

1. 全高型站台门的滑动门、应急门和端门的净高度不应小于 2.0 m，半高型站台门的所有门体高度不应小于 1.2 m。

2. 单侧站台的应急门设置数量不应少于两处，站台每端至少应设置一处。

3. 滑动门、应急门和端门能可靠关闭且锁紧，在站台侧能用专用钥匙开启，在非站台侧能手动开启。

4. 端门开启小于 90° 时应自动关闭，不小于 90° 时应在 90° 保持定位。

二、门机驱动系统

站台门门机驱动系统主要由驱动电动机、传动装置和锁紧装置三部分组成，如图 6–6 所示。

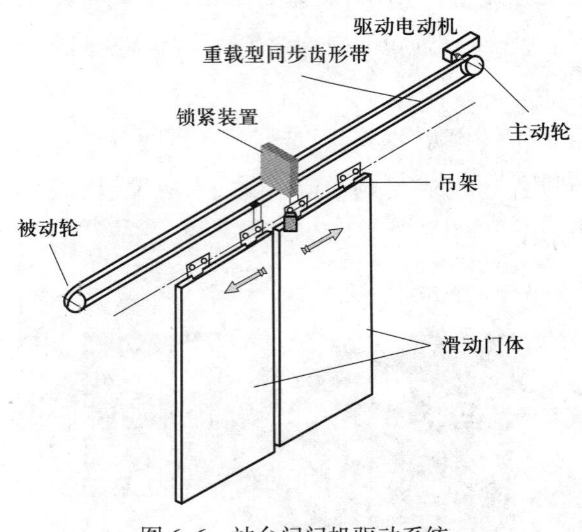

图 6–6　站台门门机驱动系统

1. 驱动电动机的功率应保证滑动门在设计载荷作用下可正常开关。
2. 传动装置宜采用带传动、螺旋副传动或齿轮副传动。
3. 当环境温度在 25 ℃时，传动装置的运行最高温升不得超过 60 ℃。
4. 门机内零部件的安装应有防松和减振措施，且应能在站台侧方便更换、调整及维修。
5. 门机的设计寿命不应小于 10 年。

三、控制系统

控制及监控系统由中央控制盘、就地控制盘、门控单元、局域网及接口模块组成。

中央控制盘由单元控制器控制系统和监视系统构成。每个单元控制器控制一侧站台的站台门，各单元控制器都配备有与相应侧信号系统进行接口的设备。中央控制盘内完成与其他系统接口前的所有准备工作，如将两侧站台门的状态信息集成，并将信息以每个车站为单位与环境与设备监控系统进行数据传送。

门控单元是站台门电动机的控制装置，每个滑动门单元都配置一个门控单元，控制两门扇的动作，并采集站台门的各种状态、故障信息发送至中央控制盘。全高型站台门的门控单元安装在顶箱内，由中央处理器、存贮单元、接口单元、电动机驱动电路及相关软件等组成。个别站台门的门控单元故障时，不影响同侧其他站台门正常工作。

站台门系统的控制优先权从低到高排列，分为系统级控制、站台级控制、车站级控制、单扇门就地级控制和手动级控制。

1. 系统级控制

系统级控制即利用信号系统（SIG）对站台门进行开关控制。正常运行模式下，列车到站并停在允许的误差范围内，信号系统发出开关门命令，站台门系统与信号系统联动，实现开关门。

2. 站台级控制

站台级控制即利用就地控制盘对站台门系统进行开关控制。当因信号系统故障失效或其他原因，中央控制盘无法对门控器进行自动控制时，由司机或被授权操作人员操作就地控制盘控制站台门的开关。

（1）站台级控制开关门操作方法（以西屋站台门系统为例，见图 6–7）

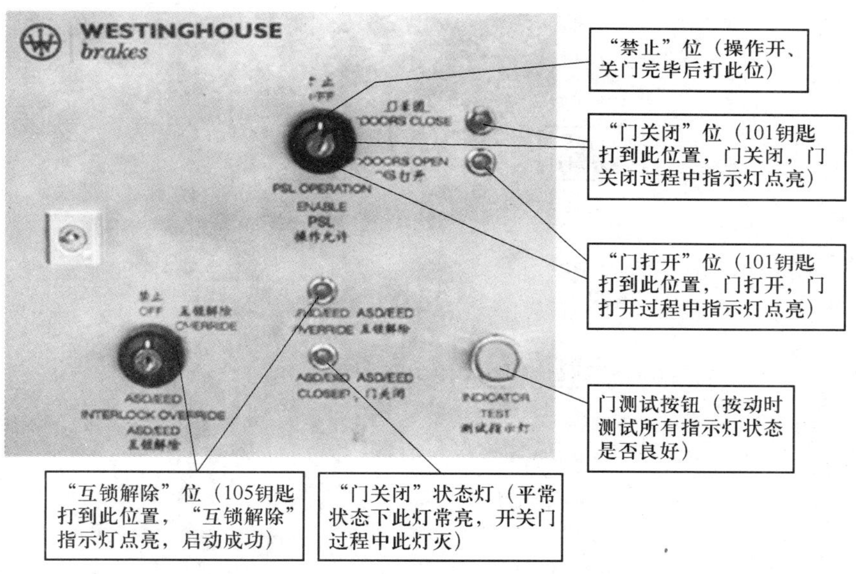

图 6–7　站台级控制开关门操作方法（以西屋站台门系统为例）

1）开门时，插入 101 钥匙，转动到“门关闭”位置并停顿 1 s，再打到“门打开”位保持 5 s，确保整侧站台门打开完毕。

2）关门时，转动钥匙到“门关闭”位置并保持 5 s，整侧站台门关闭完毕，站台门就地控制盘上的“ASD/EED 门关闭”绿灯亮后，才可将钥匙回到“禁止”位。

3）取出钥匙并带走，操作完毕。

（2）互锁解除开关操作方法

1）插入 105 钥匙，转动至“互锁解除”位置并保持。

2）确认列车驶出安全距离或停车到位后，松开钥匙开关。

3）取出钥匙并带走，操作完毕。

3. 车站级控制

车站级控制即利用综合后备盘（IBP）对站台门系统进行开关控制。在火灾模式时，由车站值班员或被授权操作人员操作综合后备盘上的开关或边门开关，实现站台门的开关。

（1）车站级控制开关门操作方法（以西屋站台门为例，见图 6–8）

1）开门操作，插入 101 钥匙，转动到“门关闭”位停顿 1 s，再打到“门开启”位，确保整侧站台门打开完毕。

2）关门操作，转动钥匙到“门关闭”位置，整侧站台门关闭完毕，确认站台门就地控制盘上的“关门”绿灯亮后，才可将钥匙回到“门关闭”位。

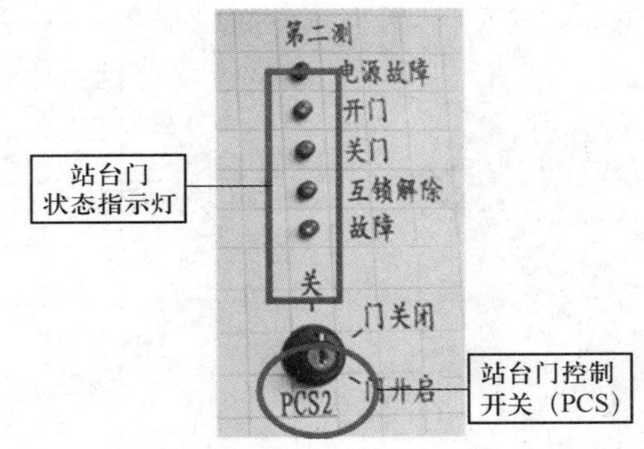

图 6–8　车站级控制开关门操作方法（以西屋站台门为例）

（2）车站级控制开关门操作方法（以方大站台门为例，见图 6–9）

1）开门操作，插入 301 钥匙，转动到“关门”位停顿 1 s，再打到“开门”位，确保整侧站台门打开完毕。

2）关门操作，转动钥匙到“关门”位置，整侧站台门关闭完毕，确认站台门就地控制盘上的“所有门关闭且锁紧”绿灯亮后，才可将钥匙回到“OFF”位。

4. 单扇门就地级控制

单扇门就地级控制即利用就地控制盒对站台门系统进行开关门控制。

每一道门均有就地控制盒钥匙开关，全高型站台门的就地控制盒位于顶箱门楣下方，包括一个“自动”“隔离”“手动关”“手动开”四位钥匙开关，工作人员在站台侧可通过钥匙进行模式转换，钥匙只有在“自动”位时，方可取出。

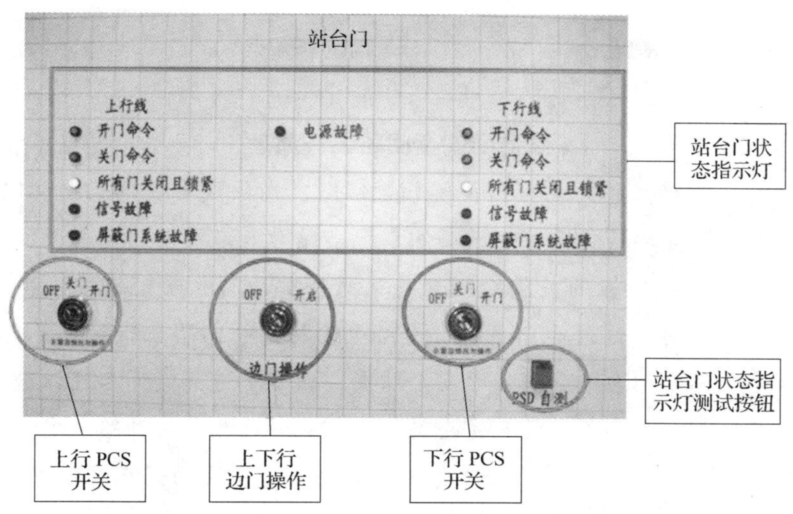

图 6–9 车站级控制开关门操作方法（以方大站台门为例）

5. 手动级控制

手动级控制即工作人员在站台侧利用钥匙或在轨道侧用手动解锁装置就地对站台门进行开关控制。

（1）手动开 / 关滑动门

1）使用三角钥匙手动开关。将三角钥匙圆形端插入门体钥匙孔，逆时针转动三角钥匙直到门锁解锁，用手将滑动门向两侧推即可打开。

2）使用轨道侧紧急释放装置。按压绿色紧急释放装置，门解锁后，将滑动门向两侧推即可打开。

（2）手动开 / 关应急门或端门

1）站台侧。用三角钥匙菱形端插入门体钥匙孔，逆时针转动三角钥匙，直到钥匙完全卡在门体钥匙孔内，将应急门或端门向站台方向拉开 90°，即可保持打开状态。

2）轨道侧。按压应急门或端门绿色推杆，门解锁后，将门向站台侧推动 90°，即可保持打开状态。

操作完成后，必须及时将应急门或端门关闭，并确认应急门或端门完全关闭且锁紧后方可离开。

由此可见，站台门系统的控制功能主要包括：采集中央控制盘的开关门命令，完成站台门启动、开门、关门、停止、障碍物检测、状态报警、信息提示功能；同时，采集站台门的运行状态、站台门的锁闭和互锁解除、障碍物探测、故障报警等信息，并上传给中央控制盘。

知识窗

站台门安全回路工作原理

站台门安全回路又称为站台门关闭锁紧回路，由硬线串联每扇滑动门和应急门各关闭检测开关、电磁锁锁紧检测开关组成。当站台所有滑动门完全关闭且锁紧时，所有滑动门与应急门对应的关闭检测开关及所有滑动门电磁锁锁紧检测开关接通，安全回路导通。此时通过站台门系统安全继电器把安全回路已接通信号传送给信号系统，信号系统判断站台门系统处于安全状态，城市轨道交通列车可以进站或发车。如果任何一扇站台门或应急门没有完全关闭，相应的检测开关开路，安全回路断开，信号系统检测不到站台门系统的安全信号，此时，已停站的列车无法发出，正要进站的列车则紧急制动。

四、监控系统

站台门单元中所有设备的状态信息均通过现场总线传达到每个站台门控制子系统的中央控制盘上。中央控制盘将站台门的所有状态及故障信息通过与环控系统的接口传送到车站环控系统进行状态显示、故障报警、数据记录和查询，并可根据运营需要生成月报表和季报表、运营故障记录等。环控系统对站台门只监不控。站台门运行的关键状态及故障信息由环控系统发送到全线运营控制中心环控系统服务器，并上传到综合故障报警中心。利用远程监视盘（PSA）就可从中央控制盘上查询到所监视设备的当前状态。

状态报警盘（PSAP）上可实时重复中央控制盘中的故障报警信号状态。如果车站设置了站台监控亭，状态报警盘设置在站台监控亭的集中后备盘上或独立设置；如果车站没有设置站台监控亭，状态报警盘设置在车站控制室的集中后备盘上或独立设置。

站台门监控系统的电源设备主要包括控制电源盒驱动电源，连接电缆主要包括用于连接电源的硬线和用于通信的软线。

站台门监控系统的工作过程如下：

1. 列车进站前，各站台门处于关闭且锁紧状态。中央控制盘实时采集各站台门的状态信息，并将该信息发送给信号系统。当列车即将进站时，若中央控制盘采集到站台各站台门关闭且锁紧，则允许列车进站；若中央控制盘采集到站台有一个（或多个）站台门打开时，则将该信息发送至信号系统提示列车紧急制动。同时，中央控制盘将该信息发送给环境与设备监控系统和站台监控亭内的状态报警盘，提示工作人员通过就地控制盘上的互锁解除或者对打开的站台门进行人工旁路，确保乘客安全，使列车能安全进站。

2. 当中央控制盘采集到信号系统发送过来的列车开门信号后，执行站台门开门过程控制程序，产生开门命令并发送给门控单元执行各站台门的开门操作，同时，将各站台门的状态信息反馈给信号系统。

在此过程中，当中央控制盘采集到一个（或多个）站台门故障时，一方面向门控单元发送命令停止相应站台门的开门操作，并由门控单元驱动站台门上的故障信息显示电路，提示站台乘客不要通过此站台门上车，另一方面将该信息发送给状态报警盘，提示工作人员及时将相应的站台门进行人工旁路并报修。

3. 当中央控制盘采集到信号系统发送过来的列车关门信号后，将执行站台门关门过程控制程序，产生关门命令并发送给门控单元执行各站台门的关闭且锁紧操作，同时将各站台门的状态信息反馈给信号系统。

在此过程中，若检测到障碍物时，则通过站台门障碍物探测控制模块启动指定的障碍物程序，产生站台门控制命令并发送给门控单元，对站台门进行相应的操作。具体执行过程为：当滑动门关闭时，如果某一门检测到障碍物时，此门打开约 100 mm 后停下来。在等待 0 ~ 2 s（可调整）之后，门会自动重关。如果此时仍然检测到障碍物存在，门像先前一样打开并停止等待一段时间。如果三次关门失败，门将打开至全开位置，并给出相应的声光报警提示。

4. 列车出站过程中，中央控制盘实时采集各站台门的状态信息并发送给信号系统，信号系统只有收到中央控制盘发送过来的“关闭且锁紧”信号和“互锁解除”信号后才允许列车出站。中央控制盘采集到站台一个（或多个）站台门打开时，会将信息及时发送给信号系统，提示列车紧急制动。同时，中央控制盘将该信息传给环境与设备监控系统，提示工作人员通过站台门就地控制盘或手动对对应的站台门进行旁路，确保乘客安全，保证列车安全出站。

5. 站台门除了由信号系统控制外，还可以由设置在站台门设备室内的监控设备进行控制。当中央控制盘采集到操作命令后，会通过逻辑控制器运行相应的操作程序，并产生控制命令发送至门控单元执行相应的操作。同时，中央控制盘将执行结果以及所采集的各类状态、故障、报警信息反馈到操作界面上进行动画链接，实现友好的人机界面功能。

由此可见，站台门的监视功能主要包括：收集站台门的操作模式、站台门的运行状态、站台门的锁闭和互锁解除、障碍物探测、故障报警等信息，并与环境与设备监控系统界面建立动画链接，将站台门运行过程中的各个信息直观表现出来，同时还提供参数修改、数据下载和远程控制等功能。

五、电源系统

电源系统主要分为驱动电源和控制电源，均采用UPS供电方式供电。驱动电源包含三相隔离变压器、驱动UPS主机、蓄电池柜、配电柜等，控制电源包含隔离变压器、控制UPS主机、24 V整流模块、监控模块等。

第三节　站台门操作和应急处置

在正常运行模式下，列车到站并停在允许的误差范围内，信号系统发出开关门命令，站台门系统与信号系统联动实现开关门，无须手动操作。当信号系统故障或者是单扇滑动门、应急门故障时，为了维持列车正常进站和发车，工作人员必须对站台门进行手动操作，按照应急处理预案的规定执行。

一、站台门操作制度及原则

1. 发生站台门故障时，应坚持“先通后复”的原则。车站人员要及时处理，确保安全后及时面向司机显示“好了”信号（在故障发生点就近向司机显示）。司机在确保安全的情况下按时刻表的要求行车，确保列车准点运行。

2. 列车到站（停车标 ±250 mm）停稳后，发生站台门与车门联动功能故障时，在就地控制盘上手动操作站台门打开或关闭。

3. 运营期间，如果因故障需保持站台门常开时，车站应做好防护，对不能关闭的单扇或多扇滑动门，必须安排专人看护。

4. 当运营中站台门发生异常情况时，车站人员、司机要及时进行处理，在确保安全的情况下做好行车组织工作，及时做好乘客广播、引导等客运组织工作。

5. 如果要手动开启滑动门或应急门又不影响信号系统，必须手动旁路该门单元。

6. 运营期间，检修人员在对故障门进行检修过程中，必须严格保证该门单元处于旁路（模式开关置于“手动”位）状态；若不能保持站台门处于旁路，则需要及时向车站人员说明，车站人员操作互锁解除接发列车。

7. 故障门修复后，必须手动操作站台门测试开关一次以上，在确保站台门关闭且锁紧的状态下，才能把模式开关转到自动控制位置。

8. 进行开关站台门操作时，应注意观察站台人员情况，严禁在没有警告及防护措施时进行开关站台门操作，以防乘客跌入轨道造成伤害。

9. 站台门故障或破损时，应及时进行临时处理，设置防护栏及警告标识，并尽快通知相关单位。

10. 在列车进出车站的过程中，严禁打开站台门，其他情况必须打开站台门的，必须获得行车调度员审批同意，并在情况处理后确保站台门关闭并锁紧，严禁使用异物阻挡站台门的正常关闭。

11. 单扇或多扇站台门故障不能关闭时，车站必须设置安全防护栏或安排专人看护。

二、站台门管理及使用要求

1. 站台门操作人员必须严格执行相关操作规范。车站工作人员有责任向进入轨行区人员告知有关安全规定，加强运营期间站台门的巡视状况，发现问题及时制止并采取措施。

2. 维修部门是站台门的维修管理部门，负责定期按照维护规程进行巡检和维护，负责故障（事故）时站台门的抢修，负责为使用管理、操作部门人员提供技术指导。

3. 除站台门设备本身施工外，其他施工作业人员严禁擅自开启应急门和滑动门。因施工需要，必须开启站台门时，由施工负责人在车站控制室进行施工登记后，由车站人员操作就地控制盘打开滑动门供使用；使用完毕后，施工负责人应及时通报车站控制室，由车站人员操作就地控制盘关闭滑动门。应急门原则上不允许在施工时使用，严禁利用应急门和滑动门搬运大、重物品。

4. 运营期间无列车停靠站台时，严禁未经行车调度员同意擅自操作站台门。需要操作时，必须经行车调度员同意并做好相应的安全防护措施后，方可进行操作。相关的安全防护措施包括提醒站台侧人员勿靠近屏蔽门、设置防护，以及其他必要的防护措施。

5. 运营期间需要从站台打开端门进入站台端门外设备区时，必须经过车站值班员同意（司机交接班作业等工作需要进出站台端门时除外）。进出端门人员必须时刻注意列车进出站状况，严禁在列车进出站过程中打开站台门端门。人员进出端门后必须将端门关闭，不得长时间将端门置于打开状态。关闭端门时，必须确认端门完全关闭且锁紧后方可离开。

三、站台门夹人夹物现场处置

1. 处置原则

（1）站台人员应站在站台两端的楼扶梯口靠近紧急停车按钮处值守，车门和站台门关闭时，应尽可能提前阻止乘客抢上抢下，发现车门和站台门关闭后有夹人夹物没有自动弹开时，现场人员应第一时间采取以下有效措施：

1）正常信号联锁时，站台人员立即按压紧急停车按钮（在去按压紧急停车按钮的途中，向司机显示“停车”信号），将人或物撤出，确认站台安全后报车站控制室，并向司机显示“好了”信号。司机凭“好了”信号确认站台安全、无夹人夹物后，按规定动车。

2）当采用降级模式运营时（信号系统不正常），如果出现站台门夹人夹物，可不按压站台紧急停车按钮，立即向司机显示“停车”信号，将人或物撤出，确认站台安全后报车站控制室，并向司机显示“好了”信号。司机凭“好了”信号确认站台安全、无夹人夹物后，按规定动车。

（2）行车值班员在列车到站期间应加强监控，观察站台列车有无夹人夹物，需要时，可按压综合后备盘紧急停车按钮，向行车调度员汇报并通知站台人员到现场处理。

（3）司机在关门前要监控是否有抢上乘客，关门后重点观察站台人员是否显示紧急停车手信号。

（4）站台门夹人夹物动车并停车后，站台人员应及时手动开启相应站台门（采用单个站台门手动开启方式）处理。处理完毕后报车站控制室，车站控制室报行车调度员，司机凭行车调度员指令动车。

（5）站台人员应熟记车站楼扶梯口对应的滑动门编号，便于及时准确汇报清楚夹人夹物滑动门的编号。

2. 站台门夹人夹物时各岗位行动指引

（1）站台门夹人夹物未启动时

站台门夹人夹物未启动时各岗位行动指引见表 6–1。

表 6–1　　站台门夹人夹物未启动时各岗位行动指引

单位	岗位	行动指引
运营部门	客运生产调度员	跟进事态发展情况，及时发布信息
	现场人员	1. 发现列车车门 / 站台门夹人夹物且没有自动弹开，立即按压紧急停车按钮（在去按压紧急停车按钮的途中，向司机显示“停车”信号），并报车站控制室，避免动车 2. 将人或物撤出，确认站台安全后报车站控制室，并向司机显示“好了”信号 3. 值班站长到场后，协助调查处理
	行车值班员	1. 发现异常或接到报告后，通知值班站长前往处理，并向行车调度员汇报 2. 利用闭路电视监控系统（CCTV）观察现场情况 3. 需要时，通知公安人员到场协调处理 4. 接到人或物撤出通知后，取消紧急停车，并向行车调度员汇报

续表

<table>
<tr><th>单位</th><th>岗位</th><th>行动指引</th></tr>
<tr><td rowspan="2">运营部门</td><td>值班站长</td><td>1. 赶赴现场，调查事件原因
2. 如果发生客伤事故，按《车站、列车客伤现场处置方案》办理。如果是乘客抢上抢下造成的，寻找目击证人，并记录详细资料。对乘客进行教育，对蛮不讲理的乘客，通知公安人员到场处理
3. 事件处理完毕后，向行车调度员汇报有关情况</td></tr>
<tr><td>客车司机</td><td>1. 如果接到报告或观察到夹人夹物及站台人员显示“停车”信号后，应重新打开车门和站台门，开门后如果人和物未撤出，通过端墙直通电话通知车站控制室
2. 待人或物撤出后，凭站台人员“好了”信号，关闭车门和站台门，确认车门、站台门以及站台门和车门之间无夹人夹物方可动车</td></tr>
<tr><td>调度中心</td><td>行车调度员</td><td>接到报告后，了解现场情况，必要时，指示有关人员按章处理，提醒相关人员防止夹人夹物动车</td></tr>
</table>

（2）车门夹人夹物已动车时

车门夹人夹物已动车时各岗位行动指引见表 6–2。

表 6–2　　车门夹人夹物已动车时各岗位行动指引

<table>
<tr><th>单位</th><th>岗位</th><th>行动指引</th></tr>
<tr><td rowspan="4">运营部门</td><td>客运生产调度员</td><td>跟进事态发展情况，及时发布信息</td></tr>
<tr><td>现场人员</td><td>1. 发现车门夹人夹物且已动车，立即按压紧急停车按钮
2. 立即将情况报告车站控制室（必须准确汇报夹人夹物车门所对应的站台门编号），如果列车尚未出站且所在位置在站台有效范围内，应前往夹人夹物现场了解情况，必要时协助司机处理，并向车站控制室汇报情况
3. 列车停车后，向车站控制室汇报现场情况，必要时协助司机处理
4. 如果列车未停车，立即向车站控制室汇报</td></tr>
<tr><td>行车值班员</td><td>1. 立即向行车调度员汇报，并通知值班站长到现场处理（如果已按紧急停车按钮但列车未停止运行，应立即用对讲机紧急呼叫司机停车并向行车调度员汇报，不能立即与行车调度员通话时，应通知前方站）
2. 利用闭路电视监控系统观察现场情况，必要时，通知公安人员到场协调处理
3. 接到行车调度员通知后，取消紧急停车，恢复正常运作</td></tr>
<tr><td>值班站长</td><td>1. 赶赴现场，如果列车尚未出站且所在位置在站台有效范围内，应前往夹人夹物现场了解情况并协助司机处理
2. 调查事件原因，并检查是否对车站设备造成影响，向行车调度员汇报有关情况</td></tr>
</table>

续表

<table>
<tr><th>单位</th><th>岗位</th><th>行动指引</th></tr>
<tr><td>运营部门</td><td>客车司机</td><td>1. 列车产生不明原因紧急制动后向行车调度员汇报
2. 接到报警有夹人夹物情况后立即停车，确认具体位置，做好乘客安抚广播
3. 携带对讲机前往现场，采用单个车门紧急解锁方式处理（解锁前要确保附近乘客的安全），严禁按压司机室门控按钮开门
4. 处理完毕，恢复车门，向行车调度员汇报，凭行车调度员指令动车
5. 若在前往现场处理途中，接行车调度员通知继续运行至前方站处理时，立即返回司机室动车
6. 列车运行途中，司机通过乘客紧急报警装置（PECU）收到车门夹人夹物报告时，及时向乘客询问现场情况，确认能否运行至下一站处理，如果不能确认，则立即停车向行车调度员汇报，并到现场处理
7. 如果非站台侧车门夹人夹物，由司机按单独解锁车门处理</td></tr>
<tr><td>调度中心</td><td>行车调度员</td><td>1. 接到报告后，通知司机前往现场处理
2. 如果列车未停车，立即通知前方站安排人员到指定车厢了解情况，采取相应的处理措施
3. 接司机夹人夹物事件处理完毕报告后，通知车站取消紧急停车，指示司机动车
4. 如果对车站设备造成影响，还应通知相关部门前往处理</td></tr>
</table>

（3）站台门夹人夹物已动车时

站台门夹人夹物已动车时各岗位行动指引见表 6–3。

表 6–3　站台门夹人夹物已动车时各岗位行动指引

<table>
<tr><th>单位</th><th>岗位</th><th>行动指引</th></tr>
<tr><td rowspan="4">运营部门</td><td>客运生产调度员</td><td>跟进事态发展情况，及时发布信息</td></tr>
<tr><td>现场人员</td><td>1. 发现站台门夹人夹物已动车，立即按压紧急停车按钮，并向车站控制室汇报
2. 及时采用手动开启站台门方式进行处理，将人或物撤出后，向车站控制室汇报
3. 处理完毕后确认站台门正常关闭，如果不能正常关闭，则按站台门故障处理程序相关规定执行，确认站台安全后向车站控制室汇报</td></tr>
<tr><td>行车值班员</td><td>1. 立即向行车调度员汇报，通知值班站长到现场处理
2. 利用闭路电视监控系统观察现场情况，必要时，通知公安人员到场协调处理
3. 站台人员处理完毕后，取消紧急停车，向行车调度员汇报</td></tr>
<tr><td>值班站长</td><td>1. 赶赴现场，及时手动开启相应站台门进行处理
2. 处理完毕后向车站控制室汇报</td></tr>
</table>

续表

单位	岗位	行动指引
运营部门	客车司机	1. 紧急停车后，及时向行车调度员了解站台门夹人夹物情况 2. 接行车调度员指令动车
调度中心	行车调度员	1. 接到报告后，通知车站安排站台人员前往立即处理 2. 接车站控制室汇报处理完毕后，通知司机动车 3. 如果对站台设备造成影响，还应通知相关部门前往处理

四、站台门故障现场处置

1. 处置原则

（1）发生站台门故障时，在保证安全的情况下应坚持“先通后复”的原则，当无法旁路（短接安全回路，隔离信号系统）时，应先发车再处理。

（2）列车到站后，出现整侧滑动门不能同步开 / 关的情况时，司机操作就地控制盘开 / 关站台门，并将情况汇报给行车调度员。

（3）在无列车停靠站台需要人工手动打开单个或多个站台门时，必须征得行车调度员同意。

（4）车站站台门备用钥匙要求统一放在站台监控亭，站台人员负责保管。三角钥匙、就地控制盘开关钥匙、互锁解除钥匙、隔离（旁路）钥匙必须分开存放，并明确标示，不可固定在一起。车站站台工作人员应随身携带一份三角钥匙及就地控制盘开关钥匙、隔离（旁路）钥匙、互锁解除钥匙，方便应急时使用。

（5）故障站台门修复后，由行车调度员负责组织，车站和司机配合，在下一列车进站停稳后，进行一次相应侧的站台门开关试验。

（6）当车站发生整侧滑动门无法打开故障时，行车调度员可根据列车运行实际情况做出列车越站通过或不上下客作业（末班车、终点站除外）等相应调整。

2. 汇报流程

（1）发生站台门故障，车站进行确认后，由行车值班员将故障现象向行车调度员及客运生产调度员汇报，同时通知委外承包商赶往现场处理。

（2）行车调度员通知通号调度员安排人员赶往现场处理。

（3）客运生产调度员负责通知维保工班赶往现场处理。

3. 现场防护

（1）车站必须在站台监控亭常备若干隔离带和安全防护栏杆。

（2）单扇或多扇滑动门故障不能关闭时，车站必须设置安全防护栏或安排专人看护

（设置安全防护栏时每个人可监护五扇相邻滑动门；专人看护时，每人最多不得看护超过两扇滑动门）。

4. 使用互锁解除接发车

（1）单扇滑动门故障情况下使用互锁解除

当单扇滑动门出现故障时，门头指示灯报警，车站将滑动门进行旁路后，确认站台安全，向司机显示“好了”信号发车。司机确认“好了”信号及收到的速度码后动车；若就地控制盘上“关闭且锁紧”绿灯不亮，司机立即报告行车调度员。行车调度员通知车站再次确认故障屏蔽门是否隔离到位，并确认站台安全后，前往头端墙确认就地控制盘上“关闭且锁紧”绿灯是否亮，如果不亮，报车站控制室，听从车站控制室指示使用互锁解除接发列车。

（2）两扇及以上滑动门故障情况下使用互锁解除

当两扇及以上滑动门出现故障且处于关闭状态时，车站人员先不对滑动门进行旁路处理，直接采用互锁解除接发列车。

当两扇及以上滑动门出现故障且处于开启状态时，车站人员先不对滑动门进行旁路处理，只需做好安全防护措施，不需采用互锁解除接发列车，待首列车限制人工驾驶（RM）模式出站后，车站利用行车间隔将故障滑动门进行旁路。

（3）就地控制盘上“关闭且锁紧”绿灯不亮，站台门其他状态显示正常时的处理

司机站台作业后发现站台门就地控制盘上“关闭且锁紧”绿灯不亮时，重新开关一次站台门，如果仍不亮，报行车调度员，通知站台人员操作互锁解除发车。

（4）互锁解除接发车的具体操作

1）行车值班员观察列车在后方站停妥，并接到后方站的报点后，通知站台人员操作互锁解除开关。

2）站台人员接到车站控制室通知后，立即使用互锁解除钥匙操作互锁解除开关并手动保持，使“互锁解除”指示灯长亮，准备接车。

3）列车到达停妥后，松开互锁解除钥匙。

4）乘客上下完毕，如果站台门不能自动关闭，司机将就地控制盘开关门钥匙打到“关门”位关闭站台门，站台人员使用互锁解除钥匙操作到互锁解除位并手动保持，使“互锁解除”指示灯长亮，准备发车。

5）待列车尾部越过出站信号机，完全离开车站后，松开互锁解除钥匙开关。

5. 站台门故障时各岗位行动指引

站台门故障时各岗位行动指引（以深圳地铁为例）见表6–4。

表 6–4　　站台门故障时各岗位行动指引（以深圳地铁为例）

<table>
<tr><th>故障现象</th><th colspan="2">各岗位人员处理方式或原则</th></tr>
<tr><td rowspan="5">列车到站后，一个或多个滑动门不能正常打开；列车发车前，一个或多个滑动门不能正常关闭</td><td>司机</td><td>1. 发现站台门故障，报告行车调度员和车站控制室，视情况适当延长停站时间
2. 乘客上下完毕后，关闭车门，确认站台人员“好了”信号，凭速度码动车，无速度码时按行车调度员指令动车
3. 后续列车司机应做好乘客广播，引导乘客从正常门下车，并适当延长停站时间</td></tr>
<tr><td>车站人员</td><td>1. 发现站台门故障或门头指示灯报警时，立即将故障滑动门旁路，出现多扇滑动门故障无法及时将全部滑动门旁路或模式开关不能正常使用时，报行车调度员同意后，在确认站台安全的情况下，使用“互锁解除”先行发车再处理故障
2. 引导乘客从正常滑动门上下车（当一节车厢对应滑动门均不能正常开启时，手动至少打开一扇滑动门，引导乘客上下车）
3. 故障处理完毕后，前往头端墙就地控制盘确认“关闭锁紧”灯是否点亮，如果不亮，使用互锁解除发车
4. 确认滑动门已关闭且站台安全后，向司机显示“好了”信号
5. 待列车发车后，张贴故障告示，无法关闭的滑动门必须手动进行关闭
6. 对手动不能关闭的滑动门加设安全防护栏，并加强监督防护
7. 向站台门厂商报修，并报客运生产调度员、行车调度员、机电人员</td></tr>
<tr><td>行车调度员</td><td>1. 接报故障后，通知车站进行处理
2. 接报“多扇滑动门故障无法及时将全部滑动门旁路或模式开关不能正常使用”时，通知车站在确认站台安全的情况下使用“互锁解除”发车，要求司机按“使用互锁解除的操作要求”动车出站
3. 指示车站人员利用行车间隔将故障站台门及时旁路
4. 通报客运生产调度员</td></tr>
<tr><td>客运生产调度员</td><td>按《客运生产调度实施细则》要求进行处理</td></tr>
<tr><td>机电人员</td><td>到达现场进行故障的后续处理</td></tr>
<tr><td rowspan="3">整侧滑动门不能正常关闭（使用头、尾端就地控制盘仍不能关闭）</td><td>司机</td><td>立即报告行车调度员，凭行车调度员指令及站台人员“好了”信号以 RM 模式动车（列车能收到速度码时，以 SM 模式限速 30 km/h 动车）并鸣笛</td></tr>
<tr><td>车站人员</td><td>1. 组织人员对开启的滑动门进行安全防护，待上下客完毕后，向司机显示“好了”信号
2. 向站台门厂商报修，并报客运生产调度员、行车调度员、机电人员
3. 操作互锁解除接发后续列车</td></tr>
<tr><td>行车调度员</td><td>1. 接报故障后，通知车站在确认站台安全的情况下使用“互锁解除”发车，要求司机按“使用互锁解除的操作要求”动车出站
2. 要求客车司机进出车站限速 30 km/h 并鸣笛
3. 要求后续列车司机按“使用互锁解除的操作要求”进出站
4. 通报客运生产调度员</td></tr>
</table>

续表

故障现象	各岗位人员处理方式或原则	
整侧滑动门不能正常关闭（使用头、尾端就地控制盘仍不能关闭）	客运生产调度员	按《客运生产调度实施细则》要求进行抢修处理
	机电人员	1. 到达现场进行后续的故障处理 2. 立即检查站台门控制室双电源切换开关、控制电源、驱动电源供电情况，对存在的供电故障进行紧急处理
整侧滑动门不能正常打开（使用头、尾端就地控制盘仍不能打开）	司机	1. 立即报行车调度员，按行车调度员指令运行，原则上首列车不进行上下客作业（除末班车、终点站外），关闭车门并做好乘客广播。如果有乘客自行手动开启滑动门并从开启的滑动门上下车，立即报行车调度员并做好乘客广播，待站台人员处理完毕后，凭站台人员“好了”信号动车 2. 后续列车按行车调度员指令运行并做好乘客广播，通知乘客从已开启的滑动门下车，适当延长停站时间，凭行车调度员指令及站台人员“好了”信号动车
	车站人员	原则上首列车不进行上下客作业，并做好乘客广播；如果有乘客自行开启滑动门，则按以下程序进行处理 1. 立即手动打开一扇滑动门，并按每节车厢不少于一扇滑动门的要求，尽量做到每隔五扇门手动打开一扇滑动门，同时做好现场防护，引导乘客从已开启的滑动门上下车 2. 对乘客自行手动打开的滑动门进行旁路，并做好现场防护。乘客上下完毕并确认站台安全后，向司机显示“好了”信号 3. 向站台门厂商报修，并报客运生产调度员、行车调度员、机电人员 4. 根据站台人员数量，利用后续列车的行车间隔，陆续手动打开滑动门，同时做好现场防护 5. 后续列车到站后，组织乘客从已开启的滑动门上下车
	行车调度员	1. 接报故障后，原则上通知司机首列车不进行上下客作业（除末班车、终点站外），关闭车门，越站处理并做好乘客广播 2. 如果需要手动打开滑动门处理，要求车站及司机按要求处理，通知后续列车司机做好乘客广播，适当延长停站时间 3. 通知车站在确认站台安全的情况下使用“互锁解除”发车，要求司机按“使用互锁解除的操作要求”动车出站 4. 要求后续列车司机按“使用互锁解除的操作要求”动车进出站 5. 通报客运生产调度员
	客运生产调度员	按《客运生产调度实施细则》要求进行抢修处理
	机电人员	1. 到达现场进行后续的故障处理 2. 立即检查站台门控制室双电源切换开关、控制电源、驱动电源供电情况，对存在的供电故障进行紧急处理

续表

<table>
<tr><th>故障现象</th><th colspan="2">各岗位人员处理方式或原则</th></tr>
<tr><td rowspan="6">站台门无关闭锁紧信号，列车进站发生自动停车或紧急制动，出站无速度码或紧急制动</td><td>司机</td><td>1. 立即报行车调度员
2. 按行车调度员指令进站或出站</td></tr>
<tr><td>行车调度员</td><td>1. 接报后，要求车站确认站台门及站台状态
2. 确认车站站台安全后，要求司机切换模式（RM/NRM 等）进出站
3. 通知车站操作“互锁解除”接发列车，要求后续列车司机按“使用互锁解除的操作要求”动车进出站
4. 若车站已使用互锁解除，但后续列车进站仍发生自动停车或紧急制动，连续 2 列后，则通知车站取消互锁解除操作。确认车站站台安全后，要求司机切换模式（RM/NRM 等）进出站
5. 通报客运生产调度员</td></tr>
<tr><td>车站人员</td><td>1. 接报后立即确认站台门状态，向行车调度员报告
2. 按行车调度员要求安排人员操作“互锁解除”接发车
3. 向站台门厂商报修，并报客运生产调度员、机电人员</td></tr>
<tr><td>客运生产调度员</td><td>按《客运生产调度实施细则》要求进行抢修处理</td></tr>
<tr><td>机电人员</td><td>1. 到达现场进行故障的后续处理
2. 立即检查站台门关闭锁紧信号状态，确认无关闭锁紧信号的，进行后续处理
3. 手动旁路存在故障报警的门，无报警时，检查其远程监视盘数据，确认无单扇门故障
4. 检查从属单元或关闭锁紧继电器状态，如果有故障，进行更换
5. 处理后故障未恢复的，则检查门头端子排关闭锁紧信号线的接线端子有无松脱，最终找出存在故障的门
6. 检查存在故障的门，对故障点进行修复</td></tr>
<tr style="display:none"><td></td><td></td></tr>
<tr><td rowspan="3">站台门门体玻璃破碎</td><td>车站人员</td><td>1. 发现玻璃破碎，及时报告车站控制室，如果是滑动门或应急门，应将该门进行旁路操作
2. 如果玻璃未掉下来，将其左右相邻两扇滑动门旁路后打开并保持常开状态（头端或尾端门破碎时，将相邻的 2# 或倒数第二扇滑动门旁路后打开并保持常开状态；端门破碎时，将相邻的头端或尾端可打开的滑动门旁路后打开并保持常开状态）；如果玻璃掉下来则组织清扫；如果玻璃掉入轨道，影响列车安全，应按压紧急停车按钮，并向行车调度员报告，请点后进入轨行区清理
3. 使用封箱胶纸将破碎的玻璃粘贴住，并设置安全防护栏，粘贴告示牌
4. 加强对相关站台门的监督防护，提醒乘客注意安全</td></tr>
<tr><td>行车调度员</td><td>1. 通报客运生产调度员
2. 要求客车司机进出车站限速 30 km/h 并鸣笛</td></tr>
<tr><td>司机</td><td>接行车调度员命令后限速 30 km/h 进出车站并鸣笛</td></tr>
</table>

续表

故障现象	各岗位人员处理方式或原则	
站台门门体玻璃破碎	客运生产调度员	按《客运生产调度实施细则》要求进行处理
	机电人员	1. 到达现场并加强对相关站台门的监督防护 2. 确保对与其相邻的两扇滑动门进行旁路操作，且滑动门处于打开状态 3. 准备备件，运营结束后进行更换
就地控制盘开关门钥匙断在锁孔中无法拧动或操作就地控制盘无效	司机	1. 如果钥匙断在“关门”或“禁止”位，上下客完毕且屏蔽门已关闭，关车门动车后报行车调度员 2. 如果钥匙断在“关门”位无法拧动且乘客尚未上下车、断在“开门”位无法拧动或操作就地控制盘无效时 （1）立即将情况报车站控制室，要求派人员到尾端就地控制盘操作站台门。同时将头端就地控制盘的航空插头卸除。如果无法卸除，报行车调度员，按“整侧滑动门不能正常打开或关闭（使用头、尾端就地控制盘仍不能打开或关闭）”处理 （2）待站台人员关闭站台门后，关闭车门确认站台人员“好了”信号动车，并将情况报告行车调度员
	车站人员	1. 接报后，立即安排一人前往站台头端将连接就地控制盘的航空插头卸除，如果无法卸除，按“整侧滑动门不能正常打开或关闭（使用头、尾端就地控制盘仍不能打开或关闭）”处理；一人到尾端就地控制盘处，在与司机或行车调度员确认后，操作就地控制盘开、关站台门 2. 报告行车调度员，向站台门厂商报修
	行车调度员	1. 接报后，通知车站安排人员按要求进行处理 2. 通知运行前方车站准备新就地控制盘开关门钥匙，在头端就地控制盘等候并交接给司机 3. 通报客运生产调度员
	客运生产调度员	按《客运生产调度实施细则》要求进行处理
	机电人员	对故障的就地控制盘进行维修，断裂的锁匙无法取出的，立即更换相应的开关
关闭整侧滑动门后，动车前整侧或部分滑动门自动打开	司机	1. 整侧滑动门自动打开时，先将车门控制模式开关转至“手动”或“半自动”位，再次按压车门关门按钮，操作仍无效后报行车调度员；部分滑动门自动打开时，立即报行车调度员 2. 待站台人员关闭站台门后，按规定动车
	车站人员	1. 到司机立岗处操作就地控制盘关闭站台门，并保持在“关门”位 2. 待列车尾部越过出站信号机，完全离开车站后，将钥匙恢复到“禁止”位，拔出钥匙

续表

故障现象	各岗位人员处理方式或原则	
关闭整侧滑动门后，动车前整侧或部分滑动门自动打开	车站人员	3. 到端门处观察下一趟列车关门情况，若后续列车仍存在同样问题，继续协助司机操作站台门 4. 列车离站后，就地控制盘开关门钥匙开关转至“禁止”位站台门仍自动打开时，需要一直将就地控制盘开关门钥匙开关保持在“关门”位，列车到站后利用就地控制盘开关站台门
	行车调度员	1. 接报后，要求派车站人员到头端墙就地控制盘处协助处理，通报客运生产调度员 2. 如果运行前方站存在同样问题，通知该车站协助司机关闭站台门
	客运生产调度员	按《客运生产调度实施细则》要求进行处理
	机电人员	查看远程监视盘数据，检查站台门系统是否存在故障，若为站台门故障，进行故障抢修处理

6. 站台门故障时的检修规定

（1）故障检修原则

1）故障处理应本着“先通后复”的原则，发现故障后，应立即将故障设备隔离，使其停止工作，并做好事故防范措施。

2）出现故障时，应通知承包商。对于不影响行车的检查、维修作业内容，如门头盖板翘起、单扇门无法开关门、单扇门二次开关门、单扇门开关门缓慢、单扇门异响（固定门密封胶条松脱被隧道风吹动、滑动门上端擦毛刷、滑动门导靴擦地坎、滑动门门体擦地坎、滑动门门体抖动、传动带摩擦、导轮损坏、门挂轮损坏、滑块损坏、电动机损坏）、门头灯不亮、门头灯报警、监控设备报警、胶条脱落等，在车站请点并经行车调度员同意后，可利用行车间隔进行处理。作业过程中施工负责人作为现场监护人，且需要按施工要求做好人、设备防护（如设置护栏、增派人员看护及提醒车站人员及时做好乘客安全防护）。维修中，专人监测过往列车到站时间和模式开关手动（检修）状态，确保列车安全进出车站。维修或操作人员在列车到站前 1 min 停止操作，故障未处理完毕前，将模式开关置于手动位置。若维修人员在现场不能及时解决故障，应上报行车调度员，安排人员在停运后进行维修，并将维修情况汇报给行车调度员。

3）处理故障前应先分析故障，通过分析和观察故障设备，找出故障部件，提出解决办法，确定维修方案，绝对不允许盲目处理故障设备。

4）在处理设备故障前，必须将门头模式开关置于“手动”位置，防止错误操作设备，影响行车安全。

5）在处理故障、进行重要项目的测试或操作时，不得进行交接班。

6）重大故障或专业组无法处理的故障由专业工程师报车间负责人，待批准后联系相关部门或外单位进行维修。

7）故障检修完毕后应进行验收测试，确保系统能可靠运行后移交给站务人员。

（2）安全注意事项

1）作业人员必须持证上岗，进入站台门控制室前把门口的气体消防控制器开关由自动转为手动，在作业时须与其他带电体保持安全距离。

2）必须停机检修的项目，应断开控制柜的主电源，锁好控制柜，并在控制柜上挂“有人工作，严禁合闸”警示牌，确认无误后才能进行检修。警示牌必须谁挂谁取。

3）高空作业必须使用安全带，戴好安全帽，严禁投掷工具、材料等物件。动火作业应按消防安全管理相关规定执行，由车间安全员审核同意后提报，作业时应有专人监督。

4）进入轨行区作业前应办理进入轨行区的作业手续。

5）工作范围内如果发现有破损电线和开关、电线外露、电线落地现象，应及时处理。

思考与练习

1. 站台门有什么功能？可以怎样分类？
2. 站台门的门体结构包括哪些部分？各有什么作用？
3. 站台门的控制模式有哪几种？各在什么情况下使用？它们的优先级如何？
4. 互锁解除在什么情况下使用？

第七章 消防系统

学习目标：

- ◆ 掌握消防的基础知识与常见消防器材的使用方法。
- ◆ 了解城市轨道交通火灾的特征。
- ◆ 掌握火灾自动报警系统的组成与操作。
- ◆ 掌握气体灭火系统的组成与操作。

近年来，我国城市轨道交通迅猛发展。但是，城市轨道交通安全问题也十分严峻，根据一些数据统计来看，城市轨道交通车辆运行事故中，火灾造成的死亡人数是最多的。本章主要介绍消防的基础知识，以及城市轨道交通消防系统的结构、功能和应急操作，最后介绍了火灾应急预案。

第一节 城市轨道交通消防概述

一、消防基础知识

火灾是指在时间或空间上失去控制的燃烧所造成的灾害。燃烧是还原剂与氧化剂发生的一种释放大量光和热的剧烈的氧化反应。燃烧三要素包括可燃物、助燃物、着火点，这是燃烧发生的三个必要条件。

为防止火势失去控制，继续扩大燃烧而造成灾害，需要采取各种方法将火扑灭，其根本原理是破坏燃烧条件。这些方法包括控制可燃物、隔绝助燃剂、降低着火点和化学抑制。控制可燃物包括禁止将易燃物带入保护区域、控制可燃物储存的量或浓度、使用阻燃材料等措施。隔绝助燃剂是指将可燃物与助燃剂分隔开，对于一般燃烧，可以使氧气浓度低于15%，水蒸气浓度达到35%。降低着火点是指将可燃物温度冷却到燃点或闪点以下。化学抑制专门针对链式反应，灭火速度快，适于扑救初期火灾。

通常情况下，火灾都有一个由小到大、由发展到熄灭的过程，其发生、发展直至熄灭的过程在不同的环境下会呈现不同的特点。例如，建筑火灾最初一般发生在室内的某个房间或某个部位，然后通过热传导、热对流、热辐射等方式蔓延到相邻的房间或区域，以及整个楼层，最后蔓延到整栋建筑物。其发展过程大致可分为初期增长阶段、充分发展阶段和衰减阶段。通常，建筑内火灾都存在轰燃现象，轰燃的发生也标志着室内火灾进入充分发展阶段。

二、消防标志

1. 消防标志的意义

消防标志是表明消防设施特征的符号，用于说明建筑配备的各种消防设备和设施，以及标志安装的位置，并指导人们在事故时采取合理、正确的行动。消防标志对安全疏散可以起到很好的作用，可以更有效地帮助人们在浓烟弥漫的情况下及时识别疏散位置和方向，迅速沿发光疏散指示标志顺利疏散。根据对火灾事故的总结分析，在火灾事故发生的初期，人们如果可以通过消防标志的指引找到消防设施，采取正确的疏散和灭火措施，就可以减少大量人员伤亡。因此，消防标志不仅是消防员处理火险时的好帮手，也是群众在火灾危急关头的自救指引。

2. 红色消防标志

红色消防标志用于说明各种消防设备、设施安装的位置，引导人们在发生火灾时采取合理正确的行动，一般搭配其他文字说明设备类型和使用方法（见图 7-1）。例如，灭火设备标志设置在灭火设备附近，标明灭火设备位置。

图 7-1　常见红色消防标志

3. 绿色发光疏散指示标志

绿色发光疏散指示标志设置在疏散走道和主要疏散路线的地面或靠近地面的墙上，用于指引人们进行紧急疏散（见图 7–2）。例如，紧急出口标志设置在安全出口的显著位置，说明安全出口的位置和方向。

图 7–2 绿色发光疏散指示标志

三、火灾分类及灭火器选择

1. 火灾分类

不同的燃烧物质具有不同的燃烧特性，其防范措施及灭火措施也不尽相同。国家标准《火灾分类》（GB/T 4968—2008）根据可燃物的类型和燃烧特性，将火灾分为 A、B、C、D、E、F 六大类。

A 类火灾是指固体物质火灾。这种物质通常具有有机物质性质，一般在燃烧时能产生灼热的余烬。木材、干草、煤炭、棉、毛、麻、纸张等引发的火灾都属于 A 类火灾。

B 类火灾是指液体或可熔化的固体物质火灾。煤油、柴油、原油、甲醇、乙醇、沥青、石蜡、塑料等引发的火灾都属于 B 类火灾。

C 类火灾是指气体火灾。煤气、天然气（烃类混合物）、甲烷（CH_4）、乙烷（C_2H_6）、丙烷（C_3H_8）、氢气（H_2）等引发的火灾都属于 C 类火灾。

D 类火灾是指金属火灾。锂、钠、钾、镁、钛、锆、铝镁合金等引发的火灾都属于 D 类火灾。

E 类火灾是指带电火灾。物体带电燃烧引发的火灾属于 E 类火灾。

F 类火灾是指烹饪器具内的烹饪物（如动植物油脂）火灾。

2. 不同种类燃烧灭火器选择

扑救 A 类火灾，可选择水型灭火器、泡沫灭火器、磷酸铵盐干粉灭火器、卤代烷灭火器等。

扑救 B 类火灾，可选择泡沫灭火器（化学泡沫灭火器只限于扑救非极性溶剂火灾，不能扑救极性溶剂火灾，因为化学泡沫与有机溶剂接触，泡沫会迅速被吸收消失，不能起到灭火的作用，醇、醛、酮、醚、酯等都属于极性溶剂）。

扑救 C 类火灾，可选用干粉灭火器、卤代烷灭火器、二氧化碳灭火器等。

扑救 D 类火灾，可选用粉装石墨灭火器和专用干粉灭火器，也可采用干砂或铸铁屑末代替。

扑救 E 类火灾，可选择干粉灭火器、卤代烷灭火器、二氧化碳灭火器等。

扑救 F 类火灾，可选择干粉灭火器。

四、常用灭火器材的使用

1. 灭火器的使用

灭火器是一种轻便的灭火工具，它可以用于扑救初起火灾，控制蔓延。不同种类的灭火器适用于不同物质的火灾，常用的主要有泡沫灭火器、二氧化碳灭火器、干粉灭火器和卤代烷灭火器。

灭火器的基本使用步骤如下：第一步，识别灭火器的型号；第二步，判断火势，正确选用相关类型的火火器；第三步，对灭火器进行检查，看是否能正常使用；第四步，站在上风位置，迅速采取正确的操作方法，将火源扑灭。

几种常见灭火器的使用方法基本相同（见图 7–3），可概括为提（提起灭火器）、拔（拔下保险销）、压（用力压下手柄）、扫（对准火源根部扫射）。提起灭火器之前，应摇晃灭火器，防止灭火剂不均匀，影响灭火效果。

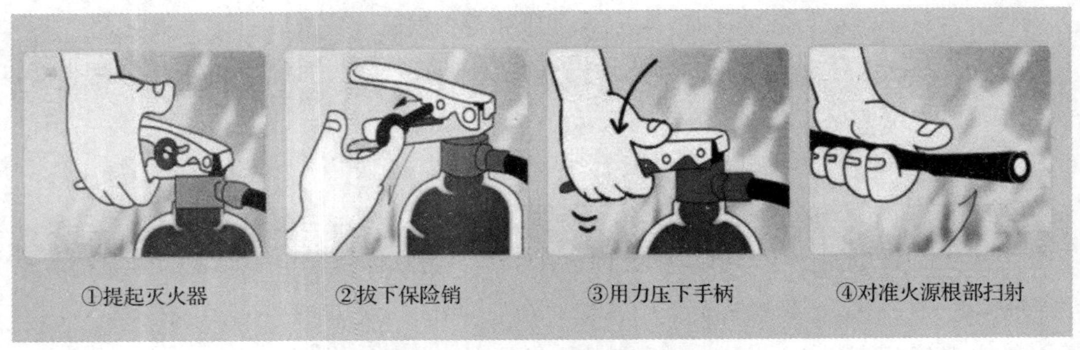

图 7–3　常见灭火器的使用方法

2. 消火栓的使用

消火栓是常用的消防设施，放置于走廊或厅堂等公共空间中，一般会在上述空间的墙体内，不能对其做任何装饰，要求有醒目的标注（写明“消火栓”），并不得在其前方设置障碍物，以免影响消火栓门的开启。它的保护半径一般为 30 m，其中包含水带长度 20 m 和水柱 10 m。消火栓的使用方法如图 7-4 所示。

（1）打开消火栓箱门，取出水带。左手紧握水带接头，将水带置于右手，然后发力，向着火方向抛出水带，水带主体抛出后，手中只留两个接口。如果臂力不够好，也可以双手发力抛出，使水带向正前方摊开。

（2）将水带接头与消火栓接头对接，然后顺时针转动至卡紧为止。

（3）迅速跑到水带的另一头，一手拿水带，一手拿水枪，将水枪头接到水带接口上。

（4）按下消火栓箱内的启泵按钮。

（5）一人缓慢打开消火栓上的水阀开关，一人紧握水枪，对准火源根部，进行喷水灭火。

①打开或击碎箱门，取出消防水带

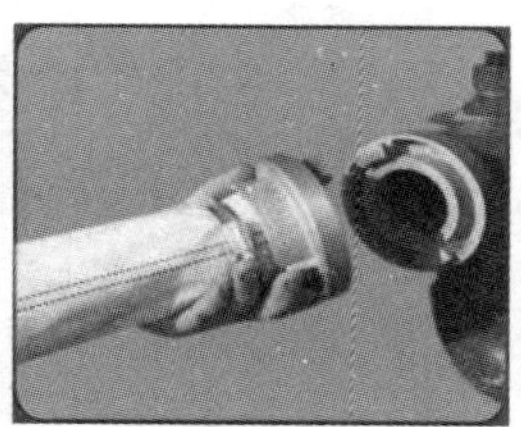
②水带一头接在消火栓接口上

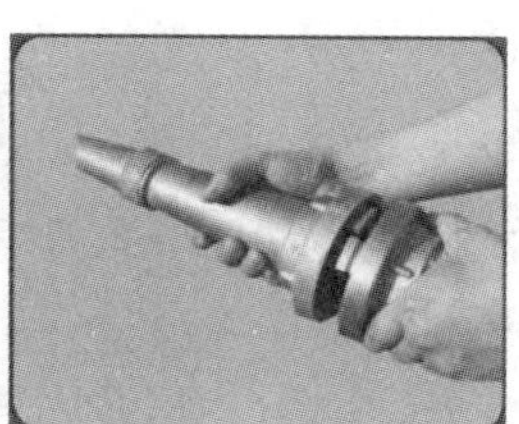
③另一头接上消防水枪

④按下箱内消火栓启泵按钮

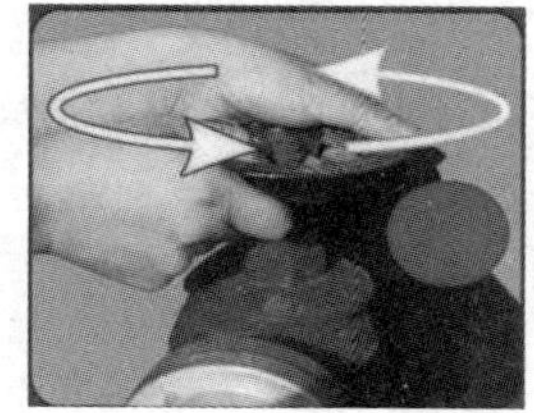
⑤打开消火栓上的水闸开关

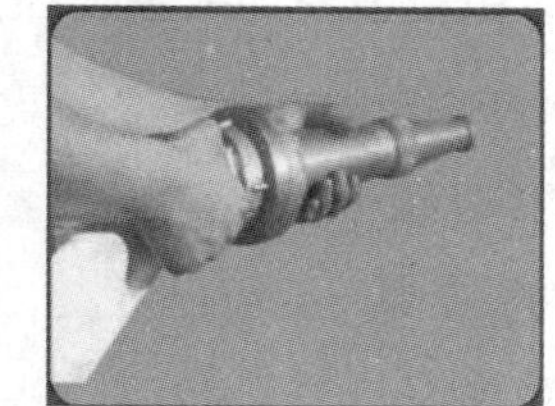
⑥对准火源根部，进行灭火

图 7-4 消火栓的使用方法

五、城市轨道交通火灾特征

1. 疏散难度大

城市轨道交通车站多位于地下，出口比较少，且地下通道狭长，疏散距离长，人员的疏散存在上行的过程（车站一般建于地下 15 m 左右），比下行要耗费体力；不充分燃烧产生的浓烟引起视线不清，也会大大影响疏散速度；发生火灾时，大量乘客同时涌向狭窄的通道和楼梯，严重影响乘客快速逃生，大大增加了疏散难度，且容易发生严重的踩踏事故。因此，地下的城市轨道交通车站发生火灾比地面上的建筑物发生火灾造成的后果更加严重。

2. 产生大量浓烟，且排烟困难

车站大部分是地下建筑物，内部过于封闭，通风不畅，火灾时的燃烧产生大量浓烟和有毒气体（如一氧化碳、二氧化硫等）难以排出。特别是机械通风系统发生故障时，很难依靠自然通风排烟。同时，由于浓烟的影响，车站内能见度大大下降，进一步影响了人们的疏散速度。据统计，在火灾事故中，多数死亡者死于烟气影响。

3. 温度上升快，峰值高

发生火灾以后，大量的热量积聚在狭小的车站内部，使得温度上升速度非常快。且车站内可燃物较多，当温度上升到一定程度，将瞬间点燃更多可燃物，造成轰燃现象，反过来又进一步促使温度上升，火势猛烈阶段温度可达到 1 000 ℃以上。高温对逃生人员影响很大，而且会对车站结构造成很大破坏。

4. 救援难度大

城市轨道交通车站地下空间有限，因为浓烟、高温、视线不清和通信不畅，消防人员想要进入车站内或隧道内实施救援，无其他捷径，只能从乘客逃生方向的通道逆向进入，这样消防人员势必与逃生群体发生冲撞，人员救助的及时性和有效性就不能保证，而且大型灭火设备很难进到地下。这些因素增加了城市轨道交通火灾的救援难度。

六、城市轨道交通火灾起因

根据对以往城市轨道交通火灾案例的统计分析，城市轨道交通火灾原因主要可以分为电气故障和人为因素两大类。

1. 电气故障

城市轨道交通系统电力、电气设备众多，且基本上是大功率的用电设备。地下设备容易受潮，造成内部漏电与短路，起火点不易发现，普通的烟感和温感探测器很难实现对电气火灾的早期报警，等到火灾已形成并发展成大火后才被发现时，扑救已经十分困难，且不能用水扑救。

2. 人为因素

工作人员违规操作、隧道施工维修中切割焊接作业防护不足、生产生活中用火用电不慎引燃可燃物、乘客违反规定携带易燃易爆危险品进站、乘客在车站或车厢内吸烟用火，以及人为纵火等，都是造成城市轨道交通火灾的人为因素。

第二节　火灾自动报警系统

火灾自动报警系统是人们为了早期发现并及时采取有效措施控制和扑灭火灾，而设置在建筑物中或其他场所的一种自动消防设施，是人们同火灾作斗争的有力工具。它能够在火灾初期，将燃烧产生的烟雾、热量和光辐射等物理量，通过感温、感烟和感光等火灾探测器变成电信号，传输到火灾报警控制器，并同时显示火灾发生的部位，记录火灾发生的时间。

一、火灾自动报警系统设施

火灾自动报警系统由火灾探测器、手动火灾报警按钮、监视模块、控制模块等组成。车站级火灾自动报警系统构成如图 7–5 所示。

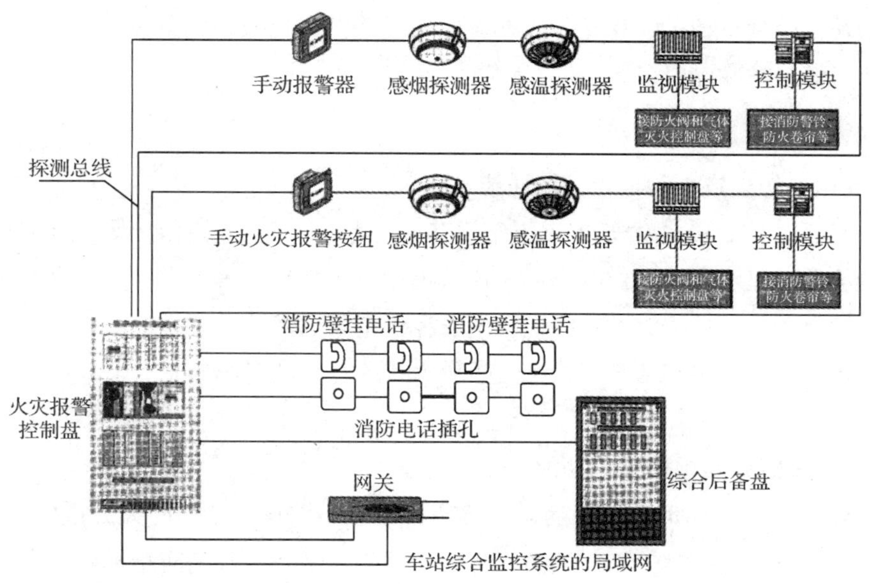

图 7–5 车站级火灾自动报警系统构成

1. 火灾探测器

火灾探测器是火灾自动报警系统中探查现场是否发生火情的设备，能将火情的特征物理量如温度、烟雾浓度、气体浓度和辐射光强度等转换成电信号，向火灾报警控制器发送报警信号，达到监控环境中是否发生火情的目的。火灾探测器分为感烟探测器、感温探测器、火焰探测器、电气火灾监测系统等。不同类型的火灾探测器各有优缺点，可以互为补充。

2. 手动火灾报警按钮

手动火灾报警按钮是火灾自动报警系统中的子设备，安装在通道、站厅、站台等公共场所。车站发生火灾而火灾探测器没有探测到时，可以使用手动火灾报警按钮报告火灾信息。当确认火灾发生后，乘客或者工作人员按压按钮上的有机玻璃片，过 3 ~ 5 s 后，手动火灾报警按钮上的火警确认灯点亮，表示已经向火灾报警控制器发出火灾信号，火灾报警控制器收到报警信号后，显示出报警按钮编号及位置，并发出报警声响。

使用手动火灾报警按钮时，必须人工按下按钮才会发出报警。因此，正常情况下（排除人员误操作），手动火灾报警按钮发生报警时，火灾发生的概率较高，误报的可能性较小。

3. 监视模块

监视模块是带地址码的，用于接收消火栓、气体自动灭火系统、车站防火阀和车站防火卷帘门等的状态信息。

4. 控制模块

控制模块是带地址码的，用于控制防火卷帘的降落，以及在运营控制中心、车辆段、车站启动消防泵等消防联动设备。

二、火灾自动报警系统的功能

1. 控制中心级火灾自动报警系统功能

接收、显示、储存全线主要火灾报警设备运行状态；接收车站级设备传送的各探测点的火灾报警信号，显示报警部位及自动生成火灾记录；自动和人工手动进行火灾报警；根据火灾的实际情况自动选择火灾预案，向各消防控制室发出消防救灾指令和安全疏散命令；通过无线发射台及时向城市消防部门报警台报警；接收母钟的时间信息，使火灾自动报警系统时钟与母钟同步。

2. 车站级火灾自动报警系统功能

监视车站及所辖区间消防设备的运行状态；接收车站及所辖区间火灾报警或重要系统、设备的报警，并显示报警部位；向消防指挥中心报告灾情，接收消防指挥中心发出的消防救灾指令和安全疏散命令；在确认火灾信息后，通过车站级消防联动控制接口向环控系统发送火灾模式号，由环控系统对相应的环控设备进行消防联动控制；通过消防广播系统和闭路电视监视系统对乘客进行安全疏散引导。

三、火灾自动报警系统操作模式

1. 火灾确认模式

在车站，当只有一个探测器发出火灾报警时，车站控制室声光报警器响鸣，人机交互软件弹出报警画面，并显示报警位置及报警设备。此时，若在火灾报警控制盘上按下“火警确认”键，火灾自动报警系统发送火灾模式信号给环控系统，由环控系统执行相应的火灾模式（如环控设备消防联动控制、联动垂直电梯归首，联动防火卷帘下降、启动应急照明等）。

在车站，当有两个及以上探测器发出火灾报警，或者一个烟感/温感探测器与手动报警按钮同时发出火灾报警时，车站控制室声光报警器响鸣，人机交互软件弹出报警画面，并显示报警位置及报警设备，触发火灾模式信号，并自动发送火灾模式信号给环控系统，由环控系统执行相应的火灾模式，进行消防联动控制。

车站级火灾自动报警系统火灾确认流程如图 7-6 所示。

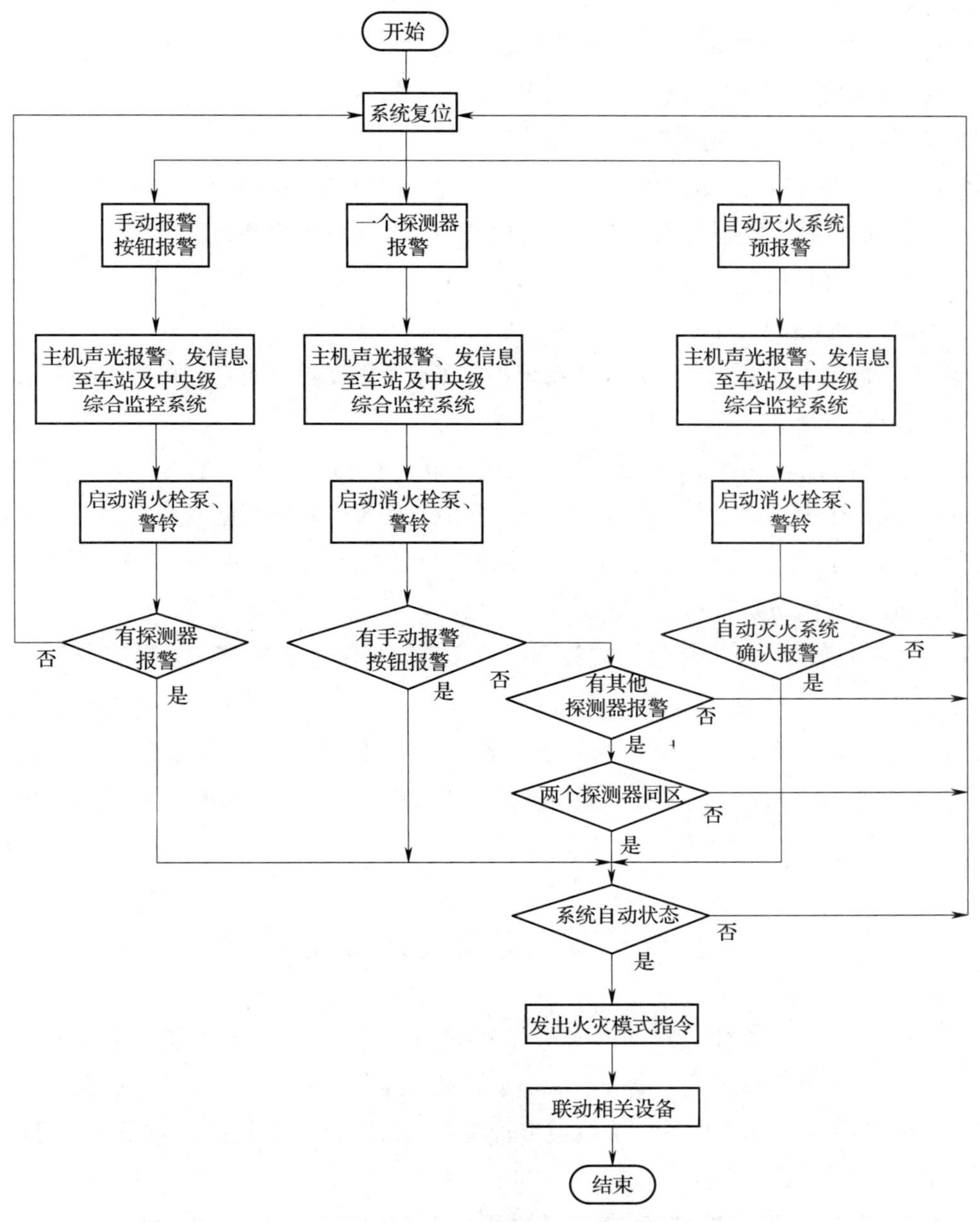

图 7-6 车站级火灾自动报警系统火灾确认流程

2. 火灾确认步骤

当火灾自动报警系统的火灾控制盘上火警指示灯红色闪亮、蜂鸣器鸣响，或人机交互软件弹出报警地图、探测器图标由绿色变为红色并闪烁时，表示系统报火警。车站工作人员必须立即查看报警信息，包括报警地点、报警设备及报警数量，安排就近人员携带对讲机或其他通信工具迅速到达报警地点，进行火灾确认。如果现场确认未发生火灾，由操作员按下火灾控制盘的“复位”键和“消音”键，对系统进行复位和消音，向环控调度员、客运生产调度员通报相关报警信息，做好记录。如果现场确认发生火灾，现场人员可打破附近手动火灾报警按钮玻璃进行火灾报警确认，或利用对讲机、消防电话等通信工具向车站控制室（消防控制室）报告火警情况，由操作员在火灾控制盘上按下“火警确认”键进行确认。车站控制室的值班人员接到火灾报警确认后，立即向环控调度员报告火警情况，并按相关程序规定组织人员进行灭火和疏散乘客。

3. 消防联动控制

（1）火灾自动报警系统与综合监控系统（ISCS）的关联：火灾自动报警系统属于综合监控系统的集成子系统。

（2）火灾自动报警系统与环控系统设备的关联：在确认火灾信息后，火灾自动报警系统向环控系统发送火灾模式号，由环控系统对相应环控设备进行消防联动控制。

（3）火灾自动报警系统与消防水系统的关联：车站和主变电所火灾自动报警系统接收到火灾报警时启动消防泵。

（4）火灾自动报警系统与电梯的关联：火灾自动报警系统接收到火警信息后，联动垂直电梯归首。

（5）火灾自动报警系统与防火卷帘的关联：火灾模式确认后，联动疏散通道上的防火卷帘下降至距地（楼）面 1.8 m 处，温感探测器联动防火卷帘下降到底，用于防火分隔的防火卷帘联动控制一次下降到底。

第三节　自动灭火系统

在城市轨道交通工程中，自动灭火系统主要应用于预防 A 类火灾和 E 类火灾，保护对象为主变电站、变配电站、信号设备室及车站控制室等车站的重要部位。这些设备发生火灾等意外事故时容易导致运营中断，影响城市轨道交通系统的运行安全。因此，上述场所均需要采用自动灭火系统进行保护。

自动灭火系统由灭火介质存储罐、输送灭火介质的管网子系统和探测报警的控制子系统组成，由控制子系统监视防护区的状态，并按预先设定的控制方式启动灭火装置，达到扑救防护区火灾的目的。

目前常用的自动灭火系统按照灭火介质不同，主要分为自动喷水灭火系统、水喷雾灭火系统、七氟丙烷灭火系统、二氧化碳灭火系统、泡沫灭火系统、干粉灭火系统、细水雾灭火系统、固定水炮灭火系统等。消防部门应根据不同部位的环境条件、器材安装、设备特点等要求，选择相应的灭火系统和器材。在车站的公共区，应以消火栓系统为主，将整个车站覆盖在消火栓的保护范围内。在车站的设备用房等相对封闭的区域，由于仪器众多、设备复杂，应以气体灭火系统为主。本节主要介绍细水雾灭火系统和气体灭火系统。

一、细水雾灭火系统

1. 细水雾灭火系统的原理

细水雾灭火系统使用特殊构造的细水雾喷嘴，通过水与雾化介质在高压作用下产生水微粒，水微粒受热蒸发成水蒸气，体积急剧膨胀（大约 1 700 倍），毛细水珠直径微小，总表面积巨大，能够更充分地与火源接触。这个过程吸收了大量燃烧反应产生的热量，启动高压细水雾之后，火源的温度在极短的时间内快速下降至燃点以内。同时，大量产生的水蒸气能降低封闭火场的氧气浓度，起到窒息燃烧反应的作用，达到双重物理灭火的效果。

2. 细水雾灭火系统的特点

（1）细水雾灭火系统以水为灭火剂，对环境、保护对象、保护区人员均无损害和污染，冷却速度比一般喷淋系统快 100 倍。

（2）高压细水雾还具有穿透性，可以解决全淹没和遮挡的问题，还可以防止火灾复燃。

（3）高压细水雾有净化作用，能净化烟雾和废气，有利于人员安全疏散和消防人员的灭火救援工作。

（4）高压细水雾对热辐射有很好的屏蔽作用，可以达到防止火灾蔓延、迅速控制火势的效果。

（5）使用细水雾灭火系统时，用水量仅为水喷淋系统的 1% ~ 5%，避免了大量用水对设备的损坏和对环境的二次污染。

（6）高压细水雾具有良好的电绝缘性，可有效扑救带电设备火灾。

（7）细水雾灭火系统可靠性高、寿命长，安装完成后可进行模拟检验，增加系统动作的可靠性，所用泵组、阀门和管件均采用耐腐蚀材料，系统寿命可长达几十年。

（8）细水雾灭火系统配置灵活、安装简便、维护方便。该系统可局部使用，也可作为全淹没系统，保护整个空间。与传统的灭火系统相比，该系统管道管径小，仅为 10 ~ 32 mm，以水为灭火剂，在备用状态下为常压，安装和日常维护工作量和费用大大降低。

3. 细水雾灭火系统的适用范围

高压单流体细水雾灭火系统适用于扑救 A 类、B 类、C 类和电气类火灾，其使用基本不受场所的限制，在陆地、海洋、空间均可应用，尤其适用于高危险场合的局部保护和密闭空间的保护，在石化、煤炭、医药、食品加工、建筑、城市轨道交通、隧道、电力、电子等行业多有应用。

二、气体灭火系统

1. 气体灭火系统概述

国家标准《地铁设计规范》（GB 50157—2013）规定：设置在地下的通信及信号机房（含电源室）、变电所（含控制室）、综合监控设备室、蓄电池室和主变电所，应设置自动灭火系统。这些场所发生火灾等意外事故时容易导致运营中断，影响整个城市轨道交通系统的运行安全，因此均需要采用自动灭火系统进行保护。从国内外城市轨道交通系统所发生的火灾案例来看，绝大多数属于电气火灾，且大多数都发生在气体保护房间中，因此选择合适的气体灭火系统非常重要。结合地下车站建筑的布局和消防特点，目前应用较多的气体灭火系统是 IG541 混合气体灭火系统。

2. 气体灭火系统的构成及特点

目前，IG541 混合气体灭火系统（由氮气、氩气和二氧化碳混合而成）广泛应用在我国的城市轨道交通系统中。该系统由钢瓶及其组件、启动装置、集流管、安全阀、止回阀、减压装置、选择阀、压力开关、喷头、输气管道及报警设备等部分组成。它具有以下特点：

（1）灭火效率高

该系统启动后，气体灭火剂喷射并充满整个空间，使氧气浓度下降，从而达到窒息灭火的目的，对保护空间各部位的火灾均有良好的灭火作用。由于其使得整个保护空间的氧浓度迅速降低，所以对抑制火灾蔓延作用明显。

（2）适用范围广

该系统能有效扑灭 A 类、B 类和 C 类火灾，且由于 IG541 混合气体绝缘性佳，适用于扑灭电气设备火灾。

（3）化学性质稳定

该混合气体对环境无污染，热稳定性强，不会对设备造成二次污损，适合保护贵重、精密的电气设备。

（4）无毒

在正常设计浓度范围内，该混合气体对人体无毒，火灾后也不会产生有毒物质，喷放时不形成雾气，可确保逃生时能清楚地看到任何紧急逃生门。

3. 气体灭火系统的控制方式

车站 IG541 混合气体灭火系统采用集中控制方式，在车站控制室设置气体灭火控制器，在每个气体灭火防护区设置烟感探测器、温感探测器、手动与自动模式转换开关及其显示装置、紧急释放按钮、紧急停止开关、释放指示灯、警铃、声光报警器等设备。火灾探测器监测防护区的状态（除特别说明设置其他探测器的防护区外，一般采用一路感烟、一路感温），在火灾时能自动报警并将报警信号传至车站火灾自动报警系统控制器，由其将火灾信号传给气体灭火控制器，由气体灭火控制器发出指令，按预先设定的控制方式启动灭火装置，释放灭火剂，迅速扑灭防护区内的火灾。气体灭火控制器将气体灭火防护区中气体释放、设备状态等信息实时传至车站火灾自动报警系统控制器。

4. 气体灭火系统的操作

当某一防护区火灾被确认后，集中型灭火控制器经延时，启动火灾区域相对应的启动装置，向防护区释放灭火剂。在延时阶段，集中型灭火控制器自动执行相关设备的联动。此阶段也可以由值班人员按下手动释放装置或通过机械紧急装置手动启动灭火装置。IG541 混合气体灭火系统设自动操作、手动操作和应急机械操作三种启动方式。气体灭火系统操作过程如图 7–7 所示。

（1）自动操作方式

自动操作方式是指系统自动执行火灾联动控制及完成灭火整个过程。该联动过程的步骤为：第一步，防护区内的某一类型探测器探测到火灾特征后，生成火灾信号传给集中型气体灭火控制器，集中型气体灭火控制器启动安装在该防护区域的警铃。第二步，同一防护区内的两种类型探测器同时发出火灾信号后，或者接到火灾自动报警系统输出的火灾确认信号后，集中型气体灭火控制器启动设在该防护区域内外的声光报警器，并进入延时状态（延时为 0 ~ 30 s 可调）。在延时阶段，火灾自动报警系统通过环控系统输出控制信号控制防护区防火阀关闭。如果延时阶段值班人员发现是系统误动作，或者防护区有火灾发生但仅使用手提式灭火器和其他便携灭火设备可立即扑灭，可按下设在防护区域门外的紧急停止开关，暂时停止释放灭火剂，直至系统复位。如果需要继续开启气体灭火系统，则松开紧急停止开关，继续执行气体喷放过程。第三步，延时结束时，现场集中型气体灭火控制器开启自动灭火系统的启动装置释放灭火气体，气体通过输气管道系统输送到防护区。此时气体释放信号传输至现场集中型气体灭火控制器，控制器启动防护区外的释放指示灯。灭火期间，防护区域门内外的声光报警器一直开启，提示禁止人员进入该防护区域，直至火灾熄灭。在联动步骤第一步和第二步期间，值班人员可以通过综合后备盘上的“暂停喷放”按钮暂停气体灭火程序的执行，操作人员将“暂停喷放”指令解除后，系统继续执行相关程序。

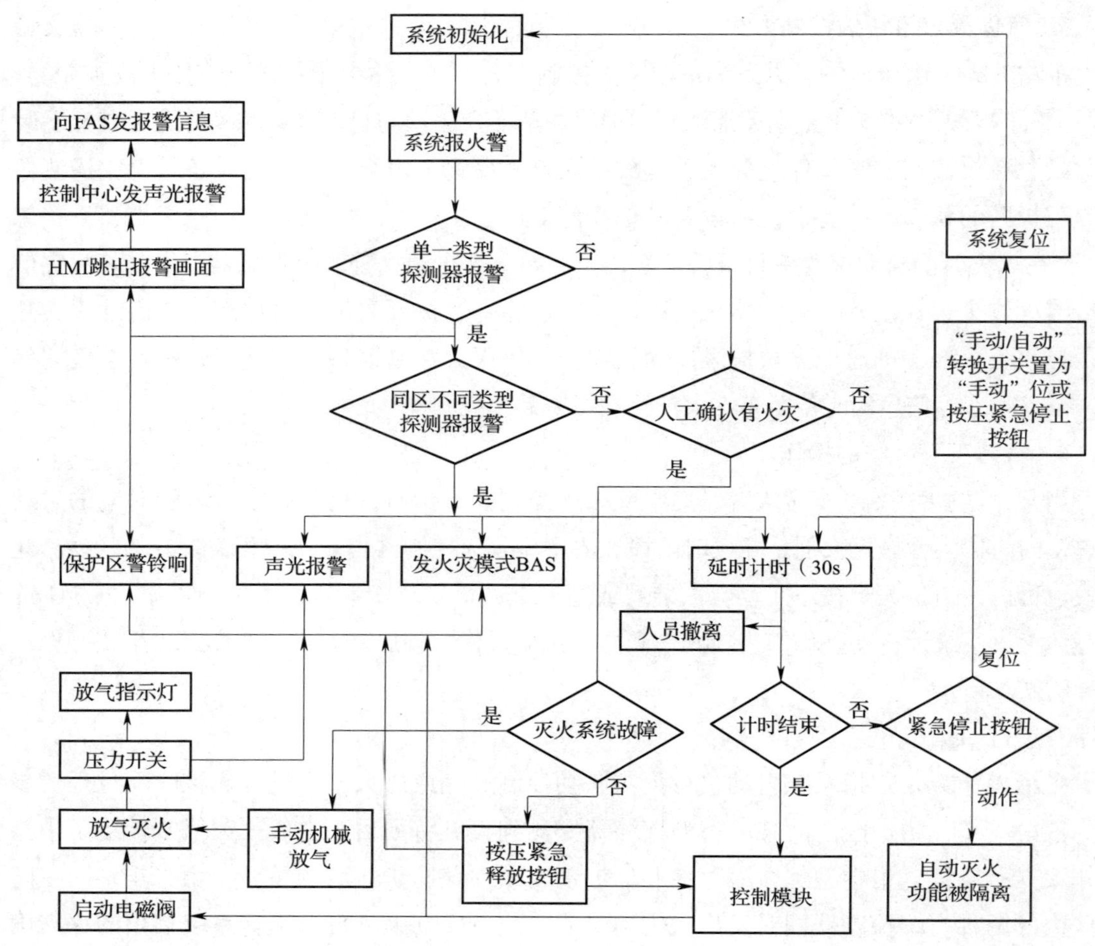

图 7–7 气体灭火系统操作过程

（2）手动操作方式

人员进入防护区时，必须将控制盘上的“手动 / 自动”转换开关旋转到“手动”挡，离开时，必须将转换开关旋转到“自动”挡，如图 7–8 所示。

当发现火势较大，不能用灭火器扑灭时，应撤离防护区，关闭防护区房门，按下门口外的“紧急释放”按钮，启动气体消防系统进行灭火，并立即通知车站控制室，如图 7–9 所示。

手动启动后，灭火控制器即发出声、光报警信号，同时发出联动指令，相关设备动作，发出灭火指令，释放灭火剂。

（3）应急机械操作方式

在发现火灾后，系统自动、手动两种启动方式均失效的情况下，可在气瓶间内实行应急机械操作。防护区里有人值班时，所有人员撤离防护区，同时关闭所有风口、风阀及门窗等。确认防护区没人后，到气瓶间找到相对应的启动瓶（瓶头黄色标识牌标明防护区名称），拔下启动瓶电磁启动器上的安全卡套，压下或抬起应急操作手柄，即可启动系统进行灭火。

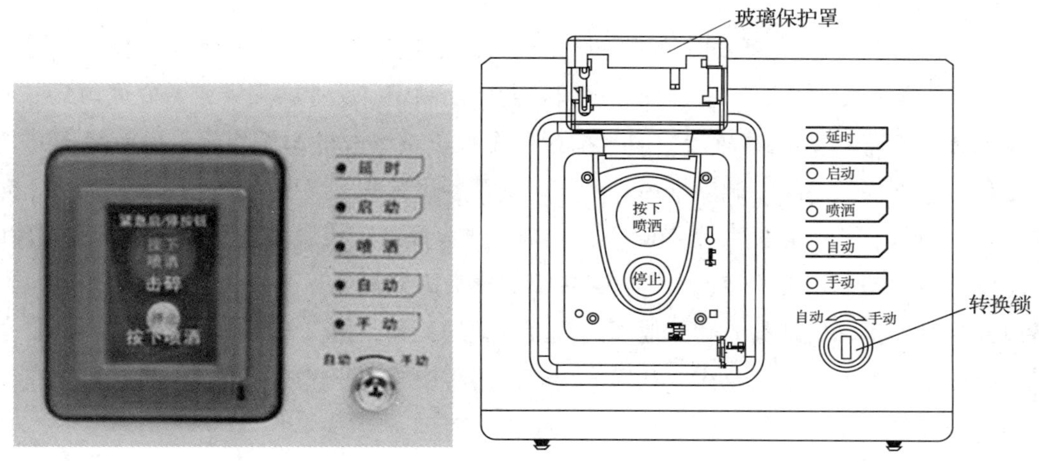

图 7–8 “手动 / 自动”转换开关

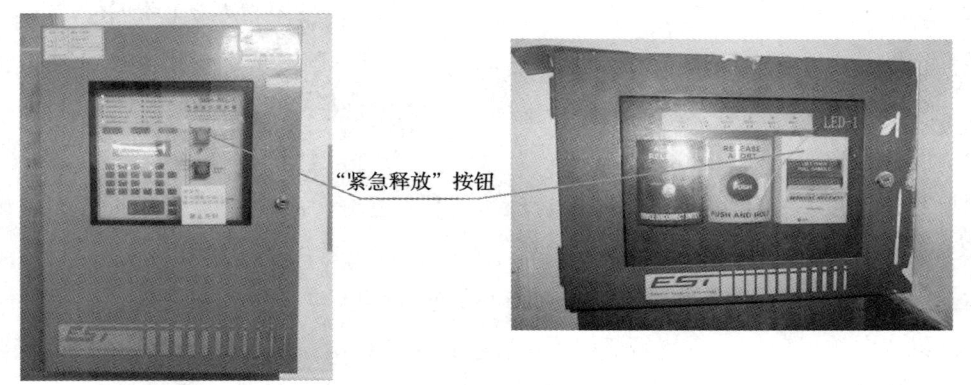

图 7–9 “紧急释放”按钮

（4）灭火后应对措施

气体喷放后，防护区必须密闭保持不少于 10 min 的灭火浸渍时间，确保火灾已被扑灭后，应打开门窗和相应风阀进行换气，保护区通风换气 10 min 后人员才可进入。灭火完成后，应安排维保人员进行设备系统检修，并为气瓶重新充装气体。

第四节　火灾应急处理预案与乘客疏散

一、火灾应急处理预案

为了在车站发生火灾事故时能够采取及时、有效的措施，将火灾事故的影响范围减少到最小，损失降到最低，城市轨道交通运营企业必须制定本企业的火灾应急处理预案。

车站或列车发生火灾事故后，应急指挥部全权负责事故的组织指挥，所有部门必须无条件服从应急指挥部的统一调动指挥。各部门既要各司其职，又要加强协同，做到整个灭火救援现场一盘棋，相互之间要密切配合、协调一致，提高灭火救援效能。发生火灾事故时，各岗位应迅速行动，积极抢险，力争将火灾事故损失降到最低。开展灭火救援行动时，必须坚持以人为本，正确处理救人和其他灭火救援行动的关系，把保障乘客、人员的生命安全在首位。扑救车站和列车火灾要充分利用内部固定消防设施，积极疏散抢救人员，有效控制火势，消灭火灾。

1. 火灾事故报告程序

（1）车站安全员在接到乘客火灾报告或发现火灾后，立即通过火灾自动报警系统发现并确定火警位置，然后赶赴现场确认，现场确认后，将火灾情况报车站控制室。

（2）行车值班员接到车站安全员报告后，立即向行车调度员、值班站长、站长报告火灾情况，并报告消防部门、急救部门、公安部门、驻站工班人员。值班站长接到行车值班员通知后，协助通知相关人员。

（3）行车调度员接到报告后立即报告值班主任、主任，并上报应急指挥部，值班主任接到行车调度员通知后，协助通知相关人员。

（4）应急指挥部人员在接到运营控制中心关于发生火灾事故的报告后，必须在10 min内集结，赶往事故现场。在应急指挥部人员到达现场前，由站长担任负责人（站长不在车站时，由值班站长担任），组织现场乘客疏散，开展灭火工作，并与运营控制中心保持联络，随时上报火灾变化情况。待应急指挥部人员、公安人员和消防队员到达现场后，站长或值班站长负责介绍情况，并听从指挥。

（5）分公司安委会接到报告后立即报告总公司安委会，总公司安委会办公室必须在2 h内向当地人民政府报告。

2. 车站火灾应急处理预案

（1）车站火灾应急处理预案结构和内容

城市轨道交通车站火灾应急处理预案应规定车站发生火灾时现场的应急处理程序，预案结构及主要内容如下：

1）确认发生火灾后，在值班站长的领导下迅速启动火灾应急预案。

2）通知车站工作人员各自执行预案中的相应职责。

3）立即向公安部门和消防部门报警。

4）向运营控制中心报告现场情况。

5）广播通知、组织和引导车站内乘客进行紧急疏散，抢救伤员。

6）在车站出入口处设立警告标志，阻止人员进入车站。

7）带好灭火器具，扑救初起火灾。

8）按实际情况关闭相关机电及空调设备、开启事故照明和启动相应的送风及排烟程序。设置屏蔽门的车站，可以在站台乘客疏散完毕后，打开屏蔽门进行事故排烟。

9）根据运营控制中心命令，指挥后续列车迅速通过事故车站或防止后续列车进站。

10）消防队员到达现场后，派人引导到火灾现场进行扑救。

（2）站厅发生火灾岗位工作程序

发生火灾时，不同员工应各司其职，加强协同，做到整个灭火救援现场一盘棋，相互之间要密切配合、协调一致处理。

1）值班站长岗位工作程序

①向车站控制室下达紧急疏散指令。

②组织人员使用灭火器进行灭火，控制火势蔓延。

③领导客运值班员、售票员、站厅巡检员、公安人员、保安人员、驻站工班人员组织站厅乘客往站外疏散，阻止乘客下站台。

④确认将站厅乘客全部疏散出站后，报告车站控制室。

⑤组织并确认全部站台、站厅员工往站外撤离。

⑥火灾扑灭后，组织员工清理现场。

⑦具备开通条件后，恢复运营服务。

2）行车值班员岗位工作程序

①接到值班站长下达的紧急疏散指令后，立即向全体员工进行火灾广播，宣布紧急疏散指令。

②将全站电扶梯紧停旋钮打到紧急关闭。

③关闭广告灯箱电源。

④联系环控调度员，根据指示在环控系统上设置执行相应的排烟模式。

⑤加强与行车调度员联系，及时报告火灾变化情况。

⑥安排站台安全员组织站台乘客全部上车。

⑦接值班站长汇报站厅乘客已全部离站后报告行车调度员。

⑧接站台安全员汇报站台乘客已全部上车后报告行车调度员。

⑨及时将消防队的灭火情况汇报行车调度员，并从安全方向撤离出站。

⑩火灾扑灭后进行现场清理，清理完毕报告行车调度员，并按行车调度员指示恢复运营服务。

3）行车调度员岗位工作程序

①指示车站停止服务。

②向全线客车通报火灾情况，要求司机做好客车广播。

③接到行车值班员汇报站台乘客已全部上车后，通知后面各次客车一律通过该站不停车。

④加强与车站联系，随时掌握乘客疏散、消防灭火情况，做好信息搜集、上报工作。

⑤接到车站火灾已扑灭、现场清理完毕报告后，如果符合开通条件，则指示恢复运营。

4）司机岗位工作程序

①客车到达该站前，司机做好阻止乘客下车的客车广播。

②接行车调度员命令后在该站通过不停车，并做好客车广播。

5）客运值班员岗位工作程序

①接到紧急疏散指令后，在车站计算机系统上执行命令，使所有进出站检票机处于自由进出状态，关闭车站的所有自动售票机。如果设置无效，则通知行车值班员转动车站控制室操作台上的紧急疏散旋钮。

②组织售票员、站厅巡检员快速疏散乘客。

③乘客疏散完毕后，关闭紧急出入口以外的其他出入口.

④从安全方向撤离出站。

⑤得到行车值班员恢复运营的指令后，对车站计算机系统进行设置，开放进出站检票机，恢复服务工作。

6）售票员岗位工作程序

①接到紧急疏散指令后，停止售票，收好票、款。

②到出入口张贴暂停服务公告，打开员工通道，将乘客疏散出站，阻止乘客进站乘车。

③将站厅全部乘客疏散出站，引导消防队员进站灭火。

④从安全方向撤离出站。

⑤火灾扑灭后，清理现场，撤除暂停服务公告，恢复服务。

7）站厅巡检员岗位工作程序

①接到紧急疏散指令后，引导站厅乘客从未受火灾影响处疏散出站。

②使用灭火器进行灭火，控制火势蔓延。

③从安全方向撤离出站。

④按值班站长指示清理现场，恢复服务。

8）站台安全员岗位工作程序

①接到紧急疏散指令后，组织站台乘客上车。

②检查确认站台没有遗留乘客后报告车站控制室。

③阻止站厅乘客下站台乘车。

④从安全方向撤离到站外或乘车到下一站。

⑤火灾扑灭后，按值班站长指示清理现场，恢复服务。

9）公安人员、保安人员、驻站工班人员岗位工作程序

①接到紧急疏散指令后，到站厅协助灭火。

②组织站厅乘客往站外疏散，阻止乘客下站台。

③从安全方向撤离出站。

④火灾扑灭后，保安人员按值班站长指示清理现场，恢复服务，公安人员组织调查火灾原因。

3. 列车火灾应急处理预案

列车火灾应急处理预案应按列车在站台或区间发生火灾两种情况分别制订，并应明确司机、行车调度员、值班站长等的岗位职责和工作流程等主要内容。当列车在区间发生火灾时，应遵循“只要列车能继续运行，应继续运行至就近车站”的原则。预案应按列车能继续运行或无法运行两种情况分别制订各岗位职责和工作流程。

（1）到站列车发生火灾时的应急处理

1）列车司机迅速打开门，引导列车上的乘客向站台疏散。

2）行车值班员立即向公安部门和消防部门报警。

3）行车值班员向运营控制中心报告现场情况，运营控制中心启动自身预案。

4）根据运营控制中心命令指挥后续列车，采取措施防止后续列车进站。

5）车站广播通知、组织和引导车站内乘客进行紧急疏散，抢救伤员。

6）在车站出入口设立警告标志，阻止人员进入车站。

7）值班站长带领工作人员带好灭火器具，扑救初起火灾。

8）按实际情况关闭相关机电及空调设备，开启事故照明和启动相应的送风及排烟程序。

9）消防队员到达现场后，值班站长派人引导到火灾现场进行扑救。

（2）列车行车发生火灾，能继续运行时的应急处理

1）司机迅速向运营控制中心和两端车站报告，维持运行至就近车站，引导乘客使用车上灭火器进行灭火。

2）行车值班员立即向公安部门和消防部门报警，报告值班站长和行车调度员，通知有关岗位人员执行列车火灾紧急疏散预案，广播通知和引导乘客进行紧急疏散。

3）根据运营控制中心命令指挥现场列车，将原停靠列车开走，防止后续列车进站。

4）值班站长带领工作人员疏散站台、站厅乘客，在车站出入口处设立警告标志阻止人员进入车站，做好灭火、疏散列车内乘客的准备。

5）列车进站后执行到站列车发生火灾时的处理程序。

（3）列车行车发生火灾，无法继续运行时的应急处理

1）司机迅速判明火情，立即向运营控制中心和两端车站报告，用标准用语进行广播宣传，稳定乘客情绪，引导乘客使用车内灭火器灭火和进行紧急疏散。

2）两端车站行车值班员接到火灾的报告后，立即报告值班站长，通知相关岗位人员，开启相应的隧道照明，做好乘客广播。

3）环控调度员应按列车火灾实际情况指挥启动相应的送风及排烟程序。

4）值班站长带领工作人员疏散站台、站厅内乘客：在车站出入口处设立警告标志，阻止人员进行车站；进入隧道协助乘客疏散；消防队员到达现场后，派人引导到火灾现场进行扑救。

5）根据运营控制中心命令，防止后续列车继续驶入区间。

二、火灾事故时的乘客疏散

因发生火灾等突发事件需要疏散乘客时，各岗位工作人员应密切配合、协调动作，根据指挥进行乘客疏散作业。

1. 行车调度员应采取的措施

行车调度员应根据事件现场情况及时发布封锁车站、组织列车在事发站通过、将车站内乘客疏散出站及区间列车内乘客疏散等命令。当列车被迫停于区间而无法驶入车站进行乘客疏散时，应及时下达区间疏散乘客的命令，同时应做到：

（1）立即关闭后方信号机，阻止列车进入该区间，如果其他列车已进入该区间，应尽量采取措施使其退回后方站。

（2）根据列车停车位置，向车站及司机发布疏散乘客的命令，命令中应指明疏散方向及注意事项。

2. 列车司机应采取的措施

当列车迫停于区间时，利用列车广播对乘客进行解释，稳定乘客情绪，防止秩序混乱。

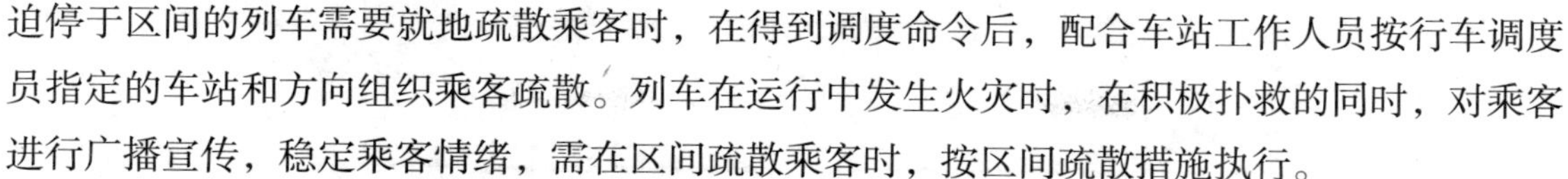

迫停于区间的列车需要就地疏散乘客时，在得到调度命令后，配合车站工作人员按行车调度员指定的车站和方向组织乘客疏散。列车在运行中发生火灾时，在积极扑救的同时，对乘客进行广播宣传，稳定乘客情绪，需在区间疏散乘客时，按区间疏散措施执行。

3. 车站工作人员应采取的措施

（1）迫停于运行区间的列车需要疏散乘客时

1）接到行车调度员下达的就地疏散乘客的命令后，组织相关抢险人员携带工具赶赴现场，与列车司机取得联系，说明乘客疏散方法等有关事项后进行列车乘客疏散。

2）对乘客进行广播宣传，稳定乘客情绪，防止秩序混乱。

3）在疏散过程中，采取各种措施防止乘客进入不安全区域，为乘客提供各种帮助，提示走行线路和注意事项，防止意外事故发生。

4）疏散完毕后，现场负责人撤离现场前对车厢内外进行清查，确认乘客及抢险人员已全部撤离、线路无障碍后，将情况向抢险负责人报告。

（2）列车在到达车站后进行乘客疏散时

使用车站广播及口头进行宣传，上车组织乘客疏散。停止售检票，开启所有能使用的出入口，同时阻止人员进入车站。抢险人员积极妥善抢救伤员，与专业医疗机构联系请求救护，并派人到指定出入口等候救护车。

思考与练习

1. 城市轨道交通车站火灾有什么特点？
2. 简述消火栓的使用步骤。
3. 车站发生火灾时，行车调度员的岗位工作有哪些要点？

第八章　城市轨道交通车站其他设备

学习目标：

- ◆ 掌握城市轨道交通车站通信系统设备及功能。
- ◆ 掌握城市轨道交通车站信号系统设备及功能。
- ◆ 熟悉乘客信息系统的基本操作。

除了前面所介绍的设备以外，城市轨道交通车站还有其他设备。本章主要介绍与车站有关的通信系统、信号系统、乘客信息系统及其相关设备，这些设备在车站运营管理过程中起到非常重要的作用。

第一节　城市轨道交通通信系统

为保证城市轨道交通列车安全、可靠、准点、高密度和高效率运行，实现运输集中统一指挥、行车调度自动化和列车运行自动化，城市轨道交通系统必须配备专用、完整、独立的通信系统，便于城市轨道交道系统各职能部门之间的联系和行车调度指挥。

一、城市轨道交通通信概述

1. 城市轨道交通对通信的要求

城市轨道交通通信系统应能迅速、准确、可靠地传递和交换各种信息。例如，将各站的客流量、沿线列车的运行状况等信息及时地传送到运营控制中心，并将运营控制中心发布的各项调度命令和各种控制信号传送至各个车站及车辆段，从而使城市轨道交通系统的运行始终处于有条不紊的状态。

2. 城市轨道交通通信的分类

（1）按功能分类

1）自动电话通信子系统：供一般公务联系用。

2）专用通信子系统：直接指挥列车运行。

3）广播子系统：向乘客报告列车运行信息。

4）闭路电视子系统：用以监视车站各部位、客流情况及列车停靠、车门开闭和启动状况。

5）传真及数据通信子系统：用于传送文件和数据。

（2）按传输媒介分类

按传输媒介不同，城市轨道交通通信系统可分为光纤传输系统、程控交换系统、广播系统、闭路电视监控系统和无线通信系统。

上述五大系统通过电缆、光缆、漏泄电缆、天线、电磁波等传输媒介，构成一个互相关联、互相补充的整体通信系统。城市轨道交通专用通信系统应是一个既能传输语音信号，又能传输文字、数据和图像等各种信息的综合业务数字通信网。

二、通信网的基本结构

城市轨道交通通信网由光纤传输系统、程控交换系统、广播系统、闭路电视监控系统和无线通信系统组成。这些系统通过电缆、光缆等传播媒介，在运营控制中心与各车站和各列车间构成一个互相关联、互相配合补充的完整的通信系统，为城市轨道交通提供综合的通信保障。

通信网设备组成结构如图 8-1 所示。运营控制中心和各个车站都配备与交换设备相应的广播设备和闭路电视设备，与交换设备相连接的有普通电话机、传真机、数据终端和调度电话机等。运营控制中心设备与各个车站的设备通过光纤传播系统相互连接起来，构成相应的通信子系统。运营控制中心的交换设备通过光纤传播系统与车站的交换设备相连可构成电话通信子系统，当交换设备采用程控交换机时，可连接传真机及数据终端设备，并可利用程控交换机的多种服务功能组成调度电话子系统。车站设备中的交换设备可采用与运营控制中心相同类型的程控交换机，也可采用附属于运营控制中心交换设备的远端用户模块或用户集中器。运营控制中心的广播设备通过传输线路与车站的广播设备相连接，构成广播通信子系统。运营控制中心的闭路电视控制设备通过光纤与车站的闭路电视设备相连接，构成闭路电视子系统。

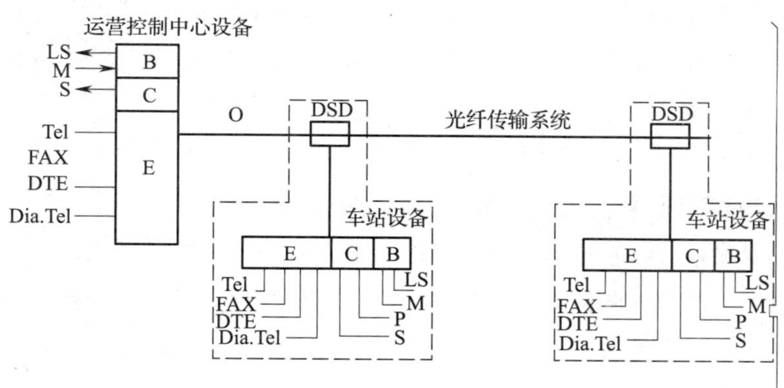

图 8-1　通信网设备组成结构

B—广播设备　C—闭路电视监控设备　E—交换设备　O—光纤传输系统　M—话筒　LS—扬声器　P—摄像机

S—监视器　Tel—电话机　FAX—传真机　DTE—数据终端　Dia.Tel—调度电话　DSD—数字信号分配器

通信网采用总线式结构，运营控制中心送出的各种信息必须按需在各个车站从总线上分出来送到相应的车站设备，各个车站送给运营控制中心的信息及各车站之间互相传递的信息又必须插入到总线上去。因此，在各车站需配备数字信号分配器，实现信息的分插和连接功能。有了数字信号分配器，运营控制中心和各车站送出的各种信息就能够汇集在同一个光纤传输系统中进行传输，并能顺利到达各自的目的地。

三、城市轨道交通信息网的组成

不同城市的轨道交通建设应结合不同时期的通信技术发展、企业运营需要和当地的经济条件，选择设置不同水平的通信系统。城市轨道交通通信系统由传输系统、公务电话系统、专用电话系统、无线通信系统、广播系统、时钟系统、闭路电视监控系统等主要子系统组成。其中，车站包含的设备有广播设备、闭路电视设备、交换设备、监视器、电话机、传真机、调度电话等。下面重点介绍车站的专用电话系统、广播系统和闭路电视监控系统。

1. 专用电话系统

专用电话系统是为运营控制中心调度员、车站值班员、车辆段值班员和车站其他工作人员等使用的内部专用电话提供自动交换功能的系统。

（1）调度电话

调度电话的调度台设于运营控制中心内。调度台根据调度功能，设有列车调度台、电力调度台、环控调度台和总调度台。总调度台只与其他三个分调度台通话，而三个分调度台都与调度分机相连。列车调度分机设在各个车站及车辆段，电力调度分机设在各变电站的值班室，环控调度分机设在各车站及所属业务部门。

（2）站间行车电话

站间行车电话是指利用程控交换网在站间建立双向热线的行车电话，供相邻两站车站值班员之间联系有关的行车事务。它具有直线电话的功能，任一方摘机后不必拨号，就可以与对方站建立通话。

（3）轨旁电话

为满足城市轨道交通系统运行、维护及应急的需要，使工作人员在轨道沿线随时与调度中心及车站取得联系，在轨道沿线每隔 500 m 左右间距，设置轨旁电话，每 2 ~ 3 个电话机并联后，通过专用电缆连向最近的车站交换设备。程控交换网可为所有的沿线电话机提供与其他分机及各调度台联系的功能。

（4）车站集中电话机

为了使车站的各职能部门与车站或本地区的相关单位进行通信，各车站均设置集中电话机。集中电话机的控制台可采用数字式多功能电话机，它可通过快速呼叫键呼叫下属分

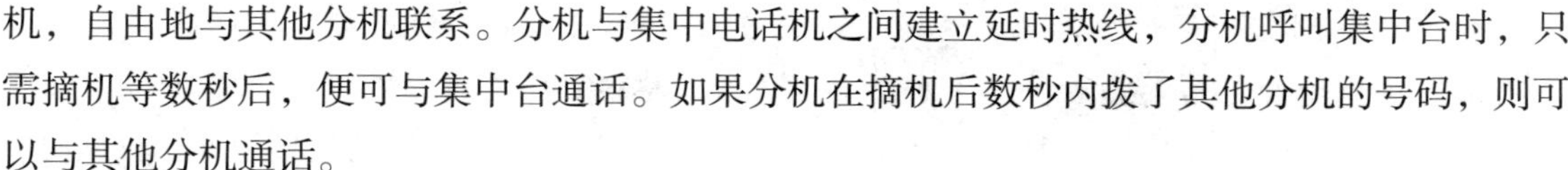

机，自由地与其他分机联系。分机与集中电话机之间建立延时热线，分机呼叫集中台时，只需摘机等数秒后，便可与集中台通话。如果分机在摘机后数秒内拨了其他分机的号码，则可以与其他分机通话。

2. 广播系统

广播系统在城市轨道交通行车组织、客运服务、应急抢险和设备维护等方面具有十分重要的作用。正常运营时，广播系统在城市轨道交通车站的不同区域为售票、检票、进站、候车、乘降、出站、换乘等播报不同的服务用语及安全注意事项，维持车站秩序，有效疏导车站客流。当发生重大活动、集会等引起客流突变时，广播系统作为实施应急客流组织的重要手段，为确保大客流运营组织和乘客安全提供了保障；当遇事故、灾害等突发事件时，广播系统作为紧急疏导和指挥救援的重要工具，提高了城市轨道交通客运服务质量和处理突发事件的能力。

（1）广播系统的构成

广播系统由运营控制中心广播、车站广播、车辆段广播三个相互独立又相互联系的子系统构成。

1）运营控制中心广播系统。运营控制中心广播系统设有行车调度、电力调度和环控调度三个播音台，三个播音台之间互锁，同时只允许一个播音台播音。三个播音台分别配有广播区域选择键盘和送话器，选择控制信号，经控制与接口单元，通过 PCM 信道将其送至车站的控制单元，并显示在相应的播音台上。播音信号经放大，通过专用的屏蔽广播线，传送至所选车站。从运营控制中心可对所有车站的所有区域播音，也可对某一个车站的某个区域有选择性地播音。

2）车站广播系统。车站广播系统（见图 8–2）配有播音区域选择键盘和送话器，在通信室还设有前置放大器、功放及控制接口单元等设备。按下车站广播系统的控制键后，选择相应的信号，经控制和接口单元，使被选择区域的广播电路接通，并使运营控制中心来的播音信号中断，也即车站播音台对本站的播音具有优先权。在固定区域，车站广播系统可以根据列车运行实现自动广播。

3）车辆段广播系统。车辆段广播系统设有维修值班员、信号楼控制室值班员、车辆段列车调度员使用的三个广播台，广播范围分三个区域，即车辆段入口区域、维修区域和停车库区域。三个广播台都配置送话器、键盘和对讲控制台。同样，在机房内设有广播设备，用于对信号进行放大和对播音区域进行选择控制。车辆段广播系统除了扬声器外，还安装了对讲分机。对讲分机通过电缆与三个广播台的对讲控制台相连，对讲机的扬声器与送话器设在对讲分机内，还设有三个选择键，以便车辆段工作人员能够方便地与各处对讲控制台的值班员直接通话。对讲分机还可根据需要分成若干个分机组，分布在各个广播区域。

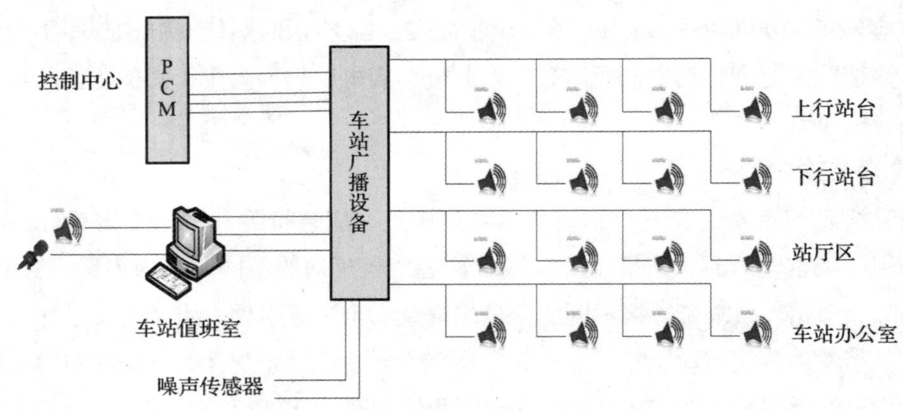

图 8–2　车站广播系统

（2）广播系统的功能

1）选择功能。运营控制中心行车调度员通过中心广播控制终端可对全线、任意一个车站或多个车站、任意车站的任一选区或多个选区进行话筒、语音、线路等广播。车站值班员可通过车站广播控制终端对本站所有管辖范围的全选区、多个选区或单个选区进行话筒、语音、线路广播，通过车站广播控制台对本站所有管辖范围的全选区、多个选区或单个选区进行话筒、背景音乐广播。

2）多级优先广播功能。本系统的优先级可根据用户需求灵活设置，包括现场广播、选择广播、紧急广播、最后班车广播、服务中止广播、站台自动广播、背景音乐广播。以上除现场广播外，其他广播内容均为系统预先录制的语句。

3）广播编组及设定功能。运营控制中心、车站广播控制终端及中心广播控制台均可设置 8 个编组，用户可按编组操作程序对任意站、任意广播区选择组合编组，广播时仅按编组序号图标（按键），即可对已存在编组内的各广播区进行广播。本功能设定后，可以简化操作，实现快速地向多个广播区同时广播。

4）平行广播功能。平行广播功能可将不同的信源通过不同的通道同时播向不同的广播区，即中心广播、行车广播、站台广播、列车到发自动广播等不同的信源，均可通过不同的通道将各音频信号同时连接到不同的广播区。

5）应急广播功能。车站广播控制台设有应急广播按键，当车站广播控制单元出现故障时，按下应急广播按键，可将车站广播控制台的话筒广播音频通过应急通道直接送到功率放大器，对所有广播区进行应急广播。

6）监听功能。在运营控制中心广播控制台、车站广播控制台内均具有监听电路和迷你型监听扬声器。车站值班员可通过车站广播控制终端及车站广播控制台选择监听本站任一广播区的广播内容。

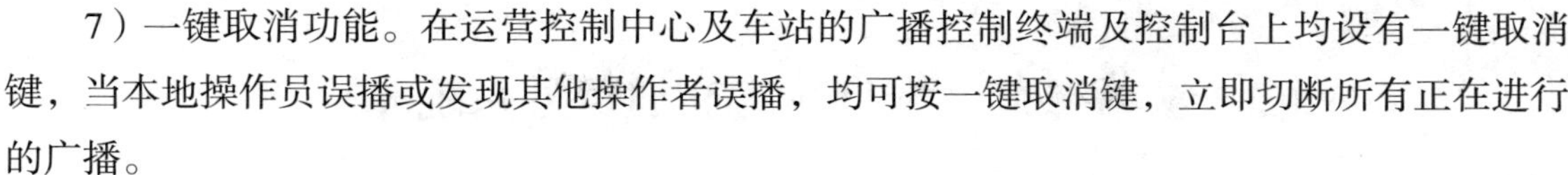

7）一键取消功能。在运营控制中心及车站的广播控制终端及控制台上均设有一键取消键，当本地操作员误播或发现其他操作者误播，均可按一键取消键，立即切断所有正在进行的广播。

（3）广播系统的控制

广播系统由运营控制中心和车站两级控制，正常情况下以车站广播为主，事故抢险、组织指挥以运营控制中心防灾广播为主。为了运营和防灾的需要，紧急状态下，环控调度员有最高优先级，环控调度员高于行车调度员，行车调度员高于维修调度员，控制中心调度员高于车站值班员。同一广播优先级是预存语音信息高于人工广播，通常在预存语音信息中防灾广播优先级最高。当多等级信息相继触发时，正在播放的广播中断，自动进入按序等待状态。

3. 闭路电视监控系统

城市轨道交通运用闭路电视监控系统向行车组织管理人员及安全监控人员提供各个部位的监视画面，如向列车调度人员、公安人员、车站行车人员、司机、管理人员等提供车站客流状况、列车运行情况、车站安全状况、防灾救灾及客流组织等方面的图像信息，便于管理监控与及时处理，确保列车运行安全。闭路电视监控系统由运营控制中心集中监控系统和车站闭路电视监控系统两部分组成。

（1）运营控制中心集中监控系统

运营控制中心的各调度台配备一定数量的监视器和一个带键盘的控制台，调度人员可通过键盘选择希望了解的车站，以及车站某个部位的客流情况和突发事件图像。

相应的选择信号经 PCM 光纤传输系统发到各个车站的控制单元，各个车站设备收到选择信号后，与本站的编码进行比较，若一致，进一步确定选择哪几个摄像机，然后经图像切换设备将选中的图像输出，再经过调制器调制复用后，进行电 – 光转换，沿光纤送至运营控制中心，在运营控制中心进行光 – 电转换，再经过解调器，将几路图像信息分开送至相应的监视器。

为了便于识别，各个车站备有图像字符发生器，可以产生车站名、摄像机号码、日期、时间，并叠印在送往运营控制中心的各图像上。

（2）车站闭路电视监控系统

车站闭路电视监控系统为车站值班人员提供车站现场的实时图像，它不仅受车站值班人员的控制，也受运营控制中心的控制。车站闭路电视监控系统的监视点视车站构造而异，一般应设在车站的站台区和站厅区，以及出入口区、自动售检票区。其中，车站站台区的图像还为司机提供乘客上下车和车门关闭情况的信息。

第二节　城市轨道交通信号系统

信号设备是城市轨道交通系统的主要技术设备，它担负着指挥列车运行、保证行车安全、提高运输效率的重要任务。现代化的城市轨道交通系统要配备现代化的信号设备。城市轨道交通因其固有的特点，对其信号系统提出了安全性高、通过能力大、保证信号显示距离、抗干扰性能强、可靠性高、自动化程度高等要求。城市轨道交通信号系统的特点是具有完善的列车速度监控功能，联锁关系不复杂，车辆段采用独立的联锁设备，自动化水平高。

城市轨道交通信号系统是用于指挥和控制列车运行的设备系统，是安全行车的重要保证，也是列车通过能力和输送能力的决定因素之一，影响着城市轨道交通车辆的行车速度和行车间隔时间。城市轨道交通信号系统通常包括基础设备、联锁设备和列车自动控制（ATC）系统三大部分。

一、基础设备

1. 信号机

城市轨道交通信号机一般采用色灯信号机。色灯信号机有高柱型和矮型之分，不论是高柱型还是矮型，其机构都分为单显示、二显示和三显示。色灯信号机的光源为白炽灯产生的色光，红色灯光为停车信号，黄色灯光为注意和减速信号，绿色灯光为通过信号，列车可以按规定速度通过。信号机是城市轨道交通车站最常用的视觉信号设备，它的作用贯穿于行车工作的整个过程中。一般情况下，信号机按功能不同，可分为进站信号机、出站信号机、防护信号机、调车信号机、复示信号机、阻挡信号机、引导信号机等。

进站信号机用于防护车站和指示列车运行条件。出站信号机用于防护发车进路及运行线路。防护信号机用于防护敌对进路的列车相互冲突，通常设置在平面线路的交叉地点。调车信号机用于保证机车、车辆在站内或车辆段内能够安全、高效地进行转线、编组作业。受地形、地物影响，主体信号机的显示达不到规定的显示距离时，调车、出站及发车信号机前应设置复示信号机，复示主体信号机的显示状况。阻挡信号机设置在线路尽头，不准车辆越过该信号机，防护线路终端。引导信号机设置在进站信号机或接发车进路信号机机柱上。当主体信号机进行信号因故不能开放，显示一个红色灯光时，引号信号机可点亮一个黄色灯光引导列车进入车站或停车场。

2. 转辙机

转辙机是用于转换道岔的装置，在电气集中设备中，它接收到转换命令后即带动道岔转换。按动作能源和传动方式不同，转辙机可分为电动转辙机、电动液压转辙机和电空转辙机。电动转辙机由电动机提供动力，采用机械传动的方式。多数转辙机都是电动转辙机，包

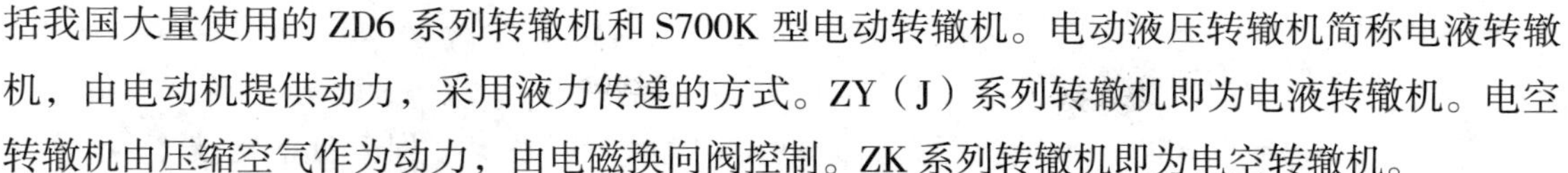

括我国大量使用的 ZD6 系列转辙机和 S700K 型电动转辙机。电动液压转辙机简称电液转辙机，由电动机提供动力，采用液力传递的方式。ZY（J）系列转辙机即为电液转辙机。电空转辙机由压缩空气作为动力，由电磁换向阀控制。ZK 系列转辙机即为电空转辙机。

3. 轨道电路

轨道电路又称轨道空闲及占用的检测装置，如图 8–3 所示。平时，在控制台或显示器上显示白色或黄色光带，表示该区段处于空闲状态；当有车占用时，显示红色光带，表示该区段有车占用。遵循“故障 – 安全”原则，轨道电路设备在发生故障时必须确保只能给出“占用”通报。

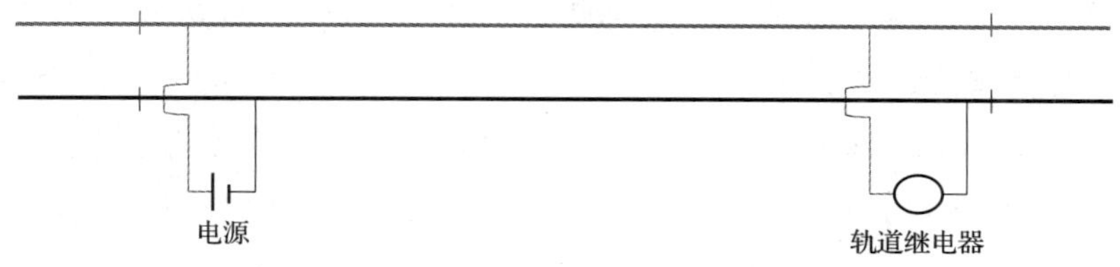

图 8–3　轨道电路

列车自动控制系统中采用先进的数字编码式音频轨道电路能够携带更多的信息量。例如，深圳地铁 1 号线就已采用德国西门子公司提供的 FTGS 型数字编码式轨道电路。

二、联锁设备

道岔、进路和信号三者之间相互制约、相互依存的关系称为联锁，实现联锁的设备称为联锁设备。车站联锁设备组成框架如图 8–4 所示。

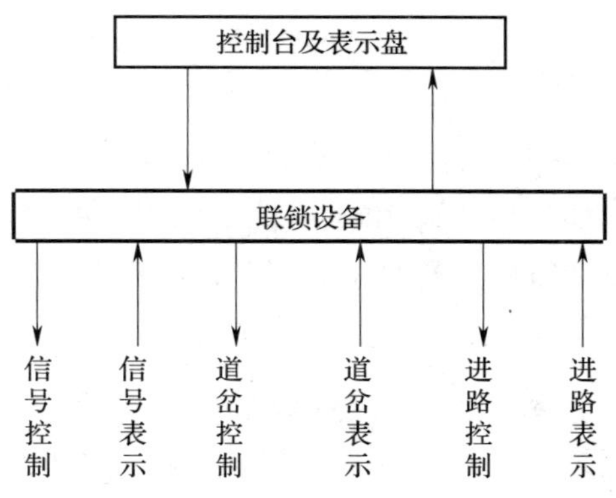

图 8–4　车站联锁设备组成框架

联锁设备具有轨道电路处理、道岔控制、信号控制、进路自动设置等功能。值班人员通过现场操作员工作站（LOW）控制现场设备，并通过表示盘（墙式大表示盘或显示器）所反映的现场设备状态监视车站情况。现场操作员工作站和表示盘可以设在本站，也可设在运营控制中心，通过遥控、遥测手段实现监控。

三、列车自动控制系统

列车自动控制（ATC）系统包括列车自动防护（ATP）系统、列车自动驾驶（ATO）系统及列车自动监控（ATS）系统三个子系统。

1. 列车自动防护系统

列车自动防护系统主要用于对列车驾驶进行防护，对与安全有关的设备或系统实行监控，实现列车间隔保护、超速防护等功能，其主要的工作原理是：不断地将一些信息（如前方目标点的距离和允许速度等）从地面传至车上，从而得出此时刻所允许的安全速度，以此对列车实现速度监督及管理。使用列车自动防护系统的一大优点是缩短了列车间隔，提高了线路的利用率和行车的安全可靠性。

该系统由轨旁、车载、站内联锁和信息传输等设备构成。

列车自动防护车载设备一般由多种功能模块、天线、测速电动机、速度表和运行模式开关等组成，可以实现速度码检测、实际速度检测、速度码信息（安全速度或目标速度）与实际速度比较，驱动制动系统及电器可以实现列车接近限制速度时启动常用制动，列车超过限制速度实施紧急制动，列车非正常移动时产生紧急制动，并具有轮径磨损自动补偿、故障自诊断及报警、列车运行状态记录等功能。有些系统的车载设备还具有列车停车与门控的相关功能，当列车在站台停稳且误点在误差允许范围内时，车载对位天线与地面对位天线才能更好地感应耦合，并进行车门和站台门的开关操作。由于车载设备使用计算机软、硬件结合技术，系统具有良好的性能，通过修改软件技术参数，可以满足用户特殊的实用要求。

2. 列车自动监控系统

列车自动监控系统可以对列车运行进行监督和控制，辅助行车调度员对全线列车运行进行管理。它为行车调度员显示全线列车的运行状态，监督和记录运行图的执行情况，在列车因故偏离运行图时及时做出反应（提出调整建议或者自动修整运行图），通过列车自动驾驶系统的接口，向乘客提供运行信息通报（如列车到达和出发时间、运行方向、中途停靠站名等）。

该系统由运营控制中心计算机系统、车站终端（工作站）和通信网络构成。列车自动监控系统硬件配置主要有冗余的运营控制中心主服务器、数据库服务器、调度员工作站、时刻表编辑器、管理服务器、通信服务器、网络打印机和车站远程终端单元。部件与服务器之间通过冗余的以太网连接，运营控制中心与车站之间通过分布式光缆连接的容错网络进行通信。

运营控制中心设置大型显示屏，显示控制区内轨道线路布置及站名、进路开通及信号显示状态、列车运行位置及跟踪、列车车次号及识别号、列车自动运行控制系统设备工作状况及故障报警等信息。

列车自动监控系统的功能如下：

（1）自动排列进路

列车自动监控系统有不同的控制等级（运营控制中心自动或者人工控制模式、车站自动或者人工控制模式）。在自动模式下，列车可根据当天运行时刻表确定列车进路命令，当列车占用进路的出发点后，车站远程终端将进路控制命令传给计算机联锁系统，完成自动排列进路。

（2）自动调整运行

列车自动监控系统自动监控列车位置和运行，以确定列车是否按当天的时刻表运行。列车运行调整软件按当天运行时刻表自动调整：当列车早点或晚点到达车站时，用改变列车停站时间方式；当列车延误或提前发车时，用改变站间行车时间方式。

（3）时刻表管理

时刻表定义了一整天的运行计划，不同运营时间，如工作日、节假日等使用不同的列车时刻表。列车时刻表按照用途可分为基本时刻表、实施时刻表和实际时刻表三种。计划调度人员使用专用时刻表工具软件管理在线或离线基本列车时刻表，可根据不同的运行要素编制基本时刻表，由计算机自动生成列车时刻表，并自动生成运行图。每天运行开始前，调度员从系统内调出一个基本时刻表，经确认或修改，即成为当日实施时刻表。列车自动监控系统根据列车实际运行情况，指挥编制实际时刻表（运行图），由系统记录保存，需要时可打印输出。

（4）列车识别号跟踪、传递和显示

每列车开始运营前，采用列车识别号进行标示。列车识别号由列车表号、车次号、编组号、目的地号组成。列车识别号可由调度人员人工输入或计算机按照实施运行图自动生成，经调度人员确认生效。系统允许人工输入、删除、替换和移动列车识别号。列车自动监控系统可以自动完成控制区内和车辆段的列车识别号实时跟踪。

（5）监督及报警

当列车运行或信号设备发生异常时，中心计算机自动将有关信息在调度员工作站报警窗口中显示报警，重要的报警有声光报警，以引起调度人员的注意。

（6）系统数据管理

系统数据管理可实现系统模拟、回放和模拟表示盘管理等功能。系统模拟功能可在培训工作站上模拟运营操作，利用备用计算机离线进行练习或培训。回放功能可在工程师工作站上再现运营某个事件，进行数据搜集和回放，以便事后分析。模拟表示盘管理功能可显示正线、停车线、车辆段等现场信号设备状态，列车运行及车次号信息，并通过网络不停地传送到表示盘计算机，将信息在表示盘上显示出来。

3. 列车自动驾驶系统

列车自动驾驶系统主要用于实现“地对车控制”，即用地面信息实现列车的自动运行、折返，保证列车站内停车精度，实现对车门和屏蔽门的控制，保证列车根据运营控制中心的指令，按加速、减速、巡航、惰行等最佳工况运行。

列车自动驾驶系统的主要功能是模拟最佳司机的行驶，提高列车运行的舒适度，节省能源。列车自动驾驶系统主要有以下功能：

（1）自动调整列车速度。列车自动驾驶系统控制器将列车实际速度与列车自动防护系统给定的最大安全速度和目标速度进行比较，并根据线路情况，自动控制列车的牵引及制动，使列车在区间内始终以列车自动防护系统控制的最大安全速度运行，在区间实现自动停止及停车后的再启动。列车自动驾驶系统控制器一旦得到目标速度为“0”的速度信息后，自动控制列车在距离停车点 10 m 左右的地点停车，当速度信息不为“0”时，自动控制列车再启动。

（2）自动在车站定点停车。列车进入车站地面环路范围后，通过车地通信，由车载设备计算出距停车点的距离，并经环路交叉点的信息变化修正停车距离，从而最终能够实现定点停车。定点停车精度可达 ±0.25 m。

（3）向司机显示车门、站台门状态，人工控制车门信息及车站发车。

（4）自动实现列车惰行控制及下一车站自动通过的控制，节省能源并实现列车运行调整。

（5）自动进行运行记录、系统自诊断及报警，便于维修人员分析判断运行中的故障情况。

第三节　城市轨道交通乘客信息系统

现代城市轨道交通系统的运营管理越来越注重对乘客服务的质量。乘客信息系统（PIS）是依托多媒体网络技术，以计算机技术为中心，以车站和车载显示终端为媒介，向乘客提供信息服务的系统。乘客信息系统在车站出入口、站厅、站台、电梯和扶梯的上下端口、列车车厢内等乘客可视的空间设置等离子显示器、投影墙等现代视频显示装置，并利用这些装置进行信息展示。

一、系统概述

乘客信息系统是综合计算机网络技术和电子媒体技术的综合服务性系统，是多媒体资

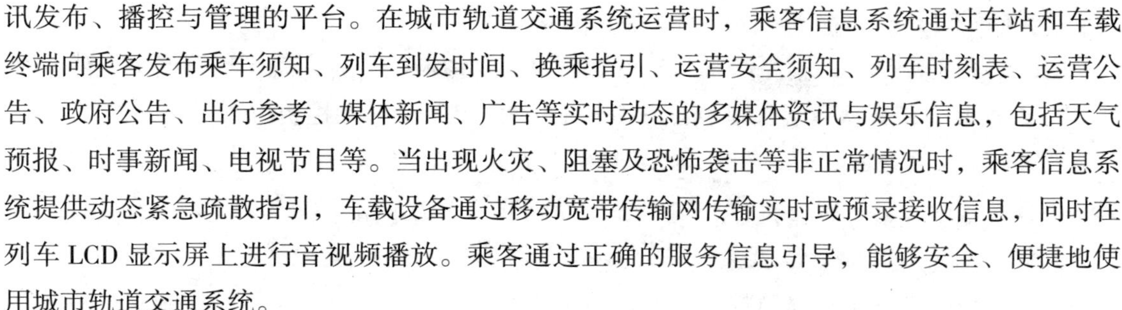

讯发布、播控与管理的平台。在城市轨道交通系统运营时，乘客信息系统通过车站和车载终端向乘客发布乘车须知、列车到发时间、换乘指引、运营安全须知、列车时刻表、运营公告、政府公告、出行参考、媒体新闻、广告等实时动态的多媒体资讯与娱乐信息，包括天气预报、时事新闻、电视节目等。当出现火灾、阻塞及恐怖袭击等非正常情况时，乘客信息系统提供动态紧急疏散指引，车载设备通过移动宽带传输网传输实时或预录接收信息，同时在列车 LCD 显示屏上进行音视频播放。乘客通过正确的服务信息引导，能够安全、便捷地使用城市轨道交通系统。

二、系统构成

城市轨道交通乘客信息系统由以下子系统组成：

1. 运营控制中心子系统

运营控制中心子系统在整个系统中主要负责外部信息流采集、播出版式编辑、视频流转换、播出控制、设备工作状态监控和网络管理。运营控制中心子系统主要由中心服务器、中心播出服务器、中心操作员工作站、中心网络管理 / 系统监控工作站、数字电视设备等组成。整个运营控制中心设备构成了一个完整的播出和集中控制系统。同时，运营控制中心子系统还将提供多种与其他系统的接口。

2. 车站子系统

车站子系统的主要构成为车站服务器、车站操作员工作站、流解码器、信息播放控制器、分屏器、车站网络系统和现场显示设备等。车站子系统通过传输通道转播来自运营控制中心的实时信息，并在其基础上叠加本站的信息，如列车运行信息、公告信息和各类个性化信息等。

3. 车载子系统

传统的乘客信息系统只有车站的信息向导，无全网概念，系统功能较弱，随着无线传输的成熟，很多的城市轨道交通乘客信息系统设置了车载的乘客信息系统。运营控制中心子系统与各车站子系统通过传输系统相连，车载子系统与各车站子系统通过无线网络相连，接收相关的信息并在列车显示屏上显示。车载信息显示系统的建设是为了提高对乘客的服务质量，通过此系统，运营控制中心能快捷、方便地将一些热点新闻、资讯信息、交通状况、体育赛况、天气预报、时政要闻、股票、广告和公告等信息，通过视频、音频或文字的方式传播到车上，供乘客消遣、娱乐，并及时了解对自己有用的信息。车载子系统最核心的问题是无线传输，目前用于车地通信的无线网络、数字电视地面广播、城市轨道交通专用无线通信（TETRA 数字集群）采用 TETRA 提供的传输通道，不需另建无线网络，但传输带宽较低，车地间信息传输内容和类型有局限性，目前通常采用无线局域网方式。

4. 网络子系统

网络子系统是基于通信系统的传输网实现具体功能的。通过在骨干传输网上组建一个典型的 IP 网络，传输从运营控制中心到各车站的各种数据信号和控制信号。

乘客信息系统按照“两级管理，三级控制”方式进行组织。

两级管理中，第一级是运营控制中心系统，第二级是车站子系统和车载子系统。网络子系统用于连接三个子系统。

三级控制分别是中心播出控制层（播控中心对车站、列车核心设备的控制）、车站播出控制层（车站、车载核心设备对下辖范围内其他设备如播控设备等的控制）和播出终端控制层（播控设备对终端显示屏等现场设备的控制）。

通过“两级管理，三级控制”，可实现对整个乘客信息系统的集中式监控，即对所有车站、列车的监视和控制均可在运营控制中心系统完成。

思考与练习

1. 简述城市轨道交通信息网的组成。
2. 正常情况下乘客信息系统可以显示哪些信息？突发情况下优先显示什么信息？
3. 列车自动驾驶系统的主要功能有哪些？